新时代文化和旅游融合发展研究丛书
应用型本科院校文化旅游专业丛书
总主编：李钢　　副总主编：黄渊基　杨再喜　蔡保忠

旅游文化、文化旅游与文旅融合发展

黄渊基◎编著

北京·旅游教育出版社

图书在版编目（CIP）数据

旅游文化、文化旅游与文旅融合发展 / 黄渊基编著. -- 北京：旅游教育出版社，2023.12
（新时代文化和旅游融合发展研究丛书. 应用型本科院校文化旅游专业丛书）
ISBN 978-7-5637-4619-4

Ⅰ. ①旅… Ⅱ. ①黄… Ⅲ. ①旅游文化－旅游业发展－中国－高等学校－教材 Ⅳ. ①F592.3

中国国家版本馆CIP数据核字（2023）第235262号

新时代文化和旅游融合发展研究丛书
应用型本科院校文化旅游专业丛书

旅游文化、文化旅游与文旅融合发展

黄渊基　编著

责任编辑	郭珍宏
出版单位	旅游教育出版社
地　　址	北京市朝阳区定福庄南里1号
邮　　编	100024
发行电话	（010）65778403　65728372　65767462（传真）
本社网址	www.tepcb.com
E - mail	tepfx@163.com
排版单位	北京旅教文化传播有限公司
印刷单位	唐山玺诚印务有限公司
经销单位	新华书店
开　　本	787毫米×1092毫米　1/16
印　　张	13.75
字　　数	215千字
版　　次	2023年12月第1版
印　　次	2023年12月第1次印刷
定　　价	68.00元

（图书如有装订差错请与发行部联系）

新时代文化和旅游融合发展研究丛书
应用型本科院校文化旅游专业丛书

编委会

编委会主任：李 钢　黄创霞

编委会副主任：李常健　何福林　陈灿军

编委会委员：黄渊基　杨再喜　谢韶光　潘清远　姚先林　蔡保忠
　　　　　　李晓红　刘 进　黄 萌　吴翠燕

编委会成员（以姓氏笔画为序）：

王 丹　王 跃　刘幼平　刘旸沛筠　刘 辉　李爱军
李 满　肖 可　肖辉军　吴宇辉　何 真　张宝辉
张施冲　张 程　欧阳平彪　郑 毅　钟杨宇　郭莉芝
黄华勇　梁茂林　傅宏星　曾 荣　曾 旎

代序
FOREWORD

建设什么样的旅游理论体系，培养什么样的旅游人才

戴　斌*

坚持以文塑旅、以旅彰文，推进文化和旅游深度融合发展，是党的二十大作出的战略部署，也是学术共同体必须回答而且必须要回答好的时代之问。习近平总书记对旅游工作作出重要指示强调：新时代新征程，旅游发展面临新机遇新挑战。要以习近平新时代中国特色社会主义思想为指导，完整准确全面贯彻新发展理念，坚持守正创新、提质增效、融合发展，统筹政府与市场、供给与需求、保护与开发、国内与国际、发展与安全，着力完善现代旅游业体系，加快建设旅游强国，让旅游业更好服务美好生活、促进经济发展、构筑精神家园、展示中国形象、增进文明互鉴。新时代新征程，我们应建设什么样的旅游理论体系？培养什么样的旅游人才？

新时代新征程，应着力构建以人民为中心的当代旅游发展理论体系

一、大众旅游全面发展，新时代需要重构学术研究的价值取向和理论意义

20世纪80年代发展旅游是为了创汇，90年代中后期聚焦于拉动消费、投资和就业，现在更加强调为了人民群众"诗与远方"的美好生活，强调文化和旅游深度融合，推进旅游业高质量发展。随着全面小康社会的建成，大众旅游进入全面发展新阶段，"吃不

---

* 戴斌，中国旅游研究院（文化和旅游部数据中心）院长、博士、教授、博士生导师。

愁、穿不愁，还有余钱去旅游"成为城乡居民对美好生活的共同向往和刚性需求，也是每年"两会"热词和社会各界共同关注的焦点。当代旅游是人口规模巨大的发展中国家的旅游，也是地区之间、城市之间、不同年龄段之间发展不平衡不充分的旅游，更是中国式现代化进程中精神享受和文化休闲需求持续增长的旅游。我们既要看到有人拥有丰富的旅游经验，随时都可以来一场说走就走的旅行，每到节假日就飞到世界各地度假，也要看到有人还没有去过一次旅游景区，也没有享受过一次真正意义的观光旅游。高线城市的95后开始追求个性化和多样性的旅游体验，60后则在开启康养旅居新生活，而低线城市的"小镇青年"才刚刚成为旅游初体验者，更有数以亿计的农村居民、低收入群体和行动障碍者的休闲方式仍然是几千年不变的走亲访友、晒太阳和打纸牌。直面现实可能是沉重的，更可能是灼热的，无论如何，作为一名理论工作者都不能对国家战略和人民期盼视而不见，而是应在与实践同行的过程中，系统回答"新时代旅游发展为什么"这一根本问题。

科学技术的进步，特别是数字化和人工智能，ChatGPT、Sora等大数据模型，正在深刻改变旅行方式、文化空间、旅游场景和体验内容。多年以来，我们习惯于将山山水水的自然环境和丰富多彩的历史文化当作旅游资源的全部，习惯于将旅游业视为传统的劳动密集型、经验驱动型的传统服务业，习惯于认为政府具有信息、数据、人才的垄断优势和行政动员能力，将开大会、发文件、做规划、定标准、创牌子视为政府主导型旅游发展战略的全部。受基金项目、论著发表和考核体系的影响，理论界在范式精致化和定量研究方面配置了太多的学术资源，应用研究则更多聚焦于旅游资源开发、目的地营销和行业管理。随着社会主义市场经济体制的完善和"大众创业、万众创新"的进展，金融资本、产业资本和社会资本广泛进入旅游消费的各个环节，不同所有制、不同规模的旅游景区和度假区、旅游住宿商、旅游零售商、餐饮和休闲项目运营商、旅行服务商共同构成了生生不息的产业生态，一个投资机构和市场主体推动旅游业高质量发展的时代已经到来。大数据、人工智能和高端装备领域的科技进步让知识和技能很容易在更广泛的人群中横向传播，而不完全是自上而下的纵向传播，旅游领域正在孕育新一轮的现象级创业创新热潮。不得不承认，在投资、研发、创业、创新，包括文化、艺术、体育、科技、时尚与旅游融合发展方面，市场主体已经走在了理论工作者和专家学者的前面，行政与市场、系统与行业、官员与企业家之间的关系也在消解与重构。我们需要深刻认识并且系统回答"新时代旅游发展依靠谁"这一现实问题，并努力让更多人认识到这一点：没有充分竞争的市场，没有与新质生产力相匹配的投资机构和市场主体，就没有旅游业的高质量发展。

文化和旅游深度融合的国家战略和创新实践，是新时代建设国家旅游发展理论的现实背景。2018年国家机构改革以来，文旅融合成为理论界和学术研究重点关注的现实课题，也是业界和媒体讨论的热点话题。受全国哲学社会科学规划办公室、文化和旅游部的委托，中国旅游研究院和全国旅游学术共同体承担了一批重大和重点课题，发表成千上万的专著和论文，提报若干资政建言成果，初步回答了为什么融、融什么、谁来融等理论问题。现在的问题是，绝大多数的学术成果还没有转化为社会影响力和产业推动力，相当多的理论问题和现实课题还缺乏基金支持，也少有理论和科研工作者"揭榜挂帅"的勇气。直面文旅融合重大需求和现实问题，用深厚的学理和社会科学研究方法推动旅游业高质量发展的高水平成果还相对不足。如果任由学术界只在期刊发表的小圈子里，为了高影响因子而加速内卷，终将面临与行政主体、市场主体和消费主体渐行渐远的危险，就算发表再多的论文，拥有再多的"帽子"和"牌子"，也摆脱不了道统不存的无力感和意义悬置的虚无感。是重回"风声雨声读书声，声声入耳；家事国事天下事，事事关心"知识分子传统的时候了，是重做"我是江南第一燕，为衔春色上云梢"知行合一启蒙者的时候了。旅游学术共同体要系统把握并务实推进"新时代旅游发展做什么"的战略选择，从理论、学术和教育诸方面推进文化和旅游在更深程度、更广范围和更高层次的融合发展。

二、国家旅游发展理论需要价值引领的勇气、学科建构的能力和持续创新的体系

坚持以人民为中心的发展理念，重构大众旅游价值取向。改革开放以来，旅游业的经济属性日益彰显，市场化和专业性程度越来越高。作为管理学科门类工商管理一级学科下的旅游管理，很容易将创汇、消费、投资、就业、资源开发、政策设计等内容作为学科建设的方向和学术研究的重点。需要反思的是，发展旅游的目标固然有赚取外汇、扩大消费、带动就业等经济功能，也有稳定预期、提振信心、国泰民安的情绪价值，还有促进人的全面发展、城市更新和乡村振兴、对外对港澳台文化交流和文明互鉴的社会功能。学习习近平文化思想，研究中国式现代化对旅游业提出了哪些新要求，旅游发展在中华民族伟大复兴中扮演什么新角色，在全球文明倡议中发挥什么新作用，以及为何和如何提升人民群众包括旅游在内的精神享受和文化消费水平，是新时代旅游理论建设和学术研究的首要任务。如果只是从消费拉动和经济增长的视角研究旅游，完全以效率为导向，就会得出旅游资源和生产要素配置给高收入者并努力提升其旅游频次的结论。马克思主义经济学会告诉我们这样做的结果只能是总需求不足和总供给过剩，中国特色

社会主义理论更是证明这条路行不通。只有让最大多数的城乡居民参与旅游，让"读万卷书，行万里路"的梦想照进小康社会的现实，让"书生意气的研学、家国天下的旅游"伴随中小学生的成长，让每一位小镇青年都能有"说走就走的旅行"，才会有温暖向前的旅游中国。

培育新质生产力，推动旅游业高质量发展。新质生产力代表先进生产力的演进方向，是由技术革命性突破、生产要素创新性配置、产业深度转型升级而催生的先进生产力质态。新质生产力以劳动者、劳动资料、劳动对象及其优化组合的跃升为基本内涵，具有强大发展动能，能够引领创造新的社会生产时代。新质生产力是新时代对包括旅游在内所有产业发展方式的重构，用新质生产力对劳动者、劳动资料和劳动对象的优化组合提升旅游产业的全要素生产率。导入和培育新质生产力，推动旅游业从传统服务业转向现代服务业，非得从劳动者、劳动工具和劳动对象三个方面入手不可。在新时代旅游消费需求变迁的情境下，需要新型旅游投资机构、市场主体和新型旅游从业者来推动产业高质量发展。我们不能继续将星级饭店、旅行社和旅游景区当成旅游业的全部，也不能只是把导游、领队、讲解员、酒店和餐饮服务员、景区管理者和专家学者当成旅游从业人员的全部。随着市场边界的变化，越来越多的跨界者成为旅游业的新生力量。没有新质生产者就不会有新质生产力，我们需要具有现代思维、国际视野和专业能力的新质旅游人，特别是具有原始创新能力的企业家、职业经理人和高技能劳动者。如果不能提高2825万直接从业人员的综合素质和专业能力，再先进的科学技术也不能实现旅游产业的转型升级。我们需要导入和培育人工智能等新质生产要素，加持和赋能旅行社、酒店、民宿、旅游景区、度假区、旅游零售等传统业态。没有人工智能、高端装备和现代商业模式的赋能，我们就走不出大众旅游初级阶段陷阱。我们需要秉持"近悦远来，主客共享"的新理念，以全新的开放视野，创造出更多"旅游+""+旅游"的新业态。新质生产力与科学技术和高端装备制造密切相关，同时也要看到，没有文化的引领，没有艺术和时尚生活的加持，我们就无法将当代生活和现代文明转化成为新质旅游资源，而只会在山山水水和文化遗产等传统资源里打转转。

坚持绿色发展理念，推动绿色旅游理论创新与经验总结。我们要看到旅游业对经济社会发展和文明演化的积极影响和促进作用，也要看到诸如旅游"飞地"、过度旅游、文化冲突、道德弱化、环境破坏等需要正视的负面问题。就是从经济影响的角度看，旅游业对不同国家和地区的影响也不尽相同，欠发达国家和地区在全球旅游经济体系获得的份额相对较低。只有让世界各国各地区都能够从旅游发展中获得经济增长、就业岗位增加、削减贫困、推进社区振兴、保护传统和文化遗产等方面的收益，这个世界才能变得更好，旅游业才可能持续发展下去。党的十八大以来，以习近平同志为核心的党中央从中华民族永续发展的高度出发，深刻把握生态文明建设在新时代中国特色社会主义事业中的重要地位和战略意义，形成了习近平生态文明思想，奠定了绿色旅游和可持续发展的理论基础和实践方向。"绿水青山就是金山银山""冰天雪地也是金山银山"，指引了青海打造国际生态旅游目的地、桂林建设世界级旅游城市、阿尔山实现"旅游业一定会火起来"，以及全国范围内的避暑旅游、冰雪旅游、森林旅游、温泉康养旅游创新发展的新方向。研究绿色旅游和可持续发展，不能只有基础理论和政策设计，也要密切关注旅游投资机构和市场主体，特别是中旅旅行、广之旅、飞猪、携程、去哪儿、马蜂窝等旅行商推出的绿色线路和生态产品。通过主流媒体、行业媒体和抖音、小红书、B站等新媒体提示游客在行程中爱护生态环境、尊重当地文化遗产和风俗民情，培育起广大游客的绿色消费观念。在理论建构的过程中，重点关注旅游活动与自然环境、游客权利与居民权益、经济增长与社会发展之间的协同促进。为此，旅游学者和科研机构在绿色旅游、生态旅游、可持续旅游、负责任旅游的研发创新和宣传推广过程中，稳步建立可独立发挥作用、也可以连线成片的监测点、案例库和数据库。

践行全球文明倡议和大国外交思想，发展文明旅游，讲好新时代的中国旅游故事。2018年以来，中国旅游业进入了一个文化和旅游深度融合的新时代。旅游能够为文化培育市场，也需要当代文化和现代文明引领旅游业发展新方向。没有文化的产业是走不远的，没有思想建构和价值引领的产业也是走不远的。旅游学者要打破学科层级和学术范式的固有藩篱，以更加开放的心态，重构知识生产和传播的学科体系、学术体系和话语体系。团结旅游学术共同体、旅游投资机构和市场主体，为加快建设世界旅游共同体而贡献自己的才情与智慧。除了图书馆、工作室和学术论坛，旅游学者也应在生活场域中寻求文化建设和文明对话的可能性。我去天津参加海棠花节和五大道旅游论坛，晚上去安里甘艺术中心欣赏了以"春天和花"为主题的室内交响乐。120多年历史的教堂、青春感拉满的乐园，还有蓝色多瑙河上飘浮的茉莉花香，彼时的我，分不清什么是诗，什么是远方，也不会去想什么是文化、什么是旅游，只是觉得一切都那么古老又那么年轻的样子，真的很好。

三、国家旅游发展理论需要有信仰的建设者遵循科研实践的规律，将理论与实践相结合的道路进行到底

理论的力量首先来自建设者发自内心的信仰，没有真正的信仰，就不会产生有效的传播、接受和行动。在理论建设、传播和接受的过程中，经由调查研究、数据分析和理

论抽象而来的概念、观点和命题，包括语言、文字、平台和渠道在内的传播体系固然重要，但是知识分子和专家学者发自内心的认同更为关键。《共产党宣言》《资本论》《国家与革命》等马克思主义经典著作，无论语言文字，还是概念及其展开的逻辑，在一百年前的中国，即使留过洋的教授也有很大的阅读障碍，传播和接受更有坐牢杀头的危险，为什么还有那么多人去翻译、去传播、去实践？因为这些文字闪耀着理性的光辉和实践的热情，指明了救国救民的方向，给先知者以信仰，予先行者以力量。才有了瞿秋白的首次将《国际歌》翻译成中文，才有了李大钊、李汉俊、郭沫若、陈启修、潘冬舟、侯外庐、王思华、郭大力、王亚南等知识分子接力传播、翻译《资本论》，倾尽毕生的才华和心血，有人甚至献出了宝贵的生命。作为一名知识分子和专家学者，如果徒有个人名利而无国家视野，只有个人恩怨而无铁肩道义，则道统何在？价值何在？我们今天的努力和成就，能经得起后人的审视吗？今天的中国，经历了20世纪80年代入境旅游的"黄金十年"和21世纪前二十年市场化取向的大众旅游初级阶段，迫切需要回答旅游发展"为了谁""依靠谁""做什么"等时代之问。唯有从人民立场出发，努力让人人都能在这块美丽的国土上、在这颗蓝色的星球上尽享属于自己的"诗与远方"，方能建设既有时代价值，也有历史意义的国家旅游发展理论。

旅游演化进程中有理论问题，也有实践课题，还有人文主题，旅游学者和理论工作者既要研究问题，也要关心主义。20世纪80年代，旅游、酒店、接待等学科建设与实践水乳交融，你中有我，我中有你。学院派的期刊是政府官员、业界经理人的案头书，政府的机关报和协会的内刊也是大学图书馆借阅率很高的参考文献，学者可以到基层和一线对话，官员和经理人可以到院校讲课。那时的旅游教育和学术研究可能没有成熟的理论体系，可是一切都是生机盎然和无限可能的样子啊！当时只道是寻常罢了。90年代中后期开始，基金立项、学术期刊、同行评议、专业评奖机构在学科体系拥有越来越多的话语权，在现有的学科分层和专业分类的框架中，旅游理论成为旅游理论家的事情，旅游学术成为旅游学者的专属。我们应当，也可以吸纳一切可以吸纳的自然科学、工程科学、社会科学乃至医学、军事学研究方法和工具，但是这并不意味着旅游领域的一切问题都可以纳入科学范式，更不可以用"自然科学原理"去分析所有的旅游活动，并试图重构一个"旅游理想国"。必须直面的事实是，这一观念普遍影响了旅游学科的主流平台、权威机构和一线学者，并波及研究生培养和本科生教育。几乎所有从事旅游研究的学者，包括具有人文学科背景和接受过社会科学训练的学者，也在基本治学方法上严守逻辑实证论的门庭，认为凡是在经验上不能验证、实验上不能重复、期刊中不能发表的问题，都是没有意义的，也是无法讨论的。按照这一思路，与文化和旅游融合发展密切相关的若干思想性话题就无法深入讨论，打通行政、市场和学术各界的共识就无法得到真正的构建，学术共同体的理论成果也无法转换为推动旅游业高质量发展的精神力量。须知，没有实践的思想，就没有思想的实践；没有理论指导的实践是盲目的实践，而没有经过实践检验的理论则是空洞的、悬置的理论。在建设国家旅游发展理论的过程中，我们需要再别康桥，寻一支思想的长篙，向知行合一的历史最深处漫溯，满载一船知识的星辉，在星辉斑斓的旅游产业里放歌。

高校应当，也可以成为国家旅游发展理论建设、创新和传播的主阵地，着力引导学生对旅游产业的认同感和责任心。实践性很强的旅游管理学科，应循国际惯例而构建新型产教合作关系，为现代旅游业培养用得上、留得下的产业后备军，也为旅游发展理论构建理论与实践的互动界面。如果任由学术研究、人才培养与产业需求渐行渐远，理论建设就会成为小圈子里的自说自话，就算有些影响，也不过是"茶杯里的风暴"而已。一千余所旅游院校，每年培养的旅游管理、酒店管理、会展管理的毕业生数以十万计，为什么很少在旅游领域就业？甚至每次有关旅游管理招生就业的讨论，除了吐槽，还是吐槽？高质量专业教育的缺失是主要原因。从幼儿园卷到高三，对社会基本无感的十八岁娃娃，刚进了大学校园，就加上"未来产业领袖"的光环，好吗？学完教学计划规定的课程，文献阅读、概念推演和论文写作的确得到了很好的训练，但是对产业的实感几乎为零。再一番放羊式的实习下来，就是被现实摁在地上摩擦的感觉，除了考公、考编、考研，心甘情愿地进入旅游业而倾尽才情与努力者，能有几人？无论是专业思政，还是课程思政，都应该告诉学生一个真实的旅游业，培养学生快乐工作和幸福生活的阳光心态。正是从这个意义上讲，先培养今天的快乐学生，再谈明天的产业领袖。

新时代新征程，应努力培养国家需要、行业认可的旅游人才

一、新时代的旅游人才必须是国家需要、时代呼唤的，也应当为行业所认可

旅游人才必须是国家需要的和时代呼唤的。从历史上看，任何一个时代的进步，都离不开善于思考并勇于作为的国士，比如提出"仓廪实而知礼节，衣食足而知荣辱"的管仲、变法强国的商鞅和王安石、"鞠躬尽瘁，死而后已"的诸葛亮，以及1840年以来科学救国、实业救国、教育救国的仁人志士。任何一个产业的成长和进步，都需要变革创新的企业家，比如张瑞敏、任正非、曹德旺等。任何一个学科的繁荣和进步，都需要一批富有创新精神、历史意识和专业能力的思想者和理论家，如孙冶方、陈准等经济学

家和"两弹一星"功勋。他们都是国家的栋梁之材，也是时代发展的推动者。

旅游人才固然有其专业性，但是不能因此而过于强调学科背景和工作岗位的特殊性。所有愿意为了人民的旅游权利、为了旅游业的高质量发展而奋斗者，都是时代呼唤、国家需要的旅游人才。《中国旅游人才发展报告（1949—2021）》有个"两个多数"的研究结论：近年来高校培养的旅游管理和酒店管理毕业生大多数都去了旅游以外的领域就业，旅游企业的高级管理人员特别是创业创新人才则大多数来自其他专业，比如携程、去哪儿、马蜂窝、七天、途家的创始人多有计算机学科或者商科的背景。仔细想想，也没有什么值得惊异的。在市场经济条件下，人才流动是由价格决定的，价格的背后是供求关系。从国际酒店集团前100名的高管团队的专业背景来看，也是商科居多，其中酒店管理名校毕业生占了三成，与国内相比，已经很高了。从旅游行政部门的管理者或者公务员的专业背景来看，所谓科班出身者就更少了。随着就业观念的变化，自由职业和灵活就业越来越成为包括旅游管理在内的高校毕业生的新选择，包括网络主播、自媒体人员、文案写手、快递员、外卖员、群众演员，灵活就业者已经达到2亿人。

旅游人才必须是服务行业，也为行业所认可的。 旅游人才的内涵是不断丰富的，外延是动态演化的。能够戴个帽子当然好，那是体制或者同行的认可，假如戴不了帽子，但是行业认可了，也一样是人才，将来历史会记住的。盛世王朝需要开拓雄图大业的君王，需要开疆拓土的将帅和保境安民的官员，也需要伟大的科学家、思想家和文学家。① 无论是理念，还是实践，都不能简单地把旅游人才与学历和职称挂钩，更不能只将博士、教授当作人才，那些从市场中拼杀出来的企业家，为旅游业创造价值的管理人员、服务人员和技术人员就不是人才？没有这个道理嘛！旅游强国、中国服务业和旅游业高质量发展，都离不开企业家、经理人、专业技术人员和基层一线的大国工匠。现在的问题是，教育、科技、文化和旅游部门搭建了很多平台，培养了大批学术名家，可是除了圈子里的热闹，又回应了多少旅游产业实践重点、难点和热点问题，并获得了行业的真正认可呢？如果高端人才一直在"基金申请和论文发表"中打转转，出了再多影响因子高的论文又如何？也许是时候对奉若神明的"影响因子"认真审视了：我们每年发表的论文和文章可谓是汗牛充栋，可是到底影响了谁？这是一个问题。

旅游人才还应当是自我驱动的，坐言起行并切实引领产业创新发展的。 创造性人才的成长看上去具有相当大的偶然性，但无不是理想牵引和价值驱动的天选之才。正如爱因斯坦所观察到的那样：几乎所有与人的本性有关的基础工作都是由非专业的物理学家

---

① 电影《妖猫传》有句台词，是杨贵妃看完"云想衣裳花想容"应制诗后说的，"李白，大唐有你，真的了不起"。

做的，他们仅仅把物理学看成自己的一大爱好而不是生活的全部，比如多才多艺的苏格兰人布莱克、德国医生迈耶、美国冒险家伦福德，还有英国酿酒师焦耳，他在工作之余做了有关能量守恒的几个最重要的实验。① 但是放在一个更大的时空看，似乎又是必然，全社会对科学的尊重、对异己的包容，天才学者的自我驱动，都是不可或缺的要素。戴帽子的大师、名师或许可以培养，但是那些开山立派的宗师又哪里是培养出来的啊！多数人是因为看见而相信，但是对于战略领军人才和历史托命之人而言，他们是因为相信而看见。他们如同盗火的普罗米修斯，如同填海的精卫，如同逐日的夸父，倒下也是一片泽被后人的森林。

二、新时代的旅游人才需要专业培养，更需要实践锻炼，以及竞争与淘汰

高等教育和职业教育是旅游人才培育的主渠道，需要规模化的制式教育，也需要年轻人的自我修养。 古代中国并没有近代意义上的科学，特别是基于实验室的科学体系，为什么也能出那么多的数学家、天文学家和工程师，创造璀璨的科技文明？虽然有这么多人才，工业革命为什么却没有发源于中国？在众多的"李约瑟之谜"的解答中，我认同林毅夫教授的观点：在以经验为基础的技术发明过程中，人口规模是技术发明率的主要决定因素。中国在现代时期落后于西方世界，是因为中国没有及时从以经验为基础的发明方式，转换到基于科学和实验的创新上来。同时期的欧洲，至少经由18世纪的科学革命已经成功地实现了这种转变。② 现代科学的进步，进而生产力的进步和市场主体的商业创新，越来越依赖科学家严谨的科学方法、理论验证和生产实践。严谨科学方法的显著特征就是把有关自然的假说和积累的经验"数学化"，并与严谨的实验检验相结合。③ 旅游人才的培养更离不开以高等教育、职业教育为代表的国民教育体系和相应的科技支撑平台，包括初等、中等和高等职业教育，也包括学士、硕士和博士学位教育，以及实体化的理论和科学研究机构、博士后科研流动站和工作站、国家重点实验室等支撑平台。

如果将人才看作是人口基数的函数，那么拥有2850万直接就业人员的旅游业，不用高等教育、科学研究和系统性的职业发展计划，也会有百分之一的人成为各方面的领军人物和行业骨干，哪怕是千分之一，也是很可观的数字。这么想对不对呢？当然是不对的。我们可以举出无数的例证说"刘项原来不读书"，或者历史上的不少状元终其一生也是寂寂无闻，也可以列举更多的栋梁之材饱读圣贤之书，或者接受了系统的专业训

---

① 爱因斯坦，英费尔德.物理学的进化[M].张卜天，译.北京：商务印书馆，2019：41.
② 林毅夫.制度、技术与中国农业发展[M].上海：上海三联书店、上海人民出版社，1994：257.
③ Needham，1969，转引自林毅夫.制度、技术与中国农业发展[M].上海：上海三联书店、上海人民出版社，1994.

练。同志们多是从事教育、科研和管理工作,或者将来要从事教育、科研和管理工作的,在看到问题并努力改进的同时,更要有教育自信和科学自信。那些以小概率案例得出"博士有啥了不起,不读书也照样成才"的结论,要么是柠檬精附体,要么是无知无畏,或者说是一种轻佻的姿态。

在我的心目中,理想的人才培养空间是一座空气中氤氲着咖啡香的图书馆、一个绿茵茵的大操场,加一群白发先生和白衣少年。不论是本科生还是博士生,都要尽可能多地在图书馆停留些时光。不能只读教科书和期刊论文,要多读些经济学、管理学、文学、历史学、哲学、自然科学方面的经典著作。不能只在手机上刷短视频,要多看《人民日报》《光明日报》《经济日报》《经济研究》,才能了解天下事。基础厚实了,眼界开阔了,知道自己将来要成为什么样的人,要为谁服务,浑身就有使不完的力气,用不尽的才华。唯有响应国家需要、时代呼唤和行业需求,才能够经得起旅游者的评价和从业者的审视,并为历史所记忆。

只有经过产业实践和市场竞争而胜出的旅游人才,方能不负时代不负旅游,名至而实归。人才培养的主阵地在综合性大学和职业院校,但景区、度假区、国家公园、酒店、民宿、旅行社和在线旅游平台更是值得关注的社会大学和实践课堂。为落实"三定"规定的高层次新型人才培养任务,中国旅游研究院(文化和旅游部数据中心)持续推进产学研结合的学术共同体建设,通过博士后工作站、重点实验室、专题研修班、会议论坛、行业咨询和专题授课,培养出将教员作为自己终身职业的人才。我们将结合亚太经济合作组织(APEC)的专题资助项目,在峨眉山风景名胜区设立"数字化旅游人才培养基地",通过实践教学培养行业所需的专门人才。对于真正的人才来说,不能总幻想着戴着学位帽子走出校园,等别人把舞台搭好,观众组织好,自己再范儿十足地出场。没那么回事!绝大多数人,绝大多数时间,在绝大多数地方,都是配角或者群众演员,而不是角儿。要想成角儿,就要在实践中摔打,就要与同龄人竞争,与自己较劲。这么多年来,每当自己被问及"为什么几十年如一日地熬夜,身体还这么好?",都不知道怎么回答是好,因为真实的答案有些残酷吧——身体不好的人早就被淘汰了。就像热带雨林,地球上最适合植物生长的地方,也是空间竞争最激烈的地方,"高耸入云的巨树高达40米,粗大的树枝四处伸展着抢夺阳光"[①]。自然界的生物和社会中的人一样,

---

① 爱登堡.我们星球的生命[M].林华,译.北京:中信出版集团,2021:78.之所以阅读这本看上去与旅游研究很远的非学术著作,是因为自己对科普著作和传记作品的偏好,也是因为文化自信不能走向自我封闭,而是要以更加开放的心胸欣赏和接纳人类文明的一切先进成果。本书第6页的一段话也让我印象深刻:"只有当无数有机个体最充分地利用每一种资源、每个机会的时候,只有当千百万物种的生命相互关联、彼此维持的时候,我们的星球才能有效运行。"

不经过脱胎换骨的蜕变，就不可能有枝繁叶茂的华盖。

旅游业真正需要的人才得有理想，更得有化理想为现实的行动力。人才培养的方式应当是多种多样的，学校教育、家庭教育、社会教育和实践培养，总之需要全身心投入的学习，而不仅仅是大脑的训练。为什么说穷人的孩子早当家？从小就得开始学着煮饭、烧菜、洗衣、照看弟弟妹妹，抓紧一切可能的时光看书学习，没有那么多的工夫去想那么多为什么。反观我们培养出的旅游人才，多是立志读万卷书，做大学问，奔着立功、立言、立德去的。事实上，真正能够成名成家者又有几人，绝大多数还不是活成了柴米油盐和家长里短？这没什么，只要我们尽力了，以所学所思所行助力旅游业品质提升和现代化转型，都是当代中国所需要的旅游人才。人尽其才，则天下皆才。

旅游领军人才需要宽松的环境和包容的心态。中国科学院院士、北京大学副校长张平文说，"北大数学科学学院的天才不是培养出来的，而是保护出来的"。清华大学强调"要为杰出人才营造一个好的环境，让他们在这个环境中自主学习和研究"。[①] 如果把杂草、杂树和杂质都去除了，只剩下横平竖直的人工林，哪怕我们再努力，收获的也可能只是平庸。一种想把什么都安排得妥妥帖帖的父系思维，只能导致什么都要等待安排的婴儿思维。在一个演化的自然科学体系中，提出一个问题往往要比解决一个问题更重要。解决问题也许只是数学演算或者反复实验的事情。而提出新的问题，新的可能性，从新的角度看旧的问题，却需要创造性的想象力，标志着科学的真进步。[②] 从这个意义上说，自然科学、工程技术领域的开创者，社会科学和人文学科的"历史托命之人"，经济学和工商管理等领域的"颠覆性创新"或者"破坏性创造"，都需要自由思想和思想自由的包容，才可能让每个人在任何可能的方向自由地探索，进而提升整个社会人才与人力资源的比率。

说到包容与宽容，我想起在挪威国立美术馆看名画《呐喊》的感受来。伟大的作品是由伟大的艺术家创作的，问题是峡湾城市奥斯陆可以容纳一个抑郁症患者或者精神病人蒙克，就像荷兰和法国可以包容凡·高和高更那样。从这个意义上讲，艺术创作的高度取决于观众的数量和质量，或者更直接地说是市场的厚度。现实呢？我们可能很难容下那些各方面都比自己优秀的人。忌妒是人的天性，也许大家中间的最优秀者可以没有忌妒心，但是平凡如我辈者倒是常有的。问题是如何把忌妒心化作前行和超越的动力，

[①] 赵婀娜，吴月.强基础研究育拔尖人才[N].人民日报，2022-03-18（11）.

[②] 爱因斯坦，英费尔德.物理学的进化[M].张卜天，译.北京：商务印书馆，2019：72.在广泛的阅读和求学经历中，自然科学、工程技术和社会科学之间的互通互鉴是常有的事，多数情况下，其有效性仅限于哲学或者原理层面。一旦走向仿生学意义的操作，则需要经过科学和伦理的双重考验，比如达尔文的进化论已经成为人类知识图谱的重要组成，但是社会达尔文主义则很难通过"人是目的而不是手段"的拷问。

而不是拉高踩低、远交近攻的破坏力。这需要每个人加强自我修养，也需要大环境的制度保障和小环境的机制保护。

三、新时代的旅游人才要到地方基层，到产业一线，到祖国最需要的地方去

旅游管理是实践性很强的学科，旅游人才应当是行动研究的倡导者和践行者。生活丰富多彩，经济有那么多产业，社会有那么多事业，旅游只是其中小小的组成部分。不是为了发论文和评职称，而是为了让这个世界一天天变得更美好，这才是人才该有的样子。19岁就参与"曼哈顿工程"的核物理学家，和丈夫阳早一起将自己的一生献给中国奶牛养殖事业的农业科学家寒春，写下这样的句子：世界上的事，只要下定决心并用心去做，一定会变得有意思，并成为你的专业，我觉得我不属于任何一个专业，我做的任何事情都是我的专业。我的老家蚌埠位于淮河岸边，是一座中等发达城市，而不是典型的旅游城市。在研究蚌埠"十四五"旅游业高质量发展规划时，我反复强调要着眼于300多万城乡居民的文化需求和休闲消费，建设公共文化项目和休闲基础设施，培育当地的旅游市场主体和创业创新者。当地的禾泉山庄和卫食园两个项目之所以给人留下了深刻印象，是因为其带头人和入选"旅游思想者"[①]的企业家一样，都是知行合一的专业人才。

到旅游产业第一线去，广阔天地，大有作为。历史已经证明并将继续证明，只有经过基层的历练和实践的磨炼，才会有专业的尊严和学者的独立性。每年数以万计的旅游管理毕业生，不能总沿着"本科—硕士—博士—发表—基金—教授—博导—大师"这条路子无休止地走下去，也不能总想着从官员那里分些权力，从老板那里打些秋风，以便在同行面前做出高人一等的模样来。不能再内卷了，走出书斋和实验室，外面的天地很是广阔，除了写论文、评职称、做课题，我们还有很多工作可以做。2022年，浙江在全省范围内开展艺术家驻村制度，对于乡村振兴和人才成长都是十分有益的。这么多高校和科研机构，能不能推出专业志愿者制度？我看是必要的，也是可行的。

到旅游教育第一线去，言高为师，身正为范。1985—1995十年间，一大批优秀的初中毕业生报考了中等师范学校，学成后充实到县乡中小学的教学第一线。现在看来，他们中的大多数并不比升入高中再上大学的同龄人生活得更好，但他们是一个时代的师

[①] "旅游思想者"由中国旅游研究院创设于2015年4月，在中国旅游科学年会或旅游管理博士后论坛定期发布。该奖项旨在致敬旅游领域知行合一的创业创新者，感谢他们以前瞻思想、卓越才情和不懈努力，持续提升游客、员工和居民的获得感，提升中国在世界旅游业的影响力。首位"旅游思想者"颁于梁建章博士和携程旅行网联合创始团队。

资典范，是今天各行各业骨干人才的托举者。①现在越来越多的旅游院校之所以有名，是因为教员有名而不是毕业生有名，而教员之所以有名，是因为论文发得多而不是教书教得好。这不正常啊！

我们发布过旅游业急需人才的调研报告，其中就有"双师型人才"。不仅旅游教育，旅游科研和产业实践领域都需要类似的复合型人才。复合型人才不是要艺术家、科学家变成企业家或者反之，而是不同领域、不同层级的人才，在旅游需求的牵引下聚集到同一个时空，面向旅游市场，面向基层一线，形成人才复合体。中国旅游研究院出站的一名博士后，"双一流"高校的旅游管理博士，放弃去几所院校和旅游集团的机会，而决定要去南方的某职业院校任教，让我感到由衷的高兴：你们知道了什么是自己真正想要的，你们走向旅游教学第一线的身影，传道授业解惑的样子，真的很美啊！

到旅游科研的第一线去，建设以人民为中心的当代旅游发展理论。在学位论文开题或者基金申请时，青年学者经常被要求回答理论价值或者说科学问题是什么。结论往往是从文献特别是本领域的知名期刊和知名学者的论著中获得的。我从不反对研究生和青年学者在文献综述上下功夫，相反，这是科班训练的基本功，也是理论著述而非观点表达的分水岭。问题是我们现在只停留在理论对话这个层面，进一步地，只与知名学者发表在期刊上的论文对话。事实上，好的理论是看它对世界的解释力，更好的理论是看对实践的指导性，知行合一的行动研究才能出大成果。现在有些社会科学的文献从现行的评价指标上看很厉害的样子，其实不过是茶杯里的风暴，贡献其实很有限。希望当代旅游学者，也是未来中国旅游发展理论和生产实践、管理实践的领军人才，既要与理论对话，也要与实践对话，通过与本土的实践对话更能够产出原创理论和伟大思想。不要把"学"与"术"分得那么开，尤其不能有"君子不器"的自我精英化。马克思主义理论及其中国化的代表，都是如此，既与现有的理论（广义，不只是学术意义上的理论）对话，更与丰富多彩的生产和生活实践对话。

很多高校将公开发表C刊论文作为博士论文答辩或者是博士后出站的前置条件，虽然我对此一直就不认同，这相当于把学位授予权变相让渡给了期刊审稿人或者责任编辑，但是也不得不承认这是现阶段必须接受的规则。既然是发表导向，青年学者就必须

---

① 我还想致敬乡村教师之外的另一个群体——赤脚医生，他们是活跃于20世纪六七十年代农村的半农半医的基层卫生人员。1965年，毛泽东同志在同身边医务人员谈话时提出："把医疗卫生工作的重点放到农村去。"作为一种制度安排，以王桂珍为代表的成千上万的赤脚医生真正使我国的卫生防疫体系深入到农村，用最经济、最实用的方式解决了农村缺医少药的燃眉之急，使科学的医疗方法开始进入数亿农民和千万自然村落。世界银行和联合国称"赤脚医生的出现是中国第一次卫生革命"。这样的群体还有很多很多，比如乌兰牧骑、大庆油田、铁道兵部队的工程技术人员等，都是旅游人才应当致敬和看齐的。

也只能按学校要求的八股文来写，但是心里要清楚：思想高于理论，理论高于学术。要谨防年纪轻轻的，正是理论创造力最为活跃的时候，即锁进了《肖申克的救赎》揭示的"体制化"：这些围墙很奇怪，刚来的时候，你会恨它，慢慢你就会习惯它，日子久了，你会发现你离不开它，那就是被体制化了。哪怕多年以后自由了，却因为无法适应高墙外的自由而郁郁离世，因为没有人告诉他不可以做什么，也不会有人指引他应该做什么。尽管这是我一刷再刷的经典，每次看到这一段时我还是不由自主地落泪而忧郁起来：这么年轻的面孔，连真正的自由都没有尝试过，就老去了。更令人不安的是，这么多的院长校长和导师，不管看到了还是没有看到这一点，都不得不像电影《狗十三》里的父亲那样，一边流着痛苦的泪水，一边将女儿强行纳入到自己也不认同的规范之中。

到国际交流的第一线去，讲好新时代的中国故事，分享当代中国的旅游经验。告诉世界一个小康社会的旅游梦想照进现实、人民旅游权利日渐彰显的中国，"旧时王谢堂前燕，飞入寻常百姓家"的中国。告诉世界一个旅游企业数字化转型、旅游产业高质量发展的中国，"无边落木萧萧下，不尽长江滚滚来"的中国。告诉世界一个政府统筹疫情防控和企业纾困扶持的中国，"周公吐哺，天下归心"的中国。告诉世界一个习近平生态文明思想指导旅游业和旅游可持续发展的中国，"绿水青山就是金山银山，冰天雪地也是金山银山"的中国。还要告诉世界一个旅游教育繁荣、旅游学术创新和旅游思想进步的中国，"有些鸟儿是注定不会被关在牢笼里的，它们的每一片羽毛都闪耀着自由的光辉"的中国。

前言
PREFACE

党的二十大报告指出:"坚持以文塑旅、以旅彰文,推进文化和旅游深度融合发展。"文化和旅游融合,既有历史根源,也是现实所需,更是未来趋向。文化和旅游融合,既是一个理论问题,也是一个实践课题。位于国家历史文化名城湖南省永州市的湖南科技学院,植根地方悠久厚重的历史文化土壤,观照地方蓬勃发展的文旅产业实践,深入开展文旅融合理论研究,不断创新文旅融合人才培养机制,努力服务文旅融合产业发展,着力打造旅游管理、文化产业管理、航空服务艺术与管理等文化和旅游类专业群,取得了显著成效。

习近平总书记在全国教育大会上强调,要提升教育服务经济社会发展能力,着重培养创新型、复合型、应用型人才。作为地方应用型本科院校,如何通过学科、课程、教材建设,完善人才培养体系、创新人才培养模式、提高人才培养质量,如何贯彻落实立德树人根本任务,紧密结合党和国家大政方针,培养一代又一代德智体美劳全面发展的社会主义建设者和接班人,培养一代又一代在社会主义现代化建设中可堪大用、能担重任的栋梁之材,如何通过人才培养、学科建设、专业发展、科学研究、社会服务、文化传承创新积极服务党和国家战略,加快构建中国特色哲学社会科学体系,努力推动经济社会高质量发展,这些仍是需要努力破解的重要理论和现实问题。

在文旅融合的大背景下,文化和旅游类学科成为典型的交叉学科。文化和旅游的理论创新和实践发展为学科专业注入了新的动力。为进一步推进新形势下文旅融合理论创新和实践发展,加强新文科背景下文化和旅游类专业建设和学科建设,助力培养堪当重任的社会主义时代新人,我们组织编写了"新时代文化和旅游融合发展研究丛书·应用型本科院校文化旅游专业丛书",涉及文旅融合、旅游文化、乡村振兴、乡村旅游、美丽乡村、农旅融合、文化创意、资源普查、研学旅游、会展旅游、航空服务、学科前沿、专业英语、地方文化以及学科竞赛、调研论文和实践报告等方面。丛书除支撑国家和省级一流本科专业建设、一流本科课程建设，助力相关专业教学、教研教改、实训操练、专业认证、新文科建设和人才培养外，还支撑相关应用特色学科和科研平台建设。丛书既突出理论性、学术性和战略性，又紧扣时代主题、实践前沿和产业动态。在贯彻党的路线、方针、政策和国家有关法律、法规的基础上，丛书融入课程思政元素，符合学科发展理论前沿和时代特征。丛书内容新颖生动、案例多样、可读性强，具备较强的理论性、学术性、时代性、实用性、可读性和可操作性。

本丛书得到湖南省普通高等学校"十三五"专业综合改革试点项目"旅游管理"、湖南省一流本科专业建设点"旅游管理"、湖南省"十四五"双一流建设应用特色学科"马克思主义理论"和"中国语言文学"、湖南省一流本科课程"永州旅游文化"和"茶艺与茶道"、国家级一流本科专业建设点"英语"和"日语"、湖南省中国特色社会主义理论体系研究中心湖南科技学院基地、湖南省当代中国马克思主义研究中心湖南科技学院基地、湖南省普通高等学校哲学社会科学重点研究基地"乡村振兴与区域经济发展研究中心""南岭走廊与潇湘文化研究基地""永州地域文化与文化自信研究基地""湘粤优势特色产业协同发展研究基地""思想教育与道德文化研究基地"、湖南省社科研究基地"湖湘文化对外交流传播研究基地""湖南省舜文化研究基地""湖南省濂溪学研究基地""湖南省李达与马克思主义'三化'研究基地"、湘粤社科智库联盟等平台和项目资助。

编者
2023 年 12 月

目录 CONTENTS

第一章　导　论 ··· 1
　一、什么是文化 ·· 1
　二、什么是旅游 ·· 2
　三、什么是旅游文化 ·· 3
　四、什么是文化旅游 ·· 4
　五、什么是文旅融合 ·· 5

第二章　旅游文化 ·· 7
　一、旅游文化的研究对象、内容结构 ··· 7
　二、旅游文化的功能和定位 ··· 7
　三、旅游文化的基础和特点 ··· 8
　四、旅游文化发展的历程 ·· 9

第三章　文化旅游 ··· 12
　一、文化旅游的内容结构 ··· 12
　二、文化旅游的功能定位 ··· 12
　三、文化旅游的类型 ··· 13
　四、文化旅游的特点 ··· 13
　五、文化旅游发展的历程 ··· 14

第四章　文旅融合 ··· 15
一、文旅融合的内容结构 ·· 15
二、文旅融合发展的历史演进 ·· 17
三、文旅融合的未来趋势 ·· 20

第五章　自然文化与旅游发展 ·· 23
一、何谓自然旅游文化 ··· 23
二、代表性自然旅游文化景观 ·· 24
三、中国自然山水旅游文化发展历程 ··· 26
四、国外自然山水旅游文化发展经验 ··· 29
五、当前自然山水文化和旅游发展存在的不足 ·· 29
六、进一步推进自然山水文化和旅游发展的对策建议 ··································· 31

第六章　园林文化与旅游发展 ·· 35
一、园林文化概述 ··· 35
二、园林文化和旅游发展概述 ·· 37
三、中国园林旅游文化的基础优势和发展经验 ·· 41
四、当前园林文化和旅游发展存在的不足 ··· 46
五、国内外园林文化和旅游发展典型案例及经验 ··· 48
六、进一步推进园林文化和旅游发展的对策建议 ··· 51

第七章　建筑文化与旅游发展 ·· 55
一、何谓建筑文化 ··· 55
二、建筑文化分类 ··· 57
三、建筑旅游文化发展历程 ··· 58
四、中国发掘建筑文化推动旅游发展的基础、优势和经验 ····························· 60
五、当前建筑文化和旅游发展存在的不足 ··· 63
六、国内外建筑文化旅游发展典型案例及经验 ·· 64
七、进一步推进建筑文化和旅游发展的对策建议 ··· 67

第八章　文物古迹文化与旅游发展 ··· 72
一、文物古迹与文物古迹文化 ·· 72

二、文物古迹文化和旅游发展 ·· 74
　　三、文物古迹文化和旅游发展典型案例及经验 ······························ 76
　　四、进一步推进文物古迹文化和旅游发展的对策建议 ······················ 78

第九章　饮食文化与旅游发展 ·· 82
　　一、何谓饮食文化 ·· 82
　　二、饮食文化和旅游的关系 ··· 85
　　三、国内外饮食文化旅游发展现状 ·· 86
　　四、国内外饮食文化和旅游发展典型案例及经验 ······························ 89
　　五、进一步推进饮食文化和旅游发展的对策建议 ······························ 93

第十章　茶酒文化与旅游发展 ·· 96
　　一、何谓茶酒文化 ··· 96
　　二、中国茶酒文化发展历史 ·· 99
　　三、国外茶酒文化简况 ·· 101
　　四、当前世界茶酒文化及品牌代表 ·· 103
　　五、当前茶酒文化和旅游发展的不足 ··· 106
　　六、国内外茶酒文化和旅游典型案例及经验 ·································· 108
　　七、推进茶酒文化和旅游发展的建议 ··· 115

第十一章　戏曲文化与旅游发展 ··· 117
　　一、戏曲文化概述 ··· 117
　　二、戏曲文化的特征 ·· 119
　　三、戏曲文化旅游资源基础和趋势 ·· 121
　　四、戏曲文化旅游开发的成效和不足 ··· 122
　　五、国内外戏曲文化和旅游发展的典型案例 ·································· 124
　　六、推动戏曲文化及旅游发展的对策建议 ····································· 128

第十二章　书画雕塑文化与旅游发展 ······································· 131
　　一、书画雕塑文化概述 ·· 131
　　二、书画雕塑文化和旅游发展概况 ·· 134
　　三、书画雕塑文化和旅游发展基础和优势 ····································· 135

四、当前书画雕塑艺术文化与旅游发展存在的不足 ………………………… 138
　　五、国内外书画雕塑文化和旅游发展典型案例及经验 ……………………… 139
　　六、进一步推进书画雕塑艺术文化与旅游发展的对策建议 ………………… 145

第十三章　武术文化与旅游发展 …………………………………………… 147
　　一、武术文化概述 ………………………………………………………… 147
　　二、武术文化对旅游的影响 ……………………………………………… 150
　　三、中国武术文化和旅游发展现状 ……………………………………… 151
　　四、武术文化和旅游发展基础和优势 …………………………………… 153
　　五、武术文化与旅游发展存在的问题和不足 …………………………… 157
　　六、国内外武术文化和旅游发展典型案例与经验 ……………………… 159
　　七、进一步推进武术文化和旅游发展的对策建议 ……………………… 162

第十四章　民俗文化与旅游发展 …………………………………………… 167
　　一、何谓民俗文化 ………………………………………………………… 167
　　二、民俗文化的历史发展 ………………………………………………… 168
　　三、民俗文化与旅游的关系 ……………………………………………… 170
　　四、民俗文化旅游发展典型案例和经验 ………………………………… 171
　　五、当前民俗文化旅游发展存在的不足 ………………………………… 175
　　六、进一步利用民俗文化推动旅游发展的对策与建议 ………………… 176

第十五章　余　论 …………………………………………………………… 178

参考文献 ……………………………………………………………………… 180

后　记 ………………………………………………………………………… 193

第一章 导 论

一、什么是文化

在我国,"文化"是古已有之的一个概念。中国古代典籍中"文化"是"文"与"化"的复合。《论语·雍也》言:"质胜文则野,文胜质则史。文质彬彬,然后君子。"此处的"文"与"质"相对称,具有人为加工、修饰等意义。由此可见,"文化"的"文"既为文字,又通文章、文采;"文化"的"化"字则具有改变、化生、造化等含义。

最早将"文"与"化"联系起来使用的是《周易·贲卦》。《象传》曰:"观乎天文,以察时变,观乎人文,以化成天下。"这里的"人文"借指社会生活中的各种人际关系,即人伦序列,如君臣、父子、夫妇、兄弟、朋友等交织构成的网络。而"人文……化成天下",意指通过对人施以文治教化,把不懂事情的孩子培养成有教养的文明人的过程。两汉以后,文献中开始正式出现"文化"一词,如刘向《说苑·指武》中就有"凡武之兴为不服也。文化不改,然后加诛"之句。总的来说,中国古代的"文化"一词,主要强调人的内在教养、德性,以及与之相关的一些元素。它与现代所说的"文化"一词,意义有所不同。

现今我们所通用的文化概念,据认为是19世纪末从日本转译过来的,源于拉丁文"culture",原意为加工、修养、教育、文化程度、种植和耕种,既有物质生产,又有精神创造的含义。英国文化人类学家爱德华·泰勒在其1871年出版的代表作《原始文化》中,首次对文化的概念进行了定义。他写道:"文化,或文明,就其广泛的民族学意义来说,是包括全部的知识、信仰、艺术、道德、法律、风俗,以及作为社会成员的人所掌握和接受的任何其他的才能和习惯的复合体。"[1]从这个定义来看,虽然是比较宽泛的,但主要还是指精神文化,没有包括物质文化。十年后,他又出版了《人类学》一书,有意识地侧重研究了原始人的某些物质文化现象,补充和发展了自己的文化研究。另一位英国文化人类学家马林诺夫斯基则明确指出:"文化含有两大主要成分——物质的和精神的,即已改造的环境和已变更的人类有机体。文化的现实即存在于这两部分的

---

[1] 爱德华·泰勒.原始文化[M].连树声,译.上海:上海文艺出版社,1992:1.

关系中，偏重其一，都会成为无谓的社会学的玄学。一种器物的同一性并不在于它的特有形式，一种观念或风俗的同一性也不在于它的形式。器物的形式始终是为人类行动所决定，所关联，或为人类观念所启发。信仰，思想和意见也是始终表现于被改造的环境中，要认识文化的现实，只有从此着眼。"[1] 美国文化人类学家克莱德·克鲁克洪在《文化的研究》一文中也指出，文化"这一人类学术语所确定的含义，是指整个人类环境中由人所创造的那些方面，既包含有形的也包含无形的。所谓'一种文化'，它指的是某个人类群体独特的生活方式，他们整套的'生存式样'"[2]。可见，文化是人类活动的结果，是人类在一定自然、社会和人文环境中的产物，即人类实践的产物。可以这样认为，文化是一个国家或民族精神生活和物质生活的抽象和概括，具有传承、传播的特点和育人、化人的功用。一言以蔽之，文化即人化。

二、什么是旅游

我国古代关于"旅"的记载有很多，比如，《管子·小匡》："卫人出旅于曹。"注曰："旅，客也。"《周易》中的《旅卦·疏》："旅者，客寄之名，羁旅之称，失其本居而寄他方，谓之为旅。"

关于"游"的记载也有很多，如《论语》中记载孔子劝弟子们"游于艺"。宋人赵顺孙认为："游者，玩物适情之谓。"

而将"旅"和"游"合起来的"旅游"一词，最早见于南朝沈约的《悲哉行》一诗："旅游媚年春，年春媚游人。徐光旦垂彩，和露晓凝津。时嘤起稚叶，蕙气动初苹。一朝阻旧国，万里隔良辰。"在这里，"旅游"已有"外出旅行游览"之意，此诗表达的则是行旅思乡之情。

可见，我国古代"旅"一般指空间的位移，主要是"旅居"；"游"一般指出游、游历、交往。但被赋予"学""艺""玩物适情""寓意抒情"等文化元素后，就从行走或者旅行变成旅游了。换言之，只有赋予文化内涵的行走，才是旅游；只有赋予文化内涵的旅行，才是旅游；只有赋予文化内涵的空间移动，才是旅游。

在西方，旅游（Tour）来源于拉丁语的"tornare"和希腊语的"tornos"，其含义是"车床或圆圈；围绕一个中心点或轴的运动"。这个含义在现代英语中演变为"顺序"。后缀 -ism 被定义为"一个行动或过程；以及特定行为或特性"，而后缀 -ist 则意指"从事特定活动的人"。词根 tour 与后缀 -ism 和 -ist 连在一起，指按照圆形轨迹的移动，

---

[1] 马林诺夫斯基. 文化论[M]. 费孝通等，译. 北京：中国民间文艺出版社，1987：95-96.
[2] 克莱德·克鲁克洪. 文化与个人[M]. 高佳等，译. 杭州：浙江人民出版社，1986：4.

所以旅游指一种往复的行程，即指离开后再回到起点的活动；完成这个行程的人也就被称为旅游者（Tourist）。

三、什么是旅游文化

任何一种新的文化形态的产生、发展和完善，都是社会生产力和社会文化发展到相应水平的结果。随着旅游业在经济领域中地位的不断提高，它对社会文化发展的需求和依赖也越加明显。

一般认为，"旅游文化"概念最早是在美国学者罗伯特·麦金托什和夏希肯特·格波特于1977年合作出版的《旅游学——要素·实践·基本原理》一书中作为第二章标题出现的。我国学者则认为，"旅游文化是以一般文化的内在价值因素为依据，以旅游诸要素为依托，作用于旅游生活过程中的一种特殊文化形态，是人类在旅游过程中（一般包括旅游、住宿、饮食、游览、娱乐、购物等要素）精神文明和物质文明的总和"[①]。

旅游文化绝对不是那种抽象的、形而上学的东西，而是包括旅游者、旅游从业者、旅游资源、旅游生活设施和接待地环境等在内的物质和精神的总和。"旅游文化由深层结构和表层结构两部分组成，深层结构指的是人类普遍存在的求知、求乐、求健、求美，表层结构指的是旅游景观、旅游设施等。作为可供观赏的文化形态，包括历史古文物、现代性事物、日常生活文化、伦理文化等。"[①]旅游文化一方面包括具体的、客观的内容，如人、财、物等；另一方面还包括不可见的文化成分，如旅游者如何使用他的钱、财、物，旅游业如何开发资源、增添设备、提高质量以满足旅游者的各种心理动机和需求，这种从酝酿到实施完毕的过程，莫不带有文化传统、民族习惯的直接或者间接的影响和制约。而旅游者玩购娱的结果以及从中可以看出的明显动向，旅游从业者为旅游者开发的旅游资源、提供的各种服务设施本身，则更物化地体现了民族文化心理的影响和制约。

从旅游文化的特征来看，包含综合性、地域性、继承性、新奇性、服务性、多样性等。"其中，综合性、地域性和继承性为多数人所认同，但具体表达又有所不同。有人认为旅游文化的综合性集中表现在系统的复杂性、形态的多样性、消费的广泛性和分布的迭置性；旅游文化的地域性是旅游资源因人所处空间的不同和文化氛围的差异以及资源本身的地方特色所形成的，往往具有乡土气息；旅游文化的继承性则是指在价值观、审美观方面呈现出历代相连续的特点。"[②]

从旅游文化形成、发生与运行过程看，由于文化（更深层面上是愉悦）是旅游的内

---

① 冯乃康. 首届中国旅游文化学术研讨会纪要［J］. 旅游学刊，1991（01）：57-58.
② 冯乃康. 首届中国旅游文化学术研讨会纪要［J］. 旅游学刊，1991（01）：57-58.

核，人对自然和本能的超越与创造是文化的内核，因此，旅游文化本质上就是旅游引致的人化过程与结果，是人类社会发展到一定阶段人类最基本的生存与生活方式的表现形式之一。单就旅游的主客体而言，它们不是旅游，但是构成旅游发生的要件；单就旅游文化的主客体而言，它们也不是旅游文化本身。当旅游文化主体（旅游者、旅游从业者和目的地居民）在旅游活动（旅游文化客体）的统辖与牵引下相互作用、共创共生时，一种新型的文化形态便应运而生了。[①]

四、什么是文化旅游

文化旅游泛指以鉴赏异国异地传统文化、追寻文化名人遗踪或参加当地举办的各种文化活动为目的的旅游，即以文化资源为旅游对象的旅游活动。文化旅游的过程就是旅游者对旅游资源文化内涵进行体验的过程，是通过旅游实现感知、了解、体察人类文化具体内容之目的的行为过程。西方学者罗伯特·麦金托什较早提出文化旅游的概念，认为"文化旅游包括旅游的各个方面，旅游者从中可以学到他人的历史和遗产，以及他们的当代生活和思想"[②]。"文化旅游主要是对一些独特的、富有地方色彩的文化景观的观赏，是以感受真实文化而进行的旅游活动。"[③] 旅游与休闲教育协会（Association for Tourism and Leisure Education and Research，ATLAS）将文化旅游定义为人们离开惯常居住地，为满足新的文化体验和文化需要而前往文化景观的移动；即人们离开惯常居住地，趋向有文化吸引物的旅游目的地，如遗址遗迹、文化表演等的一切移动行为。[④] 联合国世界旅游组织第22届全体大会定义文化旅游是"这样一种旅游活动，游客的基本动机是学习、发现、体验和消费旅游目的地的物质和非物质文化景点/产品。这些景点/产品涉及社会独特的物质、文学、精神和情感特征，包括艺术和建筑、历史和文化遗产、烹饪遗产、文学、音乐、创意产业、生活方式、价值体系、信仰和传统"[⑤]。世界旅游组织认为，文化旅游依托的文化基础包括：①物质文化遗产，如世界遗产地、纪念碑、历史场所和建筑等；②非物质文化遗产，如手工艺品、美食、传统节日等；③当代文化及创意产业，如电影、表演艺术、设计、时尚等；④其他，如运动、体育、健康等。世界旅游组织对

---

① 李朝军，郑焱.旅游文化学（第2版）[M].大连：东北财经大学出版社，2016：47.
② 罗伯特·麦金托什，夏希肯特·格波特.旅游学——要素·实践·基本原理[M].蒲红等，译.上海：上海文化出版社，1985.
③ 李朝军，郑焱.旅游文化学（第2版）[M].大连：东北财经大学出版社，2016：71.
④ 佚名.文旅融合的概念含义、发展经验和趋势[EB/OL].（2021-12-22）[2023-08-17].https://www.1230t.com/blog/b/529.html.
⑤ 佚名.文旅融合的概念含义、发展经验和趋势[EB/OL].（2021-12-22）[2023-08-17].https://www.1230t.com/blog/b/529.html.

156个成员、69个国家的调查结果统计显示，97%依托物质文化遗产、98%依托非物质文化遗产、82%依托当代文化及创意产业、34%依托其他文化发展文化旅游。①

文化旅游与旅游文化是两个既有一定联系又有严格区别的概念。文化旅游是属于旅游的范畴，是旅游的一种类型，与旅游在内涵上存在着有机的联系。而旅游文化属于文化的范畴，是文化的一个门类，与诸如农耕文化、工业文化、海洋文化、草原文化、建筑文化、生态文化等相并列，是文化的一种类型。一方面，文化的发展丰富了旅游文化的内容，进而促进旅游文化的发展；另一方面，旅游文化的发展又能为文化旅游提供内涵丰富的旅游内容，以满足旅游者的各种文化需求。在外延上，文化旅游可以说是旅游文化的一个研究内容，而旅游文化的内容要比文化旅游丰富得多。

这里还要注意区分文化旅游与文化和旅游、文旅等概念。文化和旅游是文化部门和旅游部门合并后连在一起用得较多的概念，一般是文化事业、文化产业和旅游事业、旅游产业的合称，或者是文化和旅游两个职能和领域的合称。与此相应，文旅一般是文化和旅游的简称。而文化旅游是有关文化的旅游。从结构上看，文化旅游是偏正结构，文化和旅游、文旅是并列结构。不过现实中，除国家和省一级部门名"文化和旅游部""文化和旅游厅"外，市县两级一般称"文化旅游广电体育局"，省略了"和"字，容易让一些人的理解出现偏差。

五、什么是文旅融合

文旅融合的全称是文化和旅游融合，是指"文化、旅游产业及相关要素之间相互渗透、交叉汇合或整合重组，彼此交融而形成新的共生体的现象与过程"②。"融"代表的含义其实就是要探寻到其各自资源要素相互渗透、流动交换的合适路径：一是基于资源要素禀赋的融合，二是基于技术创新的融合，三是基于市场优势的融合；"合"首先要与区域发展战略相适应，其次与旅游目的地的形象设计相适应。因而：（1）文旅融合是一种互动的要素资源整合；（2）文旅融合是一种互补的产业价值创新；（3）文旅融合是一种认同的动态优化过程；（4）文旅融合是一种系统的多元方式交融。③"从文化与旅游的关系来看，文化可以催生旅游，旅游可以产生文化，文化和旅游的紧密关联为文旅

---

① 王衍用.文旅融合，要探索政、产、资、学、研、用一体模式[EB/OL].(2019-03-09)[2023-08-08].http://nepaper.ccdy.cn/html/2019-03/09/content_254566.htm.
② 黄震方.走向更有诗意的远方·文化和旅游的深度融合与协同发展（上）[EB/OL].(2018-12-30)[202-308-17].搜狐网·文旅，http://www.sohu.com/a/285640709_120066097.
③ 明庆忠.新时期的文旅融合解读[EB/OL].(2020-06-22)[2023-08-17].https://www.sohu.com/a/403433674_120059106.

融合发展打下了坚实基础。"① 文化旅游产业融合发展的重点内容是："理念融合、机构整合、资源整合、产业融合、资本聚合、服务融合、产品融合、市场融合、交流融合、技术融合、功能融合、界域融合、区域融合。"②

世界旅游组织（United Nations World Tourism Organization，UNWTO）用"协同（Synergies）"来表述文化和旅游的关系，这种表述与中国的表述有三点明显的区别：①旅游与文化协同，旅游在前，文化在后，而非中国表达的文旅融合，文化在前，旅游在后；②使用的概念是协同而非融合，协同的含义更多是合作（Collaboration）与合伙（Partnership），融合（Fusion）更多的含义是汇合（Convergence）、混合（Blend）与一体化（Integration）；③政府在协同中具有重要作用，但主要是引导与营销，突出中小型文化旅游企业市场主体作用，强调社会利益相关者特别是社区的合作参与。除遗产保护外，政府很少强制推动与直接提供资金扶持。③

早在1981年，于光远就曾指出："旅游不仅是一种经济生活，而且也是一种文化事业。""从旅游资源角度看，文化事业的发展也是具有决定作用的事。"④ 1986年，于光远先生在《旅游与文化》一文中进一步指出："旅游不仅是一种经济生活，而且也是一种文化生活。""旅游业不仅是一种经济事业，也是一种文化事业。"⑤ 世界旅游组织（UNWTO）指出，全世界旅游活动中约有37%涉及文化因素，文化旅游者以每年15%的幅度增长。⑥ 可见，现代经济社会发展中的文化和旅游，也是密不可分的。

☞ **拓展链接**

---

① 高乐华，段棒棒.文化和旅游融合发展研究综述[J].中国旅游评论，2021（03）：86-102.
② 明庆忠.新时期的文旅融合解读[EB/OL].(2020-06-22)[2023-08-17]. https://www.sohu.com/a/403433674_120059106.
③ 佚名.文旅融合的概念含义、发展经验和趋势[EB/OL].(2021-12-22)[2023-08-17]. https://www.1230t.com/blog/b/529.html.
④ 于光远.旅游和文化[J].旅游，1981（3）：5-6.
⑤ 于光远.旅游与文化[J].瞭望，1986（3）：35-36.
⑥ 王衍用.文旅融合，要探索政、产、资、学、研、用一体模式[EB/OL].(2019-03-09)[2023-08-08]. http://nepaper.ccdy.cn/html/2019-03/09/content_254566.htm.

第二章　旅游文化

一、旅游文化的研究对象、内容结构

旅游文化学是关于旅游文化的学科。其研究对象，即所谓的学科范畴，是学科赖以生存的学术土壤和社会基础。

西方学界认为"旅游客源地民族文化、客源地文化、旅游主体客体文化、旅游引发的文化交流与碰撞等都是旅游文化研究的对象与范畴"[①]。我国学者则认为，旅游文化学范畴所涵盖的是整个旅游活动发生的行为及其影响的社会文化聚合，而不是对旅游活动的各个层面及结构部分做独立的理论与技术研究，既不是单纯研究旅游主体文化，也不是仅以旅游客体为考察对象，或者静止地分析所谓的旅游介体，而是从宏观上把握全部旅游活动的文化事象特征。

旅游文化是一个系统，它由四个子系统组成：（1）旅游文化实践系统；（2）旅游方式制度系统；（3）旅游心理性格系统；（4）旅游知识思想系统。旅游文化学的研究对象，亦即旅游文化学的学科范畴可表述为：通过对旅游内部三个相互关联、运动的结构的演变过程进行系统研究，描述作为一种文化现象的旅游发生和发展的历史规律和运动规律。

二、旅游文化的功能和定位

旅游文化之于旅游，旅游本质上是一种文化活动和文化现象，旅游文化是旅游业的灵魂和支柱。

旅游是一种文化活动，是文明人所特有的生存和生活方式。真正意义上的旅游一开始就带有自由性、开放性和探索性等文化的内容和色彩。

旅游首先是一种文化活动和文化现象，它的历史及其所产生的影响，比起单纯的经济影响，要悠久得多，深远得多。

---

① 李朝军，郑焱.旅游文化学（第2版）[M].大连：东北财经大学出版社，2016：16.

旅游的历史，是一部文化演进的历史。或者说，是作为一种文化现象的旅游演进发展的历史。"旅""游"或"旅游"一词在中国的演变发展充分说明了这一点。

作为国民经济产业部门之一，旅游业以实现经济效益为目的。但旅游业是一个特殊的经济部门，它的主要服务对象是以追求精神文化生活为旨趣的文化消费者或审美消费者。因此，旅游文化是旅游业的灵魂。

文化是旅游景观吸引力的源泉，是旅游业的灵魂。无论是旅游资源的开发，还是旅行社、旅游饭店的经营与管理，都必须把了解旅游客源的文化特征，寻求旅游资源的文化内涵及与旅游者背景文化之间的沟通，作为不懈追求和努力的目标。

旅游文化之于文化，旅游文化是文化的重要基础和核心。衣食住行，作为人类最基本的需要，在文化中占有举足轻重的地位。旅游文化虽然不能简单地等同于"食、住、行、游、购、娱"文化，但与之有着千丝万缕的联系，并且在人类历史的进程中，不断演进，不断开拓，成为社会文明进步和文化昌盛的标志。

三、旅游文化的基础和特点

从物质、制度、行为和精神四个结构层面构成旅游文化的文化基础，从地理环境、旅游资源和生态环境三个角度构成旅游文化的地理基础，从民族的差异性、民族风情和作为文化交流的旅游三个方面构成旅游文化的民族基础，从价值观、思维角度和审美模式三个角度构成旅游文化的哲学基础。这中间折射出旅游文化与社会生活之间千丝万缕的联系。

旅游文化的特点与文化的特点紧密联系，文化的特点决定并包含了旅游文化的特点，旅游文化特点是文化特点的具体表现。不过，由于旅游文化和文化在外延上并不相同，因而旅游文化有着不同于一般文化的类型和特点。

关于旅游文化的特点，理论界诸说并出，论述颇多。我们认为，旅游文化从其自身的范畴、结构和规律来看，主要有以下几个特点：①延续性；②多样性；③时空性；④民族性；⑤实用性；⑥创造性；⑦自由性；⑧对象性；⑨价值性；⑩观光性。

从旅游文化的基本特征来看，"旅游文化不是一般性的文化，是一种独立的精神现象，是旅游者、旅游从业者和旅游目的地居民在旅游者旅游活动过程中所营造的一种新型文化形态，是旅游者通过旅游活动在旅游过程中以旅游目的地作为最终极的载体相互作用、共创共生的过程和结果，是由旅游活动引致并迸发出来的形式多样的各种文化现象的总称，其实质是旅游引致的人化过程与结果"。① 最典型的表现是流动性、开放性

---

① 李朝军，郑焱. 旅游文化学（第2版）[M]. 大连：东北财经大学出版社，2016：51.

和审美性。

中国旅游文化的特征主要体现在地域性、民族性、宗法性、伦理性等方面。

（1）地域性。地域文化的不同是旅游产生的一个基本条件，也是造成旅游文化地域差异的根本原因。首先，旅游文化的地域性表现在旅游资源空间分布的差异上。其次，旅游文化的地域性表现在旅游动机的差异上。最后，旅游文化的地域性还表现在不同区域的文化传统的差异上。

（2）民族性。不同的民族处在各自不同的自然和文化生态环境中，必然具有不同的社会风尚和审美标准。以旅游主体的旅游性格为例，一般来说，多数中国旅游者较为内敛稳健，多数西方旅游者则较为外向、好冒险；中国人重视旅游的内心体验，西方人则钟情于旅游的外在观察；中国人倾心于旅游的道德塑造功能，富于人文情怀，西方人则看重旅游的求知价值，充满科学精神。

（3）宗法性。我国的宗法制度形成于西周时期，是以血缘关系为纽带的政治社会构造体系，以"尊祖"和"敬宗"为主要标志。这种宗法社会的伦理型文化，对中华民族的形成和凝聚发挥了重要作用。我国的旅游文化也受制于宗法情绪。强烈的血亲意识使中国人"根"的观念根深蒂固，由此而产生的寻根旅游成为中国永恒的旅游主流。"封禅"活动是统治者宗法旅游的一种形式，历代帝王的"封禅"活动确定了泰山等五岳的名山地位，给这些名山打上了中华文化的烙印，使它们成为了解中国古代宗法文化的一个标本。

（4）伦理性。中国文化的基本精神是从社会伦理出发来建构文化的，中国文化充满伦理色彩。中国伦理思想的核心是"仁"和"礼"，礼制对人伦的约束时有表现。如儒家"孝"的伦理观念要求"父母在，不远游，游必有方""吾不游也，吾有严父，当须侍之；吾有慈母，当须养之；吾有长兄，当须顺之；吾有幼弟，当须教之"，伦理孝亲情感直接影响人们的旅游动机。

四、旅游文化发展的历程

旅游文化的发展历程，反映了人类在旅游活动中的创造过程，也反映了旅游主体在旅游中的人格塑造过程。

（一）西方旅游文化发展历程

西方早在奴隶社会就有商人开创了旅行的通路。奴隶制时期经济的发展为旅行提供了便利的物质条件，如罗马帝国修建了许多宽阔的大道，并沿途建设了很多驿站。"罗马帝国政府设置这些驿站的最初目的，是为了供政府公务人员中途歇息，但后来也接待沿路往来的民间旅客。随着过往旅行者的人数不断增多，不仅政府又在沿路开设了一些官办旅店，而且更多的私营旅店也随之发展起来。这些住宿接待设施的发展及其所带来的便利，反过来也推动了旅行人数的增加。"[1] 当时除了国内旅行，也有国际性的经商旅行，如通过"丝绸之路"交易货物。这时期的旅游文化主要是公务旅行文化和商贸旅游文化。

到了中世纪，西方封建社会有类似于中国的君主巡游和罗马时代继承下来的海滨消遣旅游、狩猎度假旅游、休闲郊游等。后来，以健康保健为目的的温泉旅行（"洗澡旅游"）和求知学习为目的的修学旅行发展起来。温泉旅行起源于13世纪，"在文艺复兴时期，洗澡几乎是唯一可能成为娱乐极致的一种娱乐，于是疗养地顺理成章地成了当时社交生活的中心。""许多人为了淋漓尽致地、尽情地领略甜蜜的生活乐趣，去做一次快乐的、当时的人所谓的'洗澡旅游'。"[2] 这是一种健康旅游文化。此后，贵族子弟的修学旅行文化和宗教人士的宗教旅行文化成为一种现象，特别是到中国的传教和旅行一时风头无两。

17世纪中期，随着英国资产阶级革命的胜利，西方进入资本主义社会，旅游取得进一步发展。温泉旅游、海滨旅游日渐兴盛，自然观光旅游也初现端倪，而"海外大旅行"（The Grand Tour）则一度风行整个欧洲大陆。1841年，托马斯·库克包租火车组织一个团体参加禁酒大会，此后陆续又组织一些旅游活动，标志着近代旅游业的诞生。第二次世界大战以后，特别是20世纪60年代以来，大众旅游的兴起使现代旅游逐渐走进普通大众的生活。随着铁路、公路、机场、酒店、旅馆、民宿、景区、度假区的大量建设，火车、汽车、飞机、轮船等交通工具的不断发展，国际官方旅游协会大会、国际官方旅游宣传组织联盟、世界旅游组织联盟等机构和团体的组建，特别是高速铁路的发展、互联网的普及、移动通信的升级和现代科技的革新，现代旅游以不可阻挡的速度，一路走到今天。于是，近现代的大众旅游文化成为主流。

（二）中国旅游文化发展历程

中国旅游文化的发展演变大体经历了如下几个阶段。

1. 旅游文化的萌芽期：原始社会末期、奴隶社会

这一阶段产生了商务旅游和帝王巡游，如传说中的中华民族的始祖黄帝，是一个性好远游、足迹遍天下的古代帝王。周穆王西游，是我国有文字记载的最早的旅行探险活动。

---

[1] 李天元.旅游学概论（第7版）[M].天津：南开大学出版社，2014：10.
[2] 爱德华·博克斯.欧洲风化史：文艺复兴时代[M].侯焕闳，译.沈阳：辽宁教育出版社，2000.

2. 旅游文化的形成期和发展期：古代封建社会

秦汉是中国旅游文化的形成期。魏晋南北朝时期，旅游文化得到了初步发展，旅游风尚在上层社会发生了一定的变异。其主要标志是玄游、仙游、释游等新型旅游的兴起。隋唐是旅游文化的鼎盛期。隋唐是一个开放、充满勃勃生机的时代，是中国古代文明最为灿烂的时代，也是中国古代旅游大发展的时代，各个阶层都涌现出大批旅游家，是中国古代旅游文化最为辉煌的时代。宋元明清时期，旅游文化仍有一定的发展，如北宋出现了意在理趣的宋代旅游，元朝出现了中西旅游交往，明清旅游虽然开始走下坡路，但有不少文人及官员放弃仕途，归隐于山水，或问奇，或求知，或求乐。如徐霞客，问奇于名山大川，写下巨著《徐霞客游记》；又如李时珍，求知于青山绿水，完成了190万字的《本草纲目》。

3. 旅游文化转型期：近现代以来

自近代以来，中国旅游文化发生了两次重大转型。第一次发生在19世纪40年代，受西方冒险主义旅游文化的冲击，中国人开始迈出国门，寻求与世界文化接轨；中华民族旅游性格在近现代转化过程中，使冒险勇进精神逐渐成为中国旅游次生的性格特征。第二次发生在20世纪80年代，随着中国改革开放的不断深入，中国旅游文化逐步实现由量变到质变，中国正在从旅游大国走向旅游强国。

拓展链接

第三章 文化旅游

一、文化旅游的内容结构

文化旅游是以文化资源为依托的旅游活动，因此其研究对象是一切与文化资源有关的旅游活动，包括影视、广播、音像、游戏、动漫、音乐、舞蹈、演艺、文物、文博、遗产、美术、广告、出版印刷、创意设计、工艺品、服饰、饮食、多媒体影像软件、网络、建筑、雕塑、红色文化，等等。"中国文化旅游可分为以下四个层次：以文物、史籍、遗迹、古建筑为代表的历史文化；以现代文化、艺术、科技成果为代表的现代文化；以居民日常生活习俗、节日庆典、祭祀、婚丧嫁娶、体育活动、服饰等为代表的民俗文化；以人际交往为代表的道德伦理文化层。"[①] 文化旅游的内涵非常丰富，"不仅包括文化遗产旅游、文化体验旅游、文化交流旅游等传统的文化形式，还包括了一些新兴的文化体验方式，例如文化创意产业、文化艺术节、文化主题酒店等。这些新形式的文化旅游也为旅游者提供了全新的文化体验，增加了旅游的乐趣和吸引力。"[②]

二、文化旅游的功能定位

文化旅游是由人文旅游资源所开发出来的旅游，是为满足人们的文化消费需求而产生的一部分旅游。文化旅游的"文化"是一种生活形态，"产业"是一种生产行销模式，两者的连接点就是"创意"，因此，文化旅游的核心是创意，"创造一种文化符号，然后销售这种文化和文化符号"，在这个意义上，文化旅游可以理解为"蕴含人为因素创造的生活文化的创意产业"。文化旅游的目的是提高人们的旅游活动的内涵和质量。

[①] 佚名.什么是文化旅游，从文旅的前世今生说起［EB/OL］.（2020-10-09）.［2023-12-03］.https：//www.greepi.com/wenda/article-22.

[②] 三栖文旅服务.带你认识什么是文化旅游（一）［EB/OL］.（2023-06-01）.［2023-12-03］.https：//baijiahao.baidu.com/s?id=1767488655017990865&wfr=spider&for=pc.

三、文化旅游的类型①

文化旅游是一种融合了旅游和文化的新兴产业，它不仅让人们体验不同的文化，还能让人们更好地理解并欣赏文化遗产。文化旅游大致包括以下几种主要类型。

（1）博物馆旅游：参观博物馆、艺术馆、展馆等文化场所，了解历史和文化知识。

（2）文化遗产旅游：参观历史文化遗址、古建筑、文化景观等，了解文化传承和保护。

（3）民俗文化旅游：深入了解当地的传统风俗、习惯、节日等，体验当地的文化氛围。

（4）手工艺旅游：学习当地的手工艺制作技艺，了解文化传承和发展。

四、文化旅游的特点

文化旅游的特征非常明显，包括文化内涵丰富、体验性强、知识性强、个性化需求高等。旅游者可以通过文化旅游深入了解一个地方的历史、文化和传统，感受当地的风土人情，体验当地的美食和文化活动。文化旅游产品的开发和推广需要注重文化保护、文化传承和创新，倡导可持续发展和绿色旅游理念。文化旅游不仅能够满足旅游者的需求，更能够促进文化的传承和保护，为社会和经济的发展作出贡献。②

文化旅游的特点具体还可以从可持续性和知识密集型进行分析。③

（一）可持续性

文化旅游有利于文化景观保护。发展文化旅游，一定程度上更加有利于文化旅游资源的保护。例如文物保护单位，"博物馆式"保护缺少资金，也不利于保护，而合理开发性保护，既有利于积累保护资金，也有利于延长文物寿命。以"民居"为例，没有人居住的房屋反而容易破败。适度发展旅游，有利于保护文化景观。所以《中华人民共和国文物保护法》规定，在保护和不改变文物保护单位现状的情况下，文物保护单位可以开辟为游览参观场所。

人类在文化旅游中不断创造新的文化景观。文化旅游的对象主要是人文景观或场

---

① 三栖文旅服务.带你认识什么是文化旅游（二）[EB/OL].（2023-06-02）.[2023-12-03].https：//baijiahao.baidu.com/s?id=17675550419911787520.

② 三栖文旅服务.带你认识什么是文化旅游（一）[EB/OL].（2023-06-01）.[2023-12-03].https：//baijiahao.baidu.com/s?id=1767488655017990865&wfr=spider&for=pc.

③ 路美文旅.一文让你快速了解什么是文化旅游[EB/OL].（2021-03-16）.[2023-12-03].https：//baijiahao.baidu.com/s?id=1694363416456943283&wfr=spider&for=pc.

景、氛围，文化景观大都是历史文化的沉淀或人类思想精华的凝集，以坚固的实物、知识技能或信息等形式存在。在社会发展进程中，人们会不断地创造出新的文化景观，也会不断吸收优秀传统文化的精华，通过自己的创造，变成更加丰润的文化景观传承给后人，满足一代又一代的需要。

（二）知识密集型

文化旅游产品蕴涵着大量的知识信息，是一种知识密集型旅游产品。文化旅游能为旅游者提供大量丰富的科普知识、历史知识、社会知识，使其接受艺术熏陶，提高文化修养，使游人从中得到某些感悟与升华。如到徽州民居中旅游，那里的许多楹联都极具教育意义，或者崇尚孔孟之道，或者注重教化，或者抒情言志，或者劝人积德行善，或者教人治国济世，认真品读，会大有茅塞顿开之感。

五、文化旅游发展的历程

文化旅游的发展历程大致可分为以下几个阶段：

20世纪60年代以前，旅游活动主要以休闲、观光为主，文化元素虽有涉及但未成为主要吸引物，游客参观博物馆、古迹等的文化旅游活动更多是一种附属行为。

20世纪60年代-80年代，一些国家开始重视文化遗产的保护和开发，将其作为旅游资源进行利用。如埃及对金字塔等古迹的开发，吸引了大量游客。同时，文化旅游的概念逐渐被提出，人们开始意识到文化与旅游结合的潜力。

20世纪90年代-21世纪初，随着人们生活水平提高和对文化需求的增长，文化旅游逐渐成为新兴旅游业态。各国纷纷加大对文化旅游资源的开发力度，出现了各种文化主题公园、历史文化街区等。如中国的丽江古城、平遥古城等，在保护文化的同时发展旅游，取得显著成效。同时，文化旅游的理论研究也不断深入，为实践提供指导。

21世纪以来，文化旅游进入多元化、深度发展时期。除传统的古迹观光，文化体验游、文化研学游、乡村文化游等新业态不断涌现。科技手段也广泛应用于文化旅游，如虚拟现实、增强现实技术让游客获得更丰富的体验。此外，文化旅游注重可持续发展，强调文化保护与旅游开发的平衡，以及社区参与等。

☞ 拓展链接

第四章　文旅融合

一、文旅融合的内容结构

雒树刚指出：文旅融合的思路是"宜融则融、能融尽融、以文促旅、以旅彰文"[①]。文旅融合是一个系统化的工程，围绕系统工程的理念，林峰认为，未来文旅融合之路上要实现五大方面的融合，即机构的融合、场所的融合、业态的融合、产品的融合、管理的融合。[②]

（1）机构的融合：旅游界与文化界视角不同，要通过人事、财务一体化、管理职能一体化进行功能化管理合并，通过知识培训一体化促进相关理念融合。

（2）场所的融合：公益性、效益性文化场所，如何通过融入观赏和体验元素进行休闲旅游转化，同样，旅游交通场所、旅游食宿场所、旅游游乐场所、旅游购物场所如何融入交通文化、餐饮文化、娱乐文化、艺术地域特色等元素，从而使文化在旅游场所更加体验化和价值化，是"文化旅游化"和"旅游文化化"具体要面对的一个课题。文旅场所融合的重点在于让文化场所成为游客的目的地，让旅游场所成为文化的活动地，让旅游接待区成为文化的载体，让异地游客与本地人都可以在这里吸取文化价值。

（3）业态的融合：以"吃、住、行、游、购、娱、厕、导、智、商、养、学、福、情、奇、文、体、农"十八大旅游发展要素为架构，形成文旅消费新动能。其中发展要素与产业相关，基本要素与基本的构成要件相关联。每一种旅游业态都涉及文化的发展。

（4）产品的融合：遗产旅游、影视文化旅游、宗教旅游、研学旅游、节庆旅游、工业文化旅游、乡村文化旅游、主题文化园、民俗民族文化旅游、古城/镇/村/街旅游、红色旅游、博物/陈列/纪念馆、旅游演艺、文化/文创产业园区等十四大产品体系是文旅融合的一体化产品最主要的形态，抓好了这些形态基本上就抓好了文旅融合的主

[①] 雒树刚.在"2018旅游集团发展论坛"上的讲话[EB/OL].（2018-12-14）[2023-08-17]. https://www.163.com/dy/article/E2UN3FVH0519CS5P.html

[②] 林峰.文旅融合：文化和旅游融合发展的五大路径[EB/OL].（2019-05-30）[2022-11-06］. https://baijiahao.baidu.com/s?id=1634941508750176825&wfr=spider&for=pc.

体。其中，遗产旅游是最重要也是最基础的形态，旅游演艺则是旅游与文化结合得最好的产品形态。

（5）管理的融合：通过公共事业服务一体化、文旅产业发展一体化、文旅资源一体化、旅游组织一体化、文旅规划一体化、文旅市场开发一体化等方面的一体化实现管理的融合。

文旅融合"融"什么？范周认为，具体要做到以下几点。①

第一，以理念融合为基础。文化和旅游融合不是单纯地对文化资源进行旅游产业化的开发，也不是在旅游过程中添加一些简要的文化元素，更不是产业间的消融解构、此消彼长，而是一种发展思维、一种发展理念。正如"互联网+"和"文化+"强调的是产业间的相融共生、互利共赢。文旅融合的基础是从理念和思维上树立融合发展的意识，明确文化和旅游融合不是简单的"拉郎配"。

第二，以职能融合为保障。文化和旅游部的组建只是职能融合的开始，应在理顺管理机构体制机制的基础上，充分整合和发挥资源融合、人才融合、资本融合的优势，推动文化和旅游的可持续发展。

第三，以资源融合为抓手。文化旅游的灵魂在于文化资源所具有的独特性和原真性。文化旅游资源通过活化开发和利用，能够转化为具有持续开发潜力和优势的价值。此外，通过文化资源的产业化和商品化，能够将静态的物质资本转化为可为人们所感受和体验的文化资本，实现"文化产业的旅游化"和"旅游产业的文化化"。要深入挖掘文化旅游资源潜力，借助互联网信息技术和融媒体传播技术，推动优秀文化旅游资源保护和活化利用，向存量资源要效益，将资源优势转化为产业优势，释放经济发展新动能。

第四，以产业融合为核心。产业融合的关键在于产业价值链的融通。文化产业和旅游产业有各自的产业发展规律和逻辑，文化产业附加值高、变现能力强且最具融合力，旅游产业消费感染力、产业带动力和经济拉动力强。寻求和匹配文化产业和旅游产业价值链的契合点和融合点，有利于充分发挥文化和旅游在产业发展中的相互作用及在整个社会经济中的推动作用。此外，在文化和旅游产业及相关产业融合发展中，要注重培育和发展新业态，使其成为经济社会持续发展的重要力量。

第五，以科技融合为助推器。技术融合发展给产业融合创新带来了新的发展机遇。5G时代，文化旅游和科技深度融合，有利于触发文化旅游产品形式、组织形态、发展

---

① 范周.文旅融合，城市发展新动能［N］.中国文化报，2019-01-21（06）.

渠道以及生态环境的重大变革，进一步开拓市场空间，提升产业效能。随着数字经济的快速发展，虚拟现实、云计算、物联网、人工智能等多领域技术发展迅猛，且不断加快与文化旅游业的融合。科技的快速发展将带来文化和旅游产业呈现方式和体验感受的颠覆性改变，加快推动文化和旅游的深度融合。

二、文旅融合发展的历史演进

文化与旅游密不可分，从"知行合一"的精神价值，到"读万卷书，行万里路"的游学理念，从"身体和灵魂总有一个在路上"的生活态度，到追寻"诗与远方"的人生理想，无不体现了自古以来文化和旅游就相生相伴。《史记·春申君列传》："游学博闻，盖谓其因游学所以能博闻也。"《北史·樊深传》亦记载："游学于汾晋间，习天文及算历之术。"元代学者刘将孙《送戴石玉序》云：自孔孟来，士未有不游。或以师友游，或以宾客游，或以学问游，或以才艺游，或以辞华游。二千年才贤特达，未有非以游而合也。近代学者、书法家商衍鎏亦言："游学之事甚古，春秋之时已盛，及至战国，诸侯并争，厚招游学。如苏秦、张仪之徒，鉴于史传者难于详述。"可见自古以来"游"和"学"就相互交融，尤其是舞文弄墨的文人骚客和追求学而优则仕的儒生学子，大都要求学远游，观山阅水，体察民俗，访师会友，问道寻知。从孔孟老庄，到张骞郑和；到李白杜甫，到苏轼陆游；从司马迁的《史记》，到司马光的《资治通鉴》，到郦道元的《水经注》，到汪大渊的《岛夷志略》，到李时珍《本草纲目》，到徐霞客的《徐霞客游记》，到魏源的《海国图志》，无不是践行文化和旅游融合的光辉典范。

因此，从某种意义上说，文化的源泉在生活、在旅游，文化的传播、传承也在旅游。因此，陆游才会说：挥毫当得江山助。吟诗作赋需要灵感，需要素材，必须有山水、有人文作依托，所以必须出去旅游。正是这些知识分子的"游学"，加上为官者辗转各地做官的"宦游"、商人商贩在各地经商贩卖的"商游"，以及各国之间出使和商贸往来的"交游"，撑起了我国古代文化与旅游融合的大历史。

游学发展到近代，和古代的游学已有一定区别。人们更多使用"海外修学"，也就是所谓的"留学"。鸦片战争以后，清政府奉行闭关锁国政策，中国受到西方列强侵略，领土被割裂，逐步丧失独立自主地位。一批又一批力图救亡图存的有识之士和开明绅士开始放眼世界，远赴海外，学习西方科技文化，寻求救国救民之道，掀起一股近代留学热潮。同时，洋务运动后，为救亡图存，一批有识之士提出了"实习救国"的主张。"实业者，西人赅农、工、商之名"。民间实业逐渐兴起，多为农、工、矿之外再加上交通运输。

新中国成立以来，特别是改革开放以来，文化和旅游业呈现出一个逐渐融合增长的过程。以1978年10月至1979年7月邓小平同志关于发展旅游业的五次重要谈话为标志，我国有了现代意义的旅游产业。与此同时，自2000年党的十五届五中全会提出"推动有关文化产业发展"以来，我国的文化产业走过了体制改革攻坚期，已经进入高速发展期。改革开放40年来，文化旅游的融合发展走过了一段从低到高、由浅入深、从不间断的历程，主要体现为以下四个阶段。①

1. 1.0 时代

这一阶段从1978年至2000年，是文化和旅游互相借力借势、不断走近彼此的过程。20余年间，我国人均GDP从299美元增加至945美元，城镇居民国内旅游出游人均花费达到678.6元；入境旅游人数从514.1万人次增加至3122.88万人次，国内旅游人数从2.7亿人次增加至7.4亿人次。

按照国际规律，当人均GDP低于1000美元时，观光旅游处于初级阶段，是典型的资源导向型发展模式；汽车尚未大规模进入家庭，旅行社的产业组织作用不可替代。加之这20余年我国旅游业的总体定位是外事接待和创汇产业，致使这一时期我国旅游业发展的基本方针是：以入境游为主，以国内游为辅。

由此带来的一系列影响是：北京、上海、西安、杭州、桂林、黄山等少数具有世界级文化和自然资源的旅游区域迅速崛起，成为重要的入境游目的地。这一时期文旅融合的总体特征是：依托古都、古城、古镇、文物、遗址等高品级的历史文化资源，通过旅行社组织，形成了诸如故宫、长城、泰山、兵马俑、莫高窟等世界级文化旅游产品及线路。

这一阶段代表性的文旅融合事件有：中国于1985年加入《保护世界文化与自然遗产公约》缔约国，我国世界文化遗产数量增加至23处，成为具有国际影响力的文化旅游目的地；1989年以来，以锦绣中华为代表的微缩景区型主题公园迅速从深圳向大江南北蔓延，但存活下来的不多，这与当时我国所处的消费阶段有直接关系。

2. 2.0 时代

这一阶段从2001年至2010年，是文化和旅游形成融合共识、累积融合势能的过程。10年间，我国人均GDP从1042美元增加至4434美元，城镇居民国内旅游出游人均花费从708.3元增加至883元；入境旅游人数从3316.67万人次增加至5566.45万人次，国内旅游人数从7.84亿人次增加至21亿人次；文化及相关产业增加值从2004年的

---

① 张飞.文旅融合：历程、趋势及河南路径[N].中国旅游报，2020-06-05（08）.

3345 亿元增加至 11052 亿元，国内旅游收入从 2001 年的 3522.4 亿元增加至 12579.77 亿元。

按照国际标准，这一时期文化旅游业进入快速发展期：观光游剧增（人均 GDP 超过 1000 美元）、休闲游骤升（超过 2000 美元）、度假游渐旺（超过 3000 美元）；汽车从进入家庭（人均 GDP 超过 1000 美元）到爆发式增长（超过 3000 美元），自驾游、自助游成为潮流；文化娱乐消费进入快速增长阶段（人均 GDP1500-3000 美元）。

这一时期，受 1998 年亚洲金融危机影响，旅游业成为我国扩大内需的重要抓手。1999 年"黄金周"制度推出，国内旅游开始成为中国旅游业发展的主体，国内游客接待量及国内旅游收入均 10 年间扩大了 3 倍左右；国务院 2006 年发布《关于深化文化体制改革的若干意见》，文化产业大发展大繁荣的序幕拉开，文化及相关产业增加值 2004-2010 年扩大了超过 3 倍。

这一阶段我国文旅融合的总体特征是：文旅融合面更广，文化旅游业态多元化。以《印象·刘三姐》（2004 年公演）、《宋城千古情》（1997 年首演）等为代表的一批旅游实景演艺项目广受追捧；以深圳欢乐谷（1998 年）、常州恐龙园（2000 年）等为代表的主题游乐园发展迅猛；以丽江古城（2002 年游客接待量突破 300 万）、平遥古城、江南古镇以及南京夫子庙、杭州河坊街等为代表的古城古镇古街区文化旅游产品集中涌现。

3. 3.0 时代

这一阶段从 2011 至 2017 年，是文化和旅游在市场因素驱动下全方位融合发展的过程。这一时期，我国人均 GDP 从 5447 美元增加至 8836 美元，城镇居民国内旅游出游人均花费从 877.8 元增加至 1024.56 元；入境旅游人数从 5758.07 万人次增加至 6074 万人次，国内旅游人数从 26.4 亿人次增加至 50 亿人次；文化及相关产业增加值从 13479 亿元增加至 34722 亿元，国内旅游收入从 19305.39 亿元增加至 45700 亿元。

按照国际经验，人均 GDP 超过 5000 美元以后，社会将全面进入休闲时代，度假旅游成为首选，科普教育开始加速，文化娱乐消费占消费支出的比重达到 30%；人均 GDP 超过 8000 美元以后，全社会的文物保护意识会真正形成，艺术、收藏等市场会出现繁荣。

从 2011 至 2017 年，我国文化和旅游业双双进入爆发式增长期，资本、科技、创意等市场要素对文旅融合的驱动力越来越强。突出表现在：以华侨城、华强方特、广州长隆等为代表的主题公园形成全球化品牌，2017 年游客量分别达到 4288 万人次、3849.5 万人次、3103.1 万人次，入围全球主题公园前 10 强；以宋城演艺、华夏文旅、山水盛典等为代表的旅游演艺形成品牌，2016年全国旅游演出超过5万场，票房收入34.04亿元；各类文旅产业基金相继设立，截至2016年底全国文旅产业基金数量超过100家，规模上百亿元的超过10家；各类文旅企业加速资本运作步伐，截至2017年上半年有25家文旅企业在新三板上市；以内容创造为特征的IP、以VR为代表的科技等创意创新手段在文旅产业中广泛应用；以文旅小镇、主题度假酒店、民宿、文创园区等为代表的文旅业态逐渐兴起。

4. 4.0时代

2018年4月，国家旅游局与文化部合并，组建文化和旅游部，各省区市的文旅主管部门相继挂牌，文旅融合逐渐进入全面深入阶段。文旅和各个产业也在全面融合，在线旅游、全域旅游、文旅小镇、文旅地产等形式丰富了文旅发展模式和发展新思路。

2019年，文化和旅游发展如火如荼，成为中国经济增长新极点，整体更新迭代。2019年也是文旅产业的融合推进年、夜游经济年、全域旅游验收年、景区质量提升年。文化和旅游部发布文化和旅游发展统计公报显示，截至2019年末，全国各类文化和旅游单位35.05万个，从业人员516.14万人。全年国内旅游人数60.06亿人次，增长8.4%，入境旅游人数14531万人次，增长2.9%，出境旅游人数15463万人次，增长3.3%。

三、文旅融合的未来趋势[①]

世界旅游组织成员的经验显示，文化和旅游协同呈现四大趋势[②]：①整合文化、旅游与技术，创建基于非物质文化遗产和创意的体验；②越来越多的目的地把线下内容转化为线上，创建智慧城市；③依托创意产业，发展影视旅游、美食旅游、音乐旅游、建筑旅游等；④大多数新型合作是从下而上，中小企业与社区参与，比较推崇"基于社区、文化驱动、旅游引导发展（community-based, culture-driven, tourism-led development）"的秘鲁模式。旅游与文化协同的主要挑战是：利益相关者的目标差异、各级政府之间的协调困难、确保旅游收入流入文化产业、部长（主管领导）不同、新技术在文化旅游中的应用、促进文化和旅游利益相关者的接触、建立强大的文化旅游品牌等。

我国学者张飞[③]认为，2018年文化和旅游部正式组建以后，文旅融合进入新纪元，开始从市场驱动的双向融合，迈入自上而下与自下而上相结合的一体化发展阶段。这一

[①] 张飞.文旅融合：历程、趋势及河南路径［N］.中国旅游报，2020-06-05（08）.
[②] 佚名.文旅融合的概念含义、发展经验和趋势［EB/OL］.（2021-12-22）［2023-08-17］.https：//www.1230t.com/blog/b/529.html.
[③] 张飞.文旅融合：历程、趋势及河南路径［N］.中国旅游报，2020-06-05（08）.

阶段，我国的人均 GDP 已达到 1 万美元，海内外游客接近 60 亿人次，旅游业对 GDP 的综合贡献接近 10 万亿元，文化及相关产业实现营收近 9 万亿元。未来相当长的一段时期，文旅融合都将成为政策的风口、行业的热点和经济社会的增长点。

（1）以城市群为主战场，以国家中心城市为战略支点，文旅融合的区域化进程将不断加快。文化和旅游的融合发展，离不开经济社会发展的支撑。从当前我国的新型城镇化战略来看，以京津冀、长三角、粤港澳大湾区、成渝和长江中游城市群为代表的 5 大城市群，以及以北上广深为代表的 9 大国家中心城市，将成为文化和旅游发展的高地，也是未来国家文旅融合发展的先行区和示范区。在这方面，北京走出了以故宫文创、798 艺术区为代表的文旅创意化发展模式，上海走出了以迪士尼、国际艺术节为代表的文旅国际化发展模式，广州—深圳走出了以华侨城、长隆为代表的文旅科技化发展模式，江浙地区走出了以灵山大佛、乌镇为代表的文旅精品化发展模式，成渝地区走出了以宽窄巷、春熙路为代表的文旅生活化发展模式。未来，这些地区的文旅发展优势将进一步彰显。

（2）以内容创造为核心，面向个性化多样化消费需求，文旅融合的主题化倾向将愈加突出。文化旅游消费升级，将倒逼形成更多具有强烈个性和鲜明主题的文旅融合业态。富有在地文化特色又不失时尚感的主题餐饮、体现本土文化符号又充满艺术感的主题酒店、彰显多元文化内涵的主题公园，都将成为新时代文旅融合的新业态；由戏曲文化、歌舞文化、工艺文化、民俗文化等非物质文化遗产活化而成的具有 IP 属性的文化旅游产品，将成为文旅融合的新增长点；随着 5G 技术的广泛应用，通过 VR（虚拟现实）、AR（增强现实）等科技创新手段，未来文旅融合的科技赋能特征将更加凸显。

（3）以大型文旅企业集团为主体，以资本和创意为驱动，文旅融合的品牌化效应逐步放大。大型文旅企业集团依托业已形成的市场占有度和品牌效应，在文旅融合新时代将更有作为。在大型互联网企业和 OTA 领域，腾讯从"泛娱乐"到"新文创"，将打造更多具有广泛影响力的中国文化符号；景域实施 IP 战略，致力打造文旅产业共同体，将加速向世界级旅游集团迈进。在文旅演艺领域，"印象""又见""千古情"等知名旅游演艺品牌不断加快布局，并向着大集团化方向发展。在主题公园领域，华侨城、华强方特、大连海昌、广州长隆等不断向二、三线城市渗透，迪士尼、环球影城等世界一流主题公园纷纷进驻中国，新一轮的主题公园热正在到来。

（4）以场景化打造为重点，以精致时尚美学为理念，文旅融合的生活化特征将更加明显。"景观之上是生活"，"万丈红尘最温暖"。服务于本地居民的文化消费和服务于外地游客的旅游消费将实现有机融合，博物馆、图书馆、文化馆、艺术馆、文创园等主客共享的公共文化空间，将成为代表性的文旅融合产品。资本、科技、创意、情怀等将在文旅融合进程中发挥越来越大的作用，演艺、动漫、戏曲、杂技、大马戏、特种电影等富有场景表现力的行业，将率先与旅游产业实现融合。

☞ 拓展链接

第五章 自然文化与旅游发展

仁者乐山，智者乐水。神奇的大自然孕育了奇妙的自然文化，有了文化的浸染，大自然更添了几分神韵和意境。游山玩水、欣赏自然风光是最常见的旅游活动，从某种程度上说，旅游活动起源于体验山水、感悟自然。从古至今，游历山水、拥抱自然都是旅游活动的主要项目和内容。旅游与自然山水密不可分，自然文化当然也与旅游文化密不可分。

一、何谓自然旅游文化

自然旅游文化是和自然风光有关的旅游文化，是在自然风光旅游中产生的文化现象，或者说是以自然山水风光为承载载体或表现形式的旅游文化。"文化性是自然旅游资源的一个基本属性，社会文化影响了自然旅游动机的形成，也支配着旅游者自然审美活动。"[1]

这里要注意"自然"和"山水"两个词汇，二者在一定意义上是统一的。山水经常指代的是一切自然界现象中人们所看到的客观存在的一种物质，在古代常作为对自然万物的一个代称。山水具有自然事物的一些总体特征，代表着自然天地万物存在的一个根本的性质，泛指"自然界"。"'山水文化'是人们在与大自然相互作用过程中创造出来的物质财富以及各种与自然山水息息相关的精神财富的总和。这里的'山水'就是山山水水，泛指自然环境。'山水文化'既包括'自然的人化'，即作为精神财富的山水意识与山水情结，也包括'人化的自然'，即经过人工塑造、设计的自然环境。"[2]自然山水是具有独特美学、科学历史和艺术文化价值意义的旅游景观，是可供人们进行观光游览、审美、科研、文化艺术教育学习等高层次精神活动体验的一种重要游览场所。

自然山水文化，是人类经过几千年长期的努力探索认识这个大自然世界并改造了这

---

[1] 黄河. 论文化与自然旅游资源的关系 [J]. 内江师范学院学报, 2003 (04): 47-50.
[2] 陈朝隆, 陈敬堂, 常化倩. 中国山水文化的旅游透视 [C] //中国区域科学协会区域旅游开发专业委员会, 成都市旅游局, 大邑县人民政府. 第十五届全国区域旅游学术开发研讨会暨度假旅游论坛论文册, 2010: 412-418.

个原始自然世界的实践历程中所逐步发展和形成的比较独特而优秀的一种艺术文化形式。"山水文化是人们以自然界中的山水为基本素材而创造出来的社会财富,是中华民族在认识及改造客观自然世界过程中所形成的一种独特的文化形式,是中国传统文化的重要组成部分。"①

二、代表性自然旅游文化景观

自然旅游文化景观包罗万象,山岳林田草原、江河溪泉瀑布、湖泊水域湿地、海洋海滨岛礁、石林溶洞、沙漠戈壁、天象气候、冰雪、生物、太空,等等,不胜枚举。

1. 中国泰山

泰山是中国首例世界文化与自然双遗产、首批国家级风景名胜区、世界地质公园、首批国家5A级旅游景区、首批全国文明风景旅游区。泰山位于山东省的中西部,由8个景区组成。泰山拔地通天,是中华民族的象征。它以古老的泰山岩群、漫长的地质历史、复杂的构造运动、典型的地质遗迹而被中外地质学家所瞩目。泰山精神崇高,文化灿烂。它将人类文化与自然景观融为一体,完整地保存了一幅绚丽的起始于太古代,贯穿至当代文明的自然与文化长卷,是世界自然、文化遗产和世界地质公园三冕冠一之地,成为中外著名的旅游胜地。②

2. 长江国家文化公园

长江是中华民族发展的重要支撑。长江以其庞大的河湖水系,独特完整的自然生态系统,强大的涵养水源、繁育生物、释氧固碳、净化环境功能,维护了我国重要的生物基因宝库和生态安全;以其丰富的水土、森林、矿产、水能和航运资源,保障了国家的供水安全、粮食安全和能源安全;通过流域的治理与开发,养育了4.59亿人口,孕育了灿烂的长江文明,在经济社会发展中发挥了重要作用。国家已部署建设长江国家文化公园。长江国家文化公园的建设范围综合考虑长江干流区域和长江经济带区域,涉及上海、江苏、浙江、安徽、江西、湖北、湖南、重庆、四川、贵州、云南、西藏、青海13个省区市。长江是我国第一大河流,与黄河一起并称为中华民族的母亲河。长江在中华文明的起源发展中发挥了极为重要的作用,是中华文明多元一体格局的标志性象征,很大程度上丰富了中华文明的文化多样性,"江河互济"构建了中华民族共有的精神家园。建设长江国家文化公园,充分激活长江丰富的历史文化资源,系统阐发长江文

---

① 龙彬. 论中国山水文化与山水城市[J]. 华中建筑,2000(04):34-36.
② 泰山风景名胜区管理委员会. 泰山世界地质公园[EB/OL]. (2021-06-17)[2023-08-18]. http://tsgw.taian.gov.cn/art/2021/6/17/art_162237_10286460.html.

化的精神内涵,深入挖掘长江文化的时代价值,对于丰富完善国家文化公园体系,做大做强中华文化重要标志,延续历史文脉、坚定文化自信,进一步提升中华文化标识的传播度和影响力,向世界呈现绚烂多彩的中华文明,具有重大而深远的意义。①

3. 济南趵突泉

趵突泉公园位于山东省省会济南市,且位居市中心。趵突泉景区是我国传统人工山水园林,修建于1956年,几经扩建后,面积达到10.5公顷。趵突泉公园是以泉水为核心的特色园林、国家首批重点公园、国家5A级景区,既有南方园林景观,又具北方山水特色的园林,是济南本地市民和周边城市休闲度假的重要场所。趵突泉公园以泉水为核心景观,又富含许多人文历史景观。济南趵突泉公园是济南泉水的代表,位居四大泉群之首的趵突泉群分布园内,包括趵突泉、漱玉泉、柳絮泉、洗钵泉、杜康泉、皇华泉、白龙泉等三十多个名泉。其中,最为著名的趵突泉是景区的主景点,泉池由石块堆砌而成,池内三股泉水"突突突"突出水面,泉水潺潺,水声突突如雷,趵突泉也因"趵突腾空"而得名。趵突泉三股泉水昼夜喷涌、常年不停,堪称奇观。趵突泉池内泉水的温度恒温18摄氏度左右,冬季气温较低时,池内冒出袅袅薄烟,如人间仙境。园内名胜古迹不胜枚举,其中的泺源堂、观澜亭、尚志堂、李清照纪念堂、李苦禅纪念馆等景点为游人称赞。园内李苦禅纪念馆常年展出李苦禅先生的书画作品、生前收藏和生平照片、书信稿等展品。李清照纪念堂是园内重要的人文景点,被游客称为镶嵌在中国北方的一颗仿宋江南民居建筑的璀璨明珠,它也是学者对李清照进行学术研究的重要之地。②

4. 亚马孙森林

亚马孙森林是世界上最大的雨林,分布在巴西、玻利维亚、哥伦比亚、厄瓜多尔、法属圭亚那、圭亚那、秘鲁和苏里南的大部分地区,占地约550万平方公里,是世界上生物多样性最强、面积最大的雨林。在这片茂密的雨林里,生活着超过一百万种生物,占据了世界上已知物种的十分之一,包括植物、昆虫、鸟类和其他生命形式,还有许多没有科学记录。其中令人印象深刻的动物包括美洲虎、亚马孙河海豚、葫芦金刚鹦鹉和毒飞镖蛙等。这片森林美丽而又神秘,潜藏了种种未知,蜿蜒着世界上最大(按水流)河流亚马孙河,也居住着各种植物和野生动物。因其神秘的面纱吸引了一批又一批的游客前来探索、感受大自然的魅力,与各种野生动植物近距离接触;也因其险象环生

---

① 本报综合.长江国家文化公园建设正式启动[N].民族时报,2022-01-07(01).
② 赵小娜.基于游客满意度的济南趵突泉景区提升对策研究[D].西北师范大学,2020:19-21.

的地理条件吸引了众多探险家前来探险。①

5. 圭亚那凯厄图尔瀑布

圭亚那凯厄图尔瀑布是世界第一大单级瀑布，被公认为圭亚那广阔生态系统皇冠上的明珠。瀑布高226米，几乎是著名的尼亚加拉大瀑布的4倍、维多利亚瀑布的2倍。凯厄图尔瀑布的美丽在于其庞大的规模和力量，无论从高空俯瞰还是近距离观看，都壮丽无比。走着走着，突然，凯厄图尔仿佛不知从何而来，近乎咖啡色的波塔罗河水从宽阔的悬崖上溢出，喷涌而下，巨大无比。在春末和夏季，水量达到高峰，尤其是雨季，每秒660立方米的水，流过近122米相当于一个小足球场宽的崖壁边缘，轰隆隆坠入226米深的峡谷，猛烈撞击在岩石上升腾起白色水雾，随之升起的彩虹镶嵌在丛林中。不过，相对于世界很多以瀑布为主题游的人多爆满景象，凯厄图尔国家公园由于偏远且人烟稀少，每年游客的接待量非常少，只有7000人左右。但也正是这样，圭亚那难以到达的亚马孙雨林、世界第一的壮丽瀑布、丰富的野生动物种群和充满加勒比海气息的风土人情，无一不让生态旅游和探险爱好者深深惦念。②

6. 美国威基基海滩

威基基海滩位于美国夏威夷首府火奴鲁鲁（又称为檀香山市），是世界上最著名的海滩，威基基海滩的精华部分是从丽晶饭店到亚斯顿威基基海滨饭店之间的一段，这里有细软洁白的沙滩、摇曳多姿的椰子树以及林立的高楼大厦，总长度有三四百米。这一段海水宁静开阔，是一家老小假日休闲的理想地点。这里也有很多著名的古迹，如威基基海露摩亚神庙、古老魔法石、鲨鱼神洞穴、国王夏日行宫、王后花园等。这里的娱乐活动有许多，比如水上活动，你可以在这沙滩附近游泳、浮泳；也可以在沙滩上沐浴阳光、晨练，或者和家人在沙滩上一起野餐。这里还有一些水疗活动、现场音乐节等。威基基海滩结合当地的一些优势，比如地理特征，气候等，根据人们的需求，有效地推出自己的旅游产品。③

三、中国自然山水旅游文化发展历程

在中国古代，山水不仅是旅游观赏的对象，更是"士"的精神家园。它的意蕴虽以道家的自然为主，也融入了儒家的比德观。儒家有托物言志的传统，《诗经》善用比兴，借物抒情。孔子周游列国，历览名山大川，以山水比德（"智者乐水，仁者乐山，智者

---

① 王昕月."大"惊世界的20片森林：林深百媚生［N］.环球时报，（2021-07-29）［2023-08-18］.
② 谢佳宁.凯厄图尔，惊奇之旅［EB/OL］.（2022-09-09）［2023-08-18］.环球时报，https://baijiahao.baidu.com/s?id=1743449427739901806&wfr=spider&for=pc.
③ 《美国一本就GO》编辑部.美国一本就GO［M］.桂林：广西师范大学出版社，2011：3-23.

动,仁者静,智者乐,仁者寿",出自《论语·雍也》),用自然景观的特性比喻人格意义和社会属性,借以言志。随着士大夫游览山水之风的兴盛,这一传统得以发扬光大,如松柏、莲花、"四君子"等,相继成为士大夫品格的象征。清康熙帝曾谈到自然景物的比德意义:"至于玩芝兰则爱德行,睹松竹则思贞操,临清流则贵廉洁,览蔓草则贱贪秽,此亦古人因物而兴,不可不知。"(《钦定热河志》卷25《行宫一》)因此,游览山水又称"仁智之乐",被认为是继承了圣贤之心。历代大儒往往酷爱旅游,朱熹"每经行处,闻有佳山水,虽迂途数十里,必往游焉。携樽酒,一古银杯,大几容半升,时引一杯,登览竟日,未尝厌倦"(罗大经《鹤林玉露》丙编卷三《观山水》)。明代王守仁常说自己"生平山水是课程",偶尔还发点道家的感慨:"尘网苦羁縻,富贵真露草。不如骑白鹿,东游入蓬岛。"(《登泰山五首》之四)[①]

中国自然山水文化发展大致经历了六个阶段。

1. 远古至先秦时期

原始社会人类生产力低下,想要提高生产力就得利用自己的观察、不断地尝试和掌握的知识来得到大自然的馈赠,以得到生存的基本条件,例如去丛林中打猎、采摘野果等。那时候的山水文化更多特指的是山水给人类留下的印象,而人类对山水即自然更多的是畏惧,崇敬,厌恶但又包含感激,但并不能完全感受到山水的美,也没办法从另外的角度去欣赏山水。

2. 秦汉魏时期

《诗经》中有古人关于山水的各种畅想和依托山水来表达自己的情感,后来有了"比德论",这是人们依托山水开始自发地进行创造,因为生产力水平的提高开始对山水的态度有了转变,从以往各种疏远的心理转变为对山水的喜爱,以及没有那么害怕,人们开始可以从另外的角度来观察山水,有了各种因山水而出现的创造,还有一些宗教的来源都是以山水为基础的。之后又产生了"世外桃源"这个词,也让山水成为中国人的根,深扎在中国人心中。

3. 唐宋时期

到这时我国运用山水而出现的各种文学艺术的形式更加多样,而我国的山水自然在百年的变迁中,展现了她更多的美貌,这些无疑加重了我国人民对山水的敬重,而且帝王们也经常会启动一些仪式,来表达对自然对上天的崇敬,以祈求自己国家风调雨顺,一切安好。李白也写出一句"五岳寻仙不辞远,一生好入名山游",让世人的心更倾心

[①] 熊元斌,柴海燕."山水之乐"与中国古代的旅游文化[N].光明日报,2011-02-10(11).

于山水自然。宋代的沈括对各种地理风光进行研究和归纳，这是前所未有的举动。许多古代被贬的官员或者是失志之士都好隐入山林，去让山水来抚慰自己的心灵，又因此产生了不少人类与山水自然的佳话，留下了许多山水文化的足迹。

4. 元明至现代

对于我国的山水又有一些代表人物进行探索，尤其著名的明代的地理学家徐霞客。徐霞客游历中国山水，写了《徐霞客游记》。这是一部散文游记，为日后研究我国地理学所做出的贡献是巨大的。

5. 新中国成立至 2012 年

新中国成立以后，党和国家高度重视生态环境保护和自然山水文化发展，高度重视老百姓生活水平的提高，人们有更多机会去欣赏大自然亲近大自然开展山水旅游，如去三亚享受阳光、海水、沙滩，又或者去新疆的柴达木盆地一探究竟，或前往汤山泡一次让人畅快的温泉，这一切都是享受了自然带给我们的恩惠。

6. 2012 年以后

党的十八大将生态文明建设纳入"五位一体"总体布局。2013年党的十八届三中全会决定首次提出建立国家公园体制。2015年中共中央、国务院印发的《生态文明体制改革总体方案》（中发〔2015〕25号）对建立国家公园体制提出了具体要求。2021年，中国正式设立三江源、大熊猫、东北虎豹、海南热带雨林、武夷山等第一批国家公园，保护面积达23万平方千米，涵盖近30%的陆域国家重点保护野生动植物种类。

2023年1月，国家林草局、财政部、自然资源部、生态环境部联合印发《国家公园空间布局方案》，遴选出49个国家公园候选区（含首批设立的5个国家公园），确定了国家公园建设的发展目标、空间布局、创建设立、主要任务和实施保障等内容。在空间布局上，遴选出49个国家公园候选区（含正式设立的5个国家公园），总面积约110万平方千米，其中陆域面积约99万平方千米、海域面积约11万平方千米，占陆域国土面积的10.3%。充分衔接国家重大战略和重大生态工程，其中，青藏高原布局13个候选区，形成青藏高原国家公园群，占国家公园候选区总面积的70%；长江流域布局11个候选区，黄河流域布局9个候选区。全部建成后，中国国家公园保护面积的总规模将居世界第一。《国家公园空间布局方案》覆盖了森林、草原、湿地、荒漠等自然生态系统，以及自然景观、自然遗产、生物多样性等最富集区域，共涉及现有自然保护地700多个，10项世界自然遗产、2项世界文化和自然双遗产、19处世界人与生物圈保护区；分布着5000多种野生脊椎动物和2.9万多种高等植物，保护了80%以上的国家重点保护野生动植物物种及其栖息地。49个国家公园候选区直接涉及28个省份，全社会将共同参与国家公园建设，通过特许经营、志愿服务、生态管护公益岗位等形式吸纳原住居民、社会公众，直接加入国家公园的保护建设管理中，共享国家公园带来的生态福祉。①

四、国外自然山水旅游文化发展经验

美洲地区的旅游发展以美国和加拿大这两个发达国家为主。美国作为世界上旅游业发展较为成熟的国家之一，在旅游业方面的建设取得了巨大的成就。"风景道的概念就是美国于1930年首次提出，修建了著名的蓝岭风景道。"② 除此之外，美国还建设了多个国家公园，比如著名的有黄石公园，人们既可观赏壮观的峡谷，又可以进行科学研究，具有多重价值。加拿大又被称为枫叶之国，一直非常注重利用丰富的枫树资源发展旅游。加拿大境内的枫树分布范围广泛，几乎遍及整个国家，并且种类繁多，堪称世界之最，每当秋季来临时，沿着温哥华枫叶大道，人们便可以欣赏漫山遍野的枫树，当然还可以欣赏瀑布、湖泊、冰雪等，比如哥伦比亚冰原，世界的第七大奇景之一——尼亚加拉大瀑布……

欧洲率先完成了工业革命，很重视对各种工业机器的发展。欧洲地区对于火车，游船，汽车等的应用早于我国。交通工具的发展推动了交通运输业的发展，使得欧洲地区的交通网络体系得以完善，使人们可以在更短的时间内到达更远的地方，这极大地推动了欧洲旅游业的发展，尤其是邮轮旅游的发展，使得西方邮轮旅游在世界上占据重要地位。在欧洲地区，青少年一直有着修学旅行的传统，这样的游学传统促进着欧美旅游业的发展，再加上欧洲地区的国民性格特点——热情、奔放、好奇心强烈，这就使得他们有着强烈的探索欲望，因而欧洲比较倾向于探险旅游、露营旅游等，这就使欧洲地区的自然山水旅游文化资源得到较好的发掘与发展。

五、当前自然山水文化和旅游发展存在的不足

自然山水旅游已成为生态旅游中重要一环，推进自然山水文化旅游发展是贯彻新发展理念的现实举措。但目前依托自然山水文化的旅游业发展还存在一些问题，绿色出行、文明旅游成为国民自觉仍然需要漫长的过程。

---

① 李晓晴.《国家公园空间布局方案》发布，遴选出49个国家公园候选区——国家公园建设，明确时间表路线图[N].人民日报，2023-01-10（14）.

② 张淑萍.美国风景道研究：理论与实践[J].世界地理研究，2010，19（03）：114-120.

（一）旅游基础设施落后

首先，许多景区交通不够便利、酒店少，餐馆较少，游客来自众多地方，难以找到适合自己口味的餐馆，可选择的食物较少，同时有些景点由于接待能力有限，甚至无法提供餐饮服务。其次，网络基站设施建设有待加强，在景区内断网是常有的事。景区内共享充电宝通常比景区外的价格更高，在游客需要充电时，商家往往能大赚一笔但同时游客对景点的旅游体验也会大大降低，使得游客对目的地形象的印象变差，认为其商业化严重缺乏原有的朴实气息。在某些山岳景区上厕所竟然还要收费，此种行为在短期内的确能使当地居民收入增加，但也使景区的旅游形象大打折扣，影响景区的可持续发展，同时一些当地人自建房改装的民宿存在卫生问题。

（二）景区文化内涵不够，缺乏地域特色文化

景区文化内涵不够，缺乏地域特色文化，难以让游客对旅游目的地形成深刻人文印象，游客重游率低。一些景区主打少数民族特色和民俗，但缺乏地域氛围，失去了景区所具备的特色。

（三）环境污染问题依旧不容忽视

资源保护与景区开发的协调仍是问题。旅游业自带季节性和脆弱性特征，在旅游旺季旅游景区人流量大，由于垃圾桶分布不合理、游客素质不高，景区卫生问题突出，破坏了自然山水的生态环境，影响了游客体验和景区可持续发展。很多自然山水旅游景区生态环境较为脆弱，如丹霞地貌、湖泊、沙漠绿洲等，游客不经意地随手一扔就可能造成不良后果。

（四）景区商品不丰富，定价不合理

景区商品不丰富，缺乏文创产品。定价虚高，大多数游客仅仅看一眼，并不会买，变现率低，由于旅游业受季节性影响，人流量分布不均衡，假期多平时少，使得景区内的众多产品价格虚高，常常出现"宰客"现象，同时一些景区管理不合理存在诱导性消费的情况。

（五）易受自然灾害影响

自然景区一般气候较为复杂，易受自然灾害影响。例如，2020年5月，受强降雨影响，滇西北多地发生泥石流、塌方等自然灾害，贡山县丙中洛、梅里雪山地区也发生不同程度的塌方，使得该地的旅游活动无法开展，景区不得不紧急撤离在场游客。由于自然灾害很难预测且人力较难抗衡，依托山水文化发展旅游存在受极端天气造成地质等灾害降低游客体验感、威胁游客生命安全等情况，在夏季强降雨天气表现得尤为明显，景区开放存在很大的波动性。

（六）景区缺乏专业人才

一些景区缺乏专业人才，导致景区规划路线设置不合理，出入口、停车场等缺乏引导标识，浪费游客时间降低游客体验，同时在旺季，服务人员过少导致游客需要的服务跟不上。

（七）人流量管理不恰当

自带季节性的自然山水旅游，在假期往往出游人数众多，许多游客往往看不到景而是"看人头"，游客众多对于景区接待能力是一个很大的考验，同时过于拥挤的人群容易发生事故，游客想拍美景却只能拍到走动的人头，景区内的某些景点在旅游旺季排起长队，游客观感不好，导致游客失去观赏游玩的兴趣。

六、进一步推进自然山水文化和旅游发展的对策建议

我国是一个山川资源丰富的国家，也是一个水资源丰富的国家。根据2021年中国水资源公报统计，"2021年我国水资源总量为29 638.2亿立方米，地表水资源量为28 310.5亿立方米。"[①] 其中地表水径流中以三大水系（黄河、长江、珠江）较为著名。我国土地面积广阔，有着丰富的土地资源，陆地面积达960万平方千米，是世界上国土面积排名第三的国家。受数万年地壳构造运动的影响，我国拥有多种地貌类型，发展自然山水旅游有着深厚的基础。

（一）加强基础设施建设，有效开发与建设

我国山水旅游资源分布广泛，但是有些地方交通不便利，网络设施不健全，基础设施不完备，厕所水供应不上等现象导致景区可进入性不高，游客量少，游客体验度下降。应该根据当地具体情况进行整体规划与开发，避免盲目开发、同质建设、恶意竞争，要坚持全域一盘棋，让山水旅游得到有效、正确、合理的规划与开发，促进山水旅游业健康持续发展。

（二）突出文化内涵，创新地域特色

我国山水文化底蕴深厚，历史悠久，源远流长。我国山水文化形成于远古时期，兴盛于魏晋时期，期间有大量与山水有关的作品涌现（山水诗歌、山水画等）。比如东晋的谢灵运（山水诗开山鼻祖）所写的《登江中孤屿》，隋朝展子虔所画的《游春图》等都是描述我国壮丽山水的作品，作者表达自己对山水的喜爱，借山水文化作品表达自己的志向。此外，我国山水文化的发展还受到了农业文化、佛教文化、儒家文化、道家文

---

① 陈帅.2021年度《中国水资源年报》发布［EB/OL］.（2022-06-16）［2022-11-05］.http：//www.chinawater.com.cn/newscenter/kx/202206/t20220616_784547.html.

化的影响，最重要的一点是人们钟情于山水，寓情于山水之中，并通过山水文艺作品等表达自身的情感与精神（主要为归隐意识），这使得我国的山水文化蕴含的意义更为丰富多样，这也是我国山水文化与西方山水文化的区别。应深入了解当地的历史背景和历史渊源，当地的民风民俗和特产特色，根据这些特有的资源进行重点开发，深入挖掘地方特色，包括历史遗迹景观、民间文化场所景观、古建筑和街区景观、生态文化旅游环境等元素，找准定位，提取出精髓，形成唯我独有的地域特色。要加快旅游与文化的深度融合，形成地方旅游品牌，打造旅游景区与地域文化相结合的个性化旅游产品，符合市场发展需要。利用原真的文化内涵打造出高质量的旅游产品，同时注重地方发展的特色性、文化性、时尚性，有效提升景区特色产品价值与游客游玩体验价值。

（三）整治环境问题，改善卫生设施

充分贯彻"绿水青山就是金山银山"重要理念，加大环境整治力度，充分调动社区居民的积极性，强化社区居民的环保意识，加强主人翁意识，改善景区环境。建立固定垃圾堆放点，以便集中处置垃圾，减少污染。改造景区厕所，全面建设冲水厕所，逐步改善如厕环境。改善景区"脏、乱、差"及车辆乱停乱放的现象。加强环保宣传，不断提升国民素质，共同爱护景区环境。

（四）加大宣传力度，合理定价旅游商品

在大众化旅游时代和国民休闲时代，景区拥有良好的口碑能让游客口口宣传，游客的体验度就是景区最好的宣传方式。应积极施行"线上＋线下"的旅游营销模式，提升旅游营销手段，不断提升旅游服务，鼓励游客在网上分享旅游的经历，在网络上做一些旅游攻略营销，吸引游客前往。旅游商品应合理定价，既不能偏高也不能偏低。有效拓宽旅游市场，配备景区专门管理人员，管理秩序、交通，调解纠纷，解决游客旅游过程中可能出现的问题。

（五）加强应急管理，确保旅游安全

加强自然灾害预警和应急处置，尤其是山水类的景区，特别要注意防范泥石流、滑坡、山崩等危险。为避免季节带来的种种意外，景区应加强应急救援演练，培养一批高质量的救援队伍，能做到指挥得当、分工合作、疏散有序。一旦景区发生重特大自然灾害，应最大限度地将游客伤亡和财物损失降到最低。

（六）加强专业人才培养引进

一方面，景区应根据需要大力引进人才，切实筑牢人才链，将合适的员工安排在合适的岗位，招聘员工时应按岗定人，达到人尽其用。比如景区管理者需要有专业素养、管理经验、熟悉景区业务，更要具有创新意识等能力，以便解决景区遇到的专业性

问题，形成推动景区高质量跨越式转型发展的强大合力。另一方面，景区应着重培养本土旅游人才，培养高层次的旅游团队，还可与当地旅游院校合作，招募大学生志愿者，共同为景区旅游规划出谋划策，搭建景区发展的人才桥梁，为山水旅游的发展注入新鲜活力。

（七）注意游客承载量，提升旅游体验感

根据游客承载量要求，可建立线上预约制度，并预留出一定数量的线下名额，确保旅游秩序，防止出现事故。要采取一些措施有效控制游客的不良行为。尤其是对高峰旅游景区而言，注意游客承载量尤为重要。在旅游黄金周、小长假、旅游旺季和重大节假日期间，更应合理引导客流。

（八）丰富旅游消费，提升旅游服务

要适应互联网和科技时代，增加各类体验活动，丰富游玩内容。发展夜间经济，增加露营基地，让游客留下来，改变旅游消费结构，强化主题化特色化发展。创新推动"旅游+""景区+"的消费模式，依托景区特色规划主题旅游内容，实现从门票经济到综合经济的转变。加强服务创新，强化全员服务意识，树立游客至上的服务理念，为游客提供人性化的旅游服务。

此外，要处理好以下几对关系。

一是取舍好山水文化的优与劣。自然山水是人类精神家园的重要组成部分，文化失重的现代人都有回归自然的内在渴望。经由体悟山水意韵来实现旅游主体的精神追求，符合当今时代人们的需要。从这个角度来说，弘扬源远流长的中国山水文化，意义深远。古代一些文人对山水文化的推崇则源自内心一种避世的冲动，这种消极心态是不值得提倡的。应当批判性地继承古老的山水文化，取其慰藉心灵、陶冶情操、放松心情之华，舍其逃避现实、消极厌世、玄虚迷信之粕。一位现代旅游者要做的是，从古今激情洋溢的山水诗、气势磅礴的山水画以及精巧别致的园林等当中感受其生动的意蕴、领略其深刻的寓意，看到山河的壮阔、闻到花草的清香、听到流泉的淙响……

二是协调好山水文化开发中的主与客。开发自然山水文化，需要兼顾旅游活动中的主体与客体。对旅游主体（游客）而言，领略目标地区的山水文化，可以激发其旅游兴趣，提升旅游鉴赏能力和品位，提高旅游质量。这就需要游客在出游之前，做足"功课"，了解目标地区的山水文化。重要的是培育深入骨髓的山水意识和山水情结，既要有发现山水美的观察力，更要建立起发自内心的山水亲情。对客体而言，核心的问题是如何展现山水中的文化和文化中的山水。一个地方即便没有名山大川，或者未曾有过名人雅士题诗作赋，也同样有发掘山水文化的空间。如上所述，山水胜景也需要人的"点

化",这既包括精神层面的赋予,也包括物质景观层面(如亭台楼阁)的装点。清代画家郑绩曾说:"楼阁亭宇,乃山水之眉目也。"在对自然山水的装点过程中,应遵循和谐统一的原则,"虽由人作,宛自天开"。

三是统合好山水文化发掘的表与里。山水名胜的魅力绝不仅仅表现于其外在形态,发掘山水文化不应仅停留在建森林公园、搞摩崖石刻、开山路、修凉亭等物质实体层面,而应当由表及里,深入发掘蕴含在山水及其文化中的精神资源。在区域旅游开发过程中,应思考如何发掘山水文化的精神实质,以及以何种方式与游客分享对当地山水文化的体会等问题。我们今天弘扬山水文化,还需要重拾古人"登山则情满于山,观海则情溢于海"的情怀,复归传统价值观,对大自然心存感恩和敬畏。只有情牵自然、魂系山水,才能将对山水的关注化为珍惜、保护自然环境的自觉行为;也只有对自然山水投以更多的人性关怀,我们才能从中获得所期望的精神自由和心灵慰藉。

☞ 拓展链接

第六章 园林文化与旅游发展

世界园林发展历史悠久，园林类型丰富多样，园林文化博大精深，在人类文明的历史长河中，园林艺术不断发展，形成了风格各异的园林类型。园林文化的发展与旅游密切相关，园林发展至今，其艺术功能已经大于实用功能，而旅游正是其艺术功能的体现，可见园林文化与旅游发展的关系是密不可分的。王涛通过论述中国园林文化和旅游开发两个层面，对中国园林文化与旅游发展的辩证关系进行了探讨，他认为园林文化旅游不仅强调园林文化旅游资源在景观方面的物化，而且重视园林文化在旅游整体环境中的文化联系和地位，强调旅游者在旅游过程中形成的整体上的地域文化体验。[1]

一、园林文化概述

园林的起源来自人们对于天堂瑶池的倾心和期盼，但它的发展又有赖于人本性内在对于美的追求和探究。因此，园林是人类认知和概念的集中反映，在改造和利用自然以创造理想的生活环境。造园艺术作为一种文化艺术，经过长期的积累，充分体现了各民族对自然美的深刻理解和欣赏。

何谓园林？"利用工程和艺术方法，通过改造地形（或造山、堆石、治水）、植树、修建和铺设园路，在特定区域创造优美的自然环境和休闲条件，这就是所谓的'园林'。"[2] 王玉认为，"园林是一种将自然或人为改造的山水、植物、建筑物，以模仿自然山水为目标，根据某种美学需求，构成的综合性建筑艺术"。[3] 何谓园林文化？园林创作升华到艺术境界时才成为艺术。英国哲学家培根说："文明的起点，开始于城堡的兴起；但高级的文明，必然伴随着优美的园林。""庭院雅趣，也是人类最高尚的娱乐之一，是陶冶性情的最好方式。如果没有园林，即便有高墙深院，雕梁画栋，也只见人

---

[1] 王涛.中国园林文化与旅游发展的辩证关系[D].北京林业大学，2005.
[2] 徐新林，刘亚轩，张永奇，等.中国旅游文化[M].北京：清华大学出版社，2016：103.
[3] 王玉.中国旅游文化[M].成都：西南财经大学出版社，2011：94.

工的雕琢，而不见天然的情趣。"①可见，在培根看来，园林的艺术是高层建筑的上层。黑格尔认为园林艺术是"替精神创造一种环境，一种第二自然"。②王涛认为，园林文化是一种以建筑、书画、诗文、音乐等不同类型的艺术形式，体现园林设计者的审美自觉。园林文化是一种特定的社会意识和审美观念在园林表达中的体现。正是通过空间、布局、形式、比例、色彩、质地和其他园林语言的要素，表达了时代精神和社会观念。③因此，笔者认为，园林文化是依托园林创造的物质和精神财富的总和，是把山、水、花木、建筑等要素按照美学价值组合成有一定的审美要求、供人观赏的建筑综合体呈现出的文化形态，是人们追求美好生活的体现。

一般认为，世界园林可分为三大体系：欧洲园林体系、伊斯兰园林体系和中国园林体系。欧洲园林又称为西方园林，主要以古埃及园林和古希腊园林为源头，以法国古典园林和英国自然风景园林为两派，其造园风格以人工之美、自然之美为特点，其理念、理论、艺术成就都达到了极高境界。④伊斯兰园林以古巴比伦园林和古罗马园林为渊源，以十字形院落为典型的布局形式，采用封闭式建筑，采用独特的节水灌溉体系，以阿拉伯风格的园林为特色。⑤中国园林历经3000多年发展，已经形成了一个以自然情趣和文化精神相结合、艺术表现和物质技术相结合为特征的园林体系。

在文化发展的历史长河中，由于历史背景和文化传统的不同，东西方的园林形成了明显不同的风格。西方园林的起源可以上溯到古埃及和古希腊。萌芽时期的西方园林反映了人们与自然严酷的生存条件的抗争，其根源在于生产者的勇气、进取精神，通过对自然界的净化，使之达到秩序与和谐，而西方的园林则体现了"天人相胜"的理念与理性的追求。西方哲学历来重视理性在实践中的作用。公元前6世纪，毕达哥拉斯学派试图通过数量关系找到美的元素，这种美学概念在欧洲已经持续了数千年之久。与中国的审美不一样的是，西方强调整洁、秩序、平衡、对称，尊重圆形、方形和直线，可见欧洲的几何形式受到"唯理"美学观念的影响。如法国凡尔赛花园，园内是精心修剪整齐的草坪、花坛、雕塑喷泉，花园内共有221件以青铜、铅及大理石为材料的雕塑艺术品，这些使凡尔赛花园成为世界上较大的露天雕塑博物馆。正因其独特的地方特色和景观艺术布局，凡尔赛花园成为世界瞩目的园林景观旅游目的地，也成为世界文化遗产中最负盛名的名胜之一，是十七世纪法国艺术最璀璨、最全面

---

① 弗·培根. 人生论·论园艺 [M]. 北京：华龄出版社，1966：199.
② 曹林娣. 中国园林艺术论 [M]. 太原：山西教育出版社，2001：01.
③ 王涛. 中国园林文化与旅游发展的辩证关系 [D]. 北京林业大学，2005.
④ 祝建华. 中外园林史（第2版）[M]. 重庆：重庆大学出版社，2014：12.
⑤ 王立娟，孙随太. 浅析世界园林三大体系 [J]. 建筑设计管理，2016（2）：68-69，72.

的成就。

中国园林文化博大精深，历史源远流长。中国古典园林是中国传统文化的重要组成部分。作为一种特殊的媒介，它能客观、真实地反映出中国社会、经济、科技的发展，也能清晰地反映出中国人民的自然观、人生观、世界观的演变，并吸收儒、释、道等哲学、宗教思想以及传统田园、山水画等传统文化，是中国学者、科学家和工匠们辛勤工作和智慧的结晶。中国园林是人们模仿自然环境，利用山、水、动植物、建筑等在特定空间内形成的有机、完整、自然的整体，是自然之美与人类之美的完美结合。我国的园林艺术始于殷周时期，有3000多年的历史，是世界上最早的园林艺术摇篮，在世界园艺发展史上占有非常重要的地位。中国园林有不同的类型，根据不同的标准有不同的分类。从隶属关系看主要有三大类：皇家园林、私人园林和宗教园林。按照造园的方法，可分为人造园林和天然园林。根据园林的地理区域，可以分为北方园林、南方园林和岭南园林。根据园林布局的艺术形式，可分为常规型、自然型和混合型。"囿""台"是古代园林的雏形。台，是用泥土垒起来的四四方方的平台，用于观星。囿、台的游赏功能虽然不占主导地位，却已具有了园林的基本属性。园子是用来栽种树木（主要是果树）的地方，在东周，还可以用"圃"来表示园林。由此，囿、台、园圃本身就具备了园林的物质要素，可以说是中国传统园林的原初形态。建筑与自然的结合，诗情画意的趣味，意境的内涵，立足于自然并高于自然，是中国传统园林的四个主要特点。

因此，东方的园林，本质上是写意的，注重自然，重情感，重想象，重联想，重"言多必失，意无限"的意境；而西方的园林，根本上是写实的、理性的、客观的，重图形，重人工，重秩序，重规律，具有内在的理性思维，园林处于严谨、认真、细致的科学范畴。然而，对比并不是最终目的，在今天的景观园林领域，单独、孤立地谈论一种类型、一种风格，并没有太大的意义，多元化、综合化发展已经成为景观园林设计的趋势，因此，从对比的角度出发，注重实用和创意，古老的园林艺术将焕发出新的活力。

二、园林文化和旅游发展概述

园林，是旅游的载体。追溯世界园林文化历史，积累了无数美妙绝伦的园林艺术珍宝。[①] 园林是一门以自身的劳动和审美为目的的旅游休闲活动所形成的一门艺术。园林

---

① 展瑰琦.中国园林景观规划与旅游业的发展[C]//海峡两岸观光休闲农业与乡村旅游发展——海峡两岸观光休闲农业与乡村旅游发展学术研讨会论文集，2002：509-513.

的创作者借物言志，将自然景观如风、花、雪、月、云、雨等放在园林中为己所用。这些景观联系在一起，表达了他们的个人想法，并按照一定的规则组织形成园林路线，使游客达到身心愉悦和精神升华。由于各民族、各地区的人们对景观设计的认识和喜好不同，各种风格的园林应运而生。园林景观是优秀的旅游资源，园林文化与旅游发展是相通相融、相互促进的。

（一）中国园林文化发展历程

中国园林文化绵延数千年而不断，在世界园林体系中传承最久、影响最广。

1. 中国古典园林文化

先秦时期是萌芽发展的阶段。国家开始出现，奴隶制度产生了贵族阶层，其离家游玩的需求是园林出现的根本动力，这一阶段的园林文化就已经与旅游相联系。而定居生活促进了牲畜饲养、城市建造技能不断提升；社会分工使生产力提高，社会剩余劳动力出现。种种因素致使我国园林的最初形式——囿出现。到了春秋时期，思想文化迸发，散文诗赋等文学艺术形式出现，园林中山、水、亭台、桥、花草等基本组成元素都已经具备，形成了我国古典园林最早的雏形。

秦汉时期是人化发展的阶段。这一阶段的园林文化中设计手法、情感表达等人为因素大量参与，并更多考虑到人的需求与旅游的特点——人的参与性和目的殊途同归。国力的强盛使园林规模宏大，大量融入了功能不同的宫室建筑；土木框架结构、屋顶形式都更加丰富，人工组景设计有极大发展，"园中园""一池三山"等造园手法出现；并真正具有了我国园林文化的核心——表现出了一定的意境美，对之后的园林文化发展很有借鉴意义。

魏晋、隋唐和宋代时期是成熟发展的阶段。魏晋豪门望族林立，隐士众多，山水画出现，玄学盛行，山水园林、私家园林、寺观园林得到大力发展。隋唐时期出现文人私家园林，唐代随着经济、文化的发展，一些地区还出现了用于聚会宴饮、游憩娱乐的公共园林，比如芙蓉园。北宋时期经济文化重心的南移完成，富商遍地使江南园林不断发展，还出现了"古今难画亦难诗"的自然景观园林，"西湖十景"之名也出自南宋，写意山水园真正出现。

这一时期逐渐形成的山水风景写意园林文化契合了"到自然中去"的旅游观念，为旅游活动的发展添砖加瓦；园林建造中特殊造园材料的挖掘和运送也形成了人员的流动，满足了旅游的一个必要条件，为宋徽宗的艮岳从各地运送奇花异石到京城的花石纲更是形成了一种特殊机构。

明清时期是鼎盛发展的阶段。皇家园林和私家园林都发展迅速，特别是旅游活动促进了皇家园林文化的繁荣。这一时期有乾隆皇帝六下江南，在此期间吸收了各地园林风格，改造形成了一批集景式园林，大园包小园，小园附带在大园中，又各具特色，以圆明园为代表；民间的造园运动遍及全国，特别是江南、岭南一带，历经几百年，"小中见大"成为一大特色。这一时期的园林文化是对之前园林艺术的集大成。

"中国古典园林建筑以天人合一的自然观作为指导，从'天'的角度来说，要'师法自然，融入自然，顺应自然'，从'人'的角度来说，园林建筑必须以'景有尽而意无穷'为诉求。"[①] 中国古典园林具有浓厚的历史文化气息，为旅游的发展注入文化底色，同时建筑等的融入又为旅游的发展提供了良好的物质资源（基础设施、可进入性、多种功能），统治阶层的避暑、休闲活动大多在园林之中进行。

2. 中国近现代园林文化

1840年鸦片战争爆发，西方列强入侵，使我国古典园林遭到了十分严重的破坏，如圆明园。社会的动乱也使园林建造基本停滞；太平天国时期，为反对清朝统治，数千座园林被人为毁坏，加上营园材料易损，致使众多历史名园一夜之间再难见其风采。

随着通商口岸的被迫开放，一批租界公园出现，如上海外滩公园。1912年后，封建制度解体，改造皇家园林、庙坛以及新建的公园数量不断增长，公共园林获得一定发展。如由社稷坛改造而成的中央公园、张謇出资建造的濠河五公园等。

这一时期的园林文化充斥着悲悯的气息，关于国家命运与文明陨灭的思想隐含其中。同时，西方造园理论和实践的传入，使园林文化更加开放，间接促进了中国园林文化的转型发展。

3. 中国当代园林文化

新中国成立初期，国民经济处于恢复和发展阶段，园林建设工作主要是园林修复和城市绿化，园林文化强调园林和生产相结合，发挥其实用性，同时又开放了一批私家园林。

改革开放后，园林建设取得长足发展，各地各城市陆续开展相关建设。山水城市等构想出现，有关传统继承与现代新潮相结合的园林不断发展，形成了"四旁绿化""大地园林化"等园林理念。园林文化开始注重人与自然的绿色可持续发展，风景名胜区、国家公园等园林形态多样化。园林城市、公园城市等的发展将园林形态与城市相融合。

在自然中寻求慰藉、愉悦身心是现代园林旅游文化的关键点所在。这一时期的园林文化在生态文明、身心健康建设等方面都发挥了重要作用。园林作为城市中的一抹"绿"，在当代社会中发挥的作用无可比拟。

---

① 厉建平.中国古典园林建筑思想在现代园林中的运用[J].建筑设计管理，2009，26（09）：30-31.

（二）西方园林文化发展历程

公元前16世纪，古埃及就产生了世界上最早的规则式园林，将水池、房屋和树木按几何学的知识进行规划。自此以后，西方园林不断发展，主要分为规则式和不规则式园林两种模式，两者相互对立、相互补充，推动西方园林走向多元化、多样化。

1. 西方古典园林文化

西方古典园林文化前期包括了古埃及、古巴比伦、古希腊、古罗马等园林文化，是西方园林文化的启蒙时期；中后期包括了伊斯兰、意大利、法国、英国等园林文化，是西方园林文化的发展与成熟时期。

在西方古典园林文化前期，由自由民主政治形成的城邦带来了文化空前繁荣，园林的建设也很迅速，出现了由竞技场发展而来的公共园林、以住宅为主体的庭院园林，以及以神庙为核心的寺庙园林。

在西方古典园林文化中期，公元7世纪，横跨了亚非拉三大洲的伊斯兰大帝国建立，在广阔的地域范围内形成了伊斯兰文化的共性，为伊斯兰园林发展提供了基石。阿拉伯人将沙漠游牧民族对绿洲的特殊感情用于造园艺术上，不断发展形成了阿拉伯园林，也称伊斯兰园林。其以水为中心，建筑开放广阔。公元15世纪，政权的统一使伊斯兰园林文化继续发展，出现了马蹄形券洞、券廊等，水、色、形俱备，相互映照，对后来欧洲园林发展影响深远。

在西方古典园林文化后期，园林艺术在意大利、英国等国发展尤为显著。意大利地处亚平宁半岛，只有沿海一侧为平原，其特殊的地形地貌产生了背靠山林、面朝大海的自上而下台地式园林（房屋在顶部，向下有多级瀑布等水景）。14世纪，意大利商业繁荣，资本积累丰富，郊外别墅被广泛建造作为休闲场所。这一时期，人们的思想逐渐脱离了中世纪宗教的束缚，文艺复兴开始，园林文化也发展到又一个高潮，形成台地别墅园。这一时期园林建造运用了许多古典建筑的设计手法，还产生和发展了借景、激水乐（Water Organ）、绣毯式的植坛（Parterre）等园林艺术手法，园林小品也丰富而精致。规整式与风景式园林开始相结合。

17世纪，意大利文艺复兴式园林传入法国。由于法国以平原为主，创新性地把"中轴线对称均齐的整齐式的园林布局手法"运用于平地造园。而在君主专制的政治制度下，路易十四希望利用一切文化艺术途径来宣扬君权，其中宫殿和园林就是最好的场所。这一时期的园林设计严格对称，几何布局，是规则式园林的典范，同时具有的宏大气势和富丽堂皇之景非前者可比。

18世纪中后期，工业革命开始，这一时期的英国天气深受工业发展的影响，雾霾严重，人们渴望晴朗、清洁的空气，同时，受启蒙思想的影响，在园林艺术上发展出了代表英国特色的崇尚自然、去除人工雕琢的自然式园林（弯曲、自然、园内外相融合），极大冲击了以法国为典型的古典主义园林（规则式），成为欧洲园林新样式。这一时期中西方园林文化开始有所碰撞，还形成一个新的流派——"中英式"园林。西方园林在与旅游融合发展中逐渐形成了多种形式，花园、游乐园、主题公园旅游受到许多旅游者的青睐，其中花园旅游早在公元16世纪就起源于英国，而"18世纪，许多大的建筑和宫殿还专门雇用园林专家和向导为游客服务"[1]。在现代，英国成立了"花园爱好者食宿游"[2]（BBLG）的机构，致力于为花园旅游参与者提供更优质的服务，而各种园艺俱乐部、委员会等组织的出现使花园主对园艺的了解更为深入，能给旅游者带来更好的体验。

2. 西方现代园林文化

19世纪中叶，植物研究成为专门的学科，花卉在园林中运用的要求（形态、香味、花期）越来越高，以花卉或者某种花卉为主体的园林迅速发展。19世纪后期，随着工业的发展，西方城市化水平越来越高，城市居民需要一个绿色、安静的场所，城市公园随之出现。特别是20世纪60年代以来，时代精神和创新精神的融入，使西方园林艺术的内涵和外延都得到了极大的丰富，反叛与多元化发展，出现了后现代主义和解构主义园林体系，除了现代艺术，生态理念、人文主义、工程技术、景观材料等的发展对园林文化也产生了重要影响，形成了交互多种艺术风格的现代园林。美国1916年成立了美国国家公园管理局，并在后续的几十年里，颁布《公园、景致路和休闲地法》《国家公园综合管理法》等法律法规，也是为了保护自然景观，促进可持续发展，目前一共有419个美国国家公园、国家保护区和国家森林。如美国Fresnocity依托其发达农业和国家公园，整合区域内旅游资源形成主题线路，打造生态文旅旅游区，并开展花卉节等多种多样的节庆活动进行宣传，受到城市游客的喜爱，吸引年游客量超过300万。欧洲、加拿大、日本等也有相关制度建设。

三、中国园林旅游文化的基础优势和发展经验

（一）基础优势

1. 园林资源丰富，为旅游发展夯实基础

园林深深浸透着文化内涵，因此成为重要的文化旅游资源。中国是世界上园林资

---

[1] 李辉，洪静.西方花园旅游的发展及对我国乡村旅游的启示［C］//中国花文化国际学术研讨会论文集，2007：73-75.

[2] 张维亚.文化遗产地旅游者消费行为数字足迹特征与机制研究［D］.南京师范大学，2015.

源最丰富的国家,素来被誉为"世界园林之母",特别是以苏州为代表的园林景区,展现出了很强的文化内涵和社会效益。每个园林都有其独特的建筑特色和风景魅力,且富含丰富的地方文化内涵。我国富足的园林文化资源是园林旅游发展的重要载体和基石,使旅游者身处其中不仅能饱览园林美景佳境,还能切身感受园林中的历史古韵风味。

2. 园林文化独具特色,提升旅游的文化内涵

我国园林在规划设计方面特别注重文化的展现,充分结合历史文化、人文地理、本土特色,注重不同地区之间的独特性,规划出不同的人文色彩。如苏州现存最大的古典园林——拙政园尤为典型,园林特色之一是"以水见长",全园以水为中心,山水环绕,花木繁茂、亭榭精美,呈现出浓郁的江南水乡特色,用大面积的水面营造出园林空间的开朗、明澈、清雅的气氛;特色之二为"花木为胜",春日之杏花,夏日之荷花,秋日之木芙蓉,冬日之艳梅,荷花、山茶、杜鹃为拙政园著名的三大特色花卉。迄今为止,拙政园仍保留了以花草植物景观取胜的传统。

在园林建筑中突出地方文化元素和文化主题也是园林文化独特性的表现,以文化氛围激发园林的旅游价值。较典型的有广西的柳侯公园,因其是为了纪念柳宗元而建,所以园林中建造了大量的与柳宗元相关的景点,如罗池庙、柳侯祠等。柳侯公园的园林景观布局凸显了公园的历史文化背景,每一个景点古迹的背后都是柳宗元的故事与事迹,是一个供旅游者休闲娱乐、学习柳宗元文化的好去处。唐家共乐园也注重融入历史和人文元素,每一处景点都有独特的风情风貌,展现着历史脉络。唐家共乐园是岭南园林的典型代表之一,它具有私家园林和公园的双重意义。因此,唐家共乐园在进行改造时,建筑物的布局、植物的选取、基础设施的投入等都以突出岭南园林的传统风貌为原则,在公园游玩时,游客通过园林山水、花木与建筑领略岭南园林的人文艺术之美,在诗情画意之中领悟其蕴含的人生哲学。唐家共乐园在保护与利用的基础上强化了地方风格特色,一方面适应了居民追求现代化生活的需求,另一方面又保留了地方特色人文历史,注重增强历史园林的原真性,游客在游玩的同时还能体验中华文化的博大精深。①

3. 园林文化保护机制较完善,利于旅游的可持续发展

我国高度重视历史文化保护传承,特别是党的十八大以来,习近平总书记就文化和旅游工作作了一系列重要指示批示,科学地回答了事关文化建设和旅游发展以及文旅融

---

① 罗玉芬.基于文旅融合视角下历史园林的保护与利用——以珠海市唐家共乐园为例[J].文物鉴定与鉴赏,2020(15):69-71.

合的方向性、根本性、全局性问题。观研报告网发布的《中国园林设计行业现状深度分析与投资前景预测报告（2022—2029年）》显示，近些年，为强化园林景观开发的规范化管理，各部门纷纷出台了一系列政策，例如，为加强城市园林文化保护传承和发展，在园林绿化建设中体现地域、历史、人文特色，弘扬地方传统文化等，住房和城乡建设部于2022年1月发布了《关于印发国家园林城市申报与评选管理办法的通知》。新组建的文化和旅游部更是将文化和旅游高水平融合、高质量发展作为重点工作来开展。要做好历史园林的保护与利用，必须推进文化与旅游产业的相融相通。加强历史园林的保护与利用，有利于文化遗产的研究和传承，有利于发扬和延续优秀传统文化，有利于文旅产业的多元化发展，带动文旅产业的可持续发展。加强历史园林的保护与利用，能够"唤醒"更多处于"沉睡"状态中的历史园林，使文化和旅游实现更加密切的融合，使得经济向上发展的同时，让广大公众也能感受到历史园林保护与利用的显著成就。[①] 园林旅游文化的建设与保护能够发挥园林文化在旅游发展中的社会效益、经济效益、景观效益、生态效益。

（二）经验

1. 完善园林机构设置，强化园林管理

新中国成立后，随着《中华人民共和国环境保护法》《城市绿化条例》等相关法律法规的出台和实施，确定了园林基本的行政管理体制。根据各地情况和园林发展规划，地方园林部门、级别设置各有区别。2018年文化和旅游部成立，将文旅融合推向新高潮。目前，我国已形成了自上而下的完善的园林管理机构体系（见图6-1）。

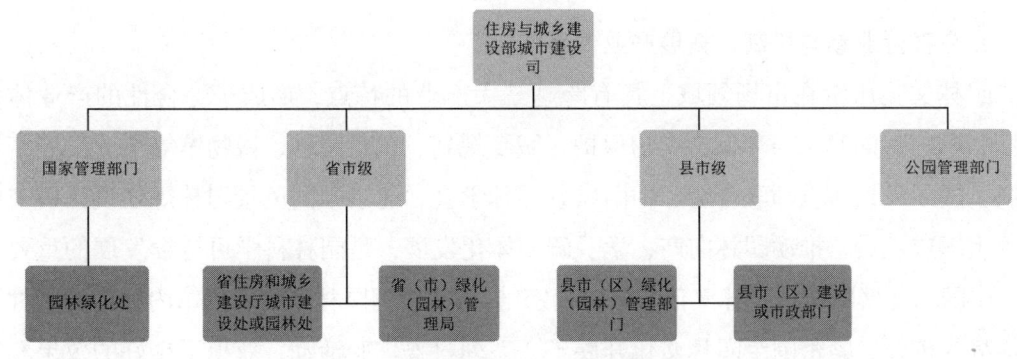

图6-1　园林基本行政管理体制

资料来源：据我国国家和地方行政管理机关设置整理

---

① 罗玉芬. 基于文旅融合视角下历史园林的保护与利用——以珠海市唐家共乐园为例［J］. 文物鉴定与鉴赏, 2020（15）：69-71.

2. 完善制度标准体系，规范园林建设

1992年开始的"国家园林城市"创建，是改善城市环境、提升园林整体质量的园林建设活动，发展至今已有30年的历史，其评选机制和动态管理等逐步完善（见表6-1）。根据住房和城乡建设部公布数据，截至2021年底，全国已有426个城市被命名为"国家园林城市"。除此之外，我国还设立了全国重点文物保护单位等评选活动，制定了国家生态园林城市、园林县城、园林城镇等建设的标准，不断加强园林绿化保护与建设。

表6-1 新中国成立后园林建设制度标准

年份	部门	要求
1997年	建设部	制定了12条国家园林城市评选标准
2000年	建设部	下发了《国家园林城市实施方案》和《国家园林城市标准》，在申报范围、程序上进行了规范性要求
2005年	建设部	按照《国务院关于加强城市绿化建设的通知》要求对《国家园林城市标准》和《国家园林城市申报与评审办法》进行了修订
2010年	住房和城乡建设部（2008年"建设部"改为"住房和城乡建设部"）	结合《城市园林绿化评价标准》（GB/T50563—2010），再次对《国家园林城市申报与评审办法》《国家园林城市标准》进行修订
2016年	住房和城乡建设部	印发《国家园林城市系列标准》。该《标准》分国家园林城市标准、国家生态园林城市标准、国家园林县城标准、国家园林城镇标准、相关指标解释5部分

资料来源：据建设部、住房和城乡建设部文件整理。

3. 完善行业参与机制，拓展产业体系

园林文化旅游在市场领域上具有跨越三大产业的特点，形成了综合性的产业体系（见图6-2），同时又与环保、文物保护、城乡规划、风景园林、博物馆等事业发展密切关联。国际风景建筑师联合会、中国风景园林学会、北京中国风景园林规划设计研究中心等组织成立后，推动园林向产、学、研一体化发展，是园林科学可持续发展的重要力量。中国园林博物馆将园林文化与旅游紧密结合，"中国园林博物馆以馆内独特的园林资源优势为依托，紧密围绕园林文化开展了一系列科普体验活动，获得了良好的效果和口碑"。[①] 正是有各相关行业和市场主体的广泛参与，我国园林发展已经形成了比较完善的产业体系。

---

① 吕洁.中国园林博物馆特色园林文化科普体验活动探究［J］.文物鉴定与鉴赏，2020（12）：73-75.

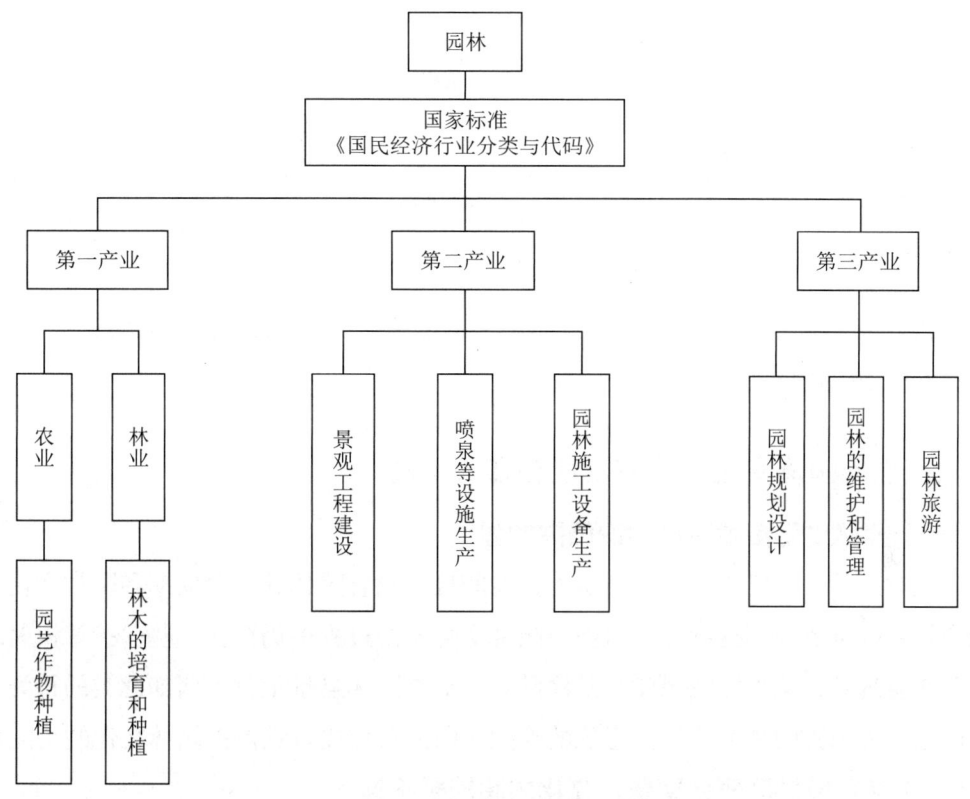

图 6-2 园林产业体系

资料来源：据国家标准《国民经济行业分类与代码》整理。

4. 挖掘旅游文化价值，推动园林旅游

我国特别注重挖掘利用园林文化价值，推动其与园林旅游融合发展。苏州园林就是典型案例。根据《苏州园林名录》数据，苏州市现有108个园林，是真正的"百园之城"，其中9家以苏州园林之名成功申报世界遗产。苏州园林现由政府统一管理，设立了苏州园林旅游网作为园林景区官方网站。为促进苏州园林的保护与发展，苏州园林相关部门和组织还开展了一系列特色旅游活动，其中网师园古典夜园开始于1990年，是苏州地区延续时间最长的夜游活动，将园林文化与传统文艺相结合，至今接待游客量逾30万人次。

内蒙古自治区依托区内不同地域特点和资源优势，发展相关园林旅游产业，打造旅游城市，现在也成了园林文化与旅游融合发展的典型（见表6-2）。

表 6-2 内蒙古自治区发展园林旅游案例

城市	顶层设计	表现	备注
阿尔山市	"城市双修"（生态建设和城市功能）	提高森林覆盖率，打造旅游城市	曾是我国重要的木材生产基地
包头市	科技兴业 花卉产业与旅游融合	花海餐饮	
呼和浩特市		和林格尔芍药旅游节	和林格尔县，是芍药花的原产地之一
巴彦淖尔市		葵花观光旅游	

资料来源：根据中国风景园林学会官网资料整理

四、当前园林文化和旅游发展存在的不足

（一）园林文化资源保护意识仍需加强

公众对园林文化资源的保护意识的强弱间接影响着园林的生命周期和园林文化与旅游融合发展的可能性和持续性。目前，园林文化旅游过程中仍存在一些保护意识欠缺和旅游不文明现象，例如随意攀爬、乱涂乱画、随意毁坏盆景植物等诸如此类的行为。对此，应当着力加强园林文化保护意识的唤醒，向公众传递自觉保护园林文化的正能量。

（二）存在模仿同质化现象，文化内涵挖掘不够

当前，新开发的园林规划存在一定的模仿现象，园林景观同质化问题较为严重。读懂园林，首先要读懂园林背后的文化情致，传承文化，绝不是简单复古仿古，而是古为今用，推陈出新，"以古人之规矩，开自己之生面"①。有些地方的园林文化与旅游发展仅停留于简单的旅游观赏、要素消费层面，旅游产品缺乏文化的深层次挖掘。推动园林文化与旅游融合发展，必须着力挖掘园林景观所体现的文化内涵，例如宗教文化、建筑文化、美学文化等，与此同时，要善于将当地园林文化与当地文化结合，扎根于本土文化，将园林文化旅游产品融入地方特色与文化精神，丰富园林文化层次与内涵。只有这样，才能实现园林文化的创造性转化和创新性发展。

（三）园林文化和旅游融合发展的力度、广度、深度仍不够

目前，一些地方的园林旅游经济在一定程度上存在主要依靠门票收入、产业链不够长、衍生品开发不足、低端供应过剩与中高端供给不足现象并存等问题。已开发的一些文创产品，创意较为单一、同质化现象较为严重，没有深挖园林核心文化要素，设计IP形象，并对其知识产权加以保护，与其相适应的经营策略和机制亦仍待健全，收益分配与激励机制有待突破。这方面都应向苏州园林学习。苏州园林在自成体系的基础上

---

① 王大纲，李艳.文旅融合背景下苏州园林旅游高质量发展路径［J］.旅游与摄影，2021（04）：86-87.

将自身打造为苏州市的城市名片、第一品牌和旅游业龙头,发展方向明确,品牌特色形象显著,内部开发具有统一性。利用文化和品牌效应,苏州园林设计文创产品、销售文化周边,延长了旅游经济产业链。

(四)园林旅游市场管理体制不够完善

旅游产业门槛较低、利润空间较大,导致一些园林景观周围的旅游业乱象频发。由于很多知名园林"大隐隐于市",藏身于不能过于"规范化"建设的古城区,因此其周边没有得到较好的整治,有许多游客因选择了不正规的导游、不正规的旅游机构而吃了亏,遭遇要价不公平、服务态度差,或是有了交易纠纷而无法申诉[①],也包括第三方平台服务质量欠缺等情况,旅游市场管理体制不够完善阻碍了园林文化与旅游的融合发展。

(五)缺乏相关专业人才

园林旅游资源需要懂得保护和传承的专业人才,当前园林文化与旅游融合发展比较缺乏相关专业人才,尤其是近些年来,园林传统技术人才缺乏危机凸显,问题逐渐暴露。传统技艺人才的不断减少,使一些传统工艺面临着断代失传的风险,对园林的保护传承带来很大影响。园林的预防性保护需要建筑、植物、环境等多学科的人才。[②]但是,耗时耗力的专业技能打磨和枯燥乏味的科研探究导致越来越少的人不太愿意学习传统工艺技术和投入园林研究与保护之中。

(六)宣传力度不足,营销推广效果不彰

营销宣传推广是旅游发展的重要环节,对增强旅游目的地吸引力有着至关重要的作用,在一定程度上直接影响着景区的客流量。当前,一些园林景区的营销推广形式未紧跟时代步伐,在探索新路径、应用新技术方面新招不多、奇招不够,宣传形式单一。应借助新媒体,利用新介质,通过全方位、立体化的智能科技表现方式,向游客更高效地展示园林最经典的特质,提升旅游景区的文化形象。[③]

(七)旅游者游后反馈系统不够完善

反馈作为信息传递的重要环节起着关键的作用。在园林文化与旅游发展过程中,仍存在着游后反馈系统欠完善的问题,主要体现在园林景区对游客游后体验跟踪不足、旅游者游后信息反馈延迟等方面,这会导致游客对园林文化旅游存在的问题、意见和建议不能及时传达至相关从业人员,过程中存在的问题得不到及时解决,难以形成信息交流

---

① 林曦文,潘家坪.遗产经济视野下苏州园林的发展问题研究[J].中国林业经济,2021(01):39-42.
② 蒋叶琴.世界文化遗产苏州古典园林保护中存在的问题及其对策[D].苏州大学,2018.
③ 王大纲,李艳.文旅融合背景下苏州园林旅游高质量发展路径[J].旅游与摄影,2021(04):86-87.

的良性循环。

总之,当前园林文化与旅游发展仍存在一些问题,在市场监管、园林文化挖掘、公众意识、营销推广等方面还有一些不足。要推进园林文化与旅游深度融合发展,必须不断发现并解决发展过程中存在的问题,探索发展新的可能性,使园林资源在当今社会焕发其时代价值与竞争力,在旅游发展过程中发挥更重要的作用。

五、国内外园林文化和旅游发展典型案例及经验

在旅游不断深入生活场景的时代,园林越来越成为城市发展的重要旅游资源,同时,园林文化的深入挖掘也越来越成为园林旅游发展的新增长点,现已有不少旅游城市将园林文化作为旅游热点,吸引了无数园林爱好者及文化旅游爱好者。世界园林发展历史悠久,博大精深,类型多样,为分析不同典型案例对于园林文化旅游发展的经验借鉴,案例选择遵循从国外到国内、从古代古典园林到现代景观园林的逻辑顺序。国外园林由于自然地理特征、历史文化渊源与中国园林有较大差别,在案例选择时注重挑选与中国园林相似或其他方面对于中国园林文化旅游发展有借鉴意义的典型案例,选择了以伦敦海德公园为代表的皇家园林、以杜伊斯堡景观公园为代表的现代风景园林、以英国斯陀园为代表的自然式园林、以新加坡植物园为代表的都市绿化园林。中国古典园林是中国园林的代表,具有独特的园艺类型和深厚的内涵,在世界园林中创造了自己独特的艺术风格。而现代园林的景观设计注重古典园林的传承和发展,同时努力实现功能的多样化。因此国内案例选择了以苏州拙政园为代表的古典园林、以开封清明上河园为代表的民俗文化园林、以北京城市绿心公园为代表的现代园林、以上海大观园为代表的仿古园林。

(一)国外典型案例及经验

1. 古典皇家园林·伦敦海德公园——融入艺术理念,兑现文化价值

海德公园是欧洲古典园林的杰出代表,坐落于伦敦中心的威斯敏斯特市,是首个正式向公众开放的皇家公园。从城市财政补贴的对象,摇身一变成为吸引人气拉动经济的存在,成为皇家公园商业化利用的典型代表,海德公园成功的关键在于承载艺术展示的功能,注入多维文化,焕发园林新活力。

一方面,海德公园利用场地资源,全年举办各类活动引流,包括各种节庆、体育赛事、大型演出、艺术展览等,吸引游客,创造可观收入。另一方面,海德公园通过利用文化资源集聚效应,与众多高规格的文化设施自然配套加持,成就了海德公园文化名片,成为吸引游客的流量源泉。

2. 自然式园林·英国斯陀园——造园风格转变，融合文化创新

斯陀园是英国自然风景式园林的代表，是第一个摒弃了传统欧式园林中的直线对称布局的英国风景园林。斯陀园在众多自然主义花园中是独一无二的，与纯自然景观园林不同，斯陀园深入挖掘历史文化资源的价值，注重传统文化与生活的结合，自然美景中点缀着多处宏伟的新古典主义建筑和雕像，打造主题式园林。

公园里的景观沿着一条路线来发展，描绘出神话《埃涅阿斯纪》中主人公埃涅阿斯的流浪之路，将公园可视为一个舞台或布景，游客则变成了观众，通过这条道路带领着他们绕过各式各样的建筑和景观，以视觉效果展现文学作品中的场景[1]，将古老神话文化活化为旅游产品，丰富园林旅游业态。

3. 现代风景园林·杜伊斯堡公园——强调工业文化，明确遗产活化

杜伊斯堡景观公园位于德国杜伊斯堡，被誉为后工业景观公园的经典范例，也是现代风景园林的代表，其核心理念在于让工业遗产绽放发展与自由之花，其对后工业遗址进行更新改造并赋予新的使用功能和价值，对工业废弃地改造利用的理论研究与实践探索具有重要的借鉴意义。

杜伊斯堡景观公园最突出的特色是强调工业文化的价值，体现在对废弃工业场地及设施保护与利用的理念和对策上，园区的设计与原来的工业区功能密切相关。其创新点在于：将废弃的工业遗址和设施作为人类工业文明发展的证据保存下来，并作为景观公园的重要组成部分，融合特殊的工业历史和文化意义，赋予了旧工业区全新功能以及形象定位。[2]

4. 都市绿化园林·新加坡植物园——特色园林建设，多元绿化形式

新加坡人口密度非常大，园林绿地对于居民来说非常重要，在全国绿化国策推行之后，新加坡成为世界著名的"花园城市"，其城市园林建设可谓现代化都市的范本。其中，新加坡植物园是其最具代表性的园林之一，并在2015年成功入选世界遗产名录，但它的重要性并不是作为自然景观，而是作为文化景观。文化多样性和包容性是新加坡的特征，而园林也传承和延伸了这种文化。首先，新加坡植物园的种植采用因地制宜的原则，在树种选择上尽可能多地采用本地树种，充分体现了当地特色。其次，园林绿化形式多样化，在空中发展园林绿化，走节约型道路，也会使园林绿化更有灵性。

事实上，新加坡全域都非常重视园林建设。新加坡按照"可持续新加坡"的总体目标、"环保优先"的理念推动低碳生态城市建设，早在1968年政府即提出建成"花园城

---

[1] 卢本 等.设计与分析[M].林尹星，译.天津：天津大学出版社，2003：02.
[2] 张彪.城市 创意 实践[M].北京：中国建筑工业出版社，2017：04.

市"目标,推动城市环境清洁绿化。新世纪以来,新加坡城市建设转入立体化阶段,政府开始着力打造"花园中的城市",将花园从城市的点缀变成城市轮廓,形成了独一无二的国家风貌。新加坡最吸引人的地方就是其良好的绿化环境,这已成为最核心的旅游吸引力之一。这不仅归功于天然的资源,还有精心规划的结果。新加坡城市规划中有一章是"绿色和蓝色规划",此规划确保在城市进程飞速发展的背景下,国家仍然拥有绿色和清洁的环境,在规划和建设中特别重视对自然环境和历史文化的保护。

(二)国内典型案例及经验

1. 现代景观园林·北京园博园——丰富园林艺术,生态修复典范

北京园博园位于北京市丰台区永定河西岸,总占地513公顷,是第九届中国国际园林博览会的举办地。园区规划布局为"一轴、两点、五园","一轴"即园博轴,是贯穿主展区的景观轴线;"两点"即永定塔和锦绣谷;"五园"即传统展园、现代展园、创意展园、国际展园和湿地展园。

北京园博园汇聚了东方园林、欧式园林、伊斯兰式园林三大世界园林体系,其中北京园、忆江南园等分别代表了中国古典园林中的皇家园林、江南园林等,集中展示了传统造园的艺术和魅力。国际展园中的伊朗园、阿拉伯风情园等,展现了异域园林文化特色。园中的锦绣谷曾是建筑垃圾填埋坑,被打造成了繁花似锦的下沉式花谷。锦绣谷充分利用原有地形,形成了逐层下落的台地形式,利用这些台地布置展园,还设计取燕京八景的精髓,还原了晴雪、叠翠等景观。

2. 苏州古典园林·拙政园——园林深耕文化,丰富产品类型

苏州园林是中国园林文化的翘楚,入选首批"中国旅游文化示范地",成为我国向世界重点推介的中国优秀文化旅游品牌之一。苏州园林的成功之处不仅在于依托园林本身的视觉享受优势,而且注重挖掘文化内涵、结合生活情趣,融建筑美、自然美、人文美于一体。

拙政园挖掘原有的一些文化内涵,陆续推出了非常多的文旅融合项目,荟萃苏州地方戏曲、评弹说唱及琵琶、古筝、笛、箫等文化精品,真正地把文化遗产资源优势打造成高质量发展优势。另一方面,深入推进拙政园杜鹃花节、荷花节等特色花卉园事活动,精心策划拙政园"小品石"展览、"水墨青花"荷花主题作品展、邀请展等一大批特色展览,丰富拙政园产品类型。

3. 民俗文化园林·清明上河园——景城全域发展,创新传统文化

深厚的历史文化底蕴成就八朝古都——河南开封,多彩的文化成就开封名园——清明上河园。清明上河园是民俗文化体验园的代表。清明上河园是以《清明上河图》为原型而构建的大型历史文化主题公园,不仅传承了历史文化,而且拉动开封旅游经济增长,实现了社会效益和经济效益的双丰收,其成功的关键在于文化和旅游高质量融合发展,这已成为清明上河园可持续发展的新动力。

清明上河园的构建思路非常好,既突出了《清明上河图》的市井文化和宋代的民俗风情,又使宋文化的历史遗存焕发生机。同时,作为一个旅游目的地,它专注于提高游客的体验,在利用文化的基础上,通过合理开拓旅游模式,摸索出一条园林发展的好路子。

4. 新建仿古园林·上海大观园——激活文化禀赋,打造沉浸式现场

上海的大观园是一个大型的仿古建筑群和现代园林,是江南最大的仿古园林之一,分为东西两个主要的景观区。其中西部景观区是根据中国古典名著《红楼梦》的描写设计而成的大型仿古园林。虽然在《红楼梦》播出期间辉煌一时的园林,有一段时间渐渐沉寂,但近几年通过结合特有文化和需求热点逐渐崛起,成为新一代旅游热点。

大观园积极推动文旅融合发展,依托园林特点,将《红楼梦》蕴含的文学禀赋进一步激活,抓住社会休闲方面剧本杀的热点,将《红楼梦》里的一些情节与大观园结合做沉浸式体验设计,创造无法模仿和超越的场景优势,让游客可以在大观园内沉浸式地做一场"红楼之梦",沉浸式演绎经典巨作。

六、进一步推进园林文化和旅游发展的对策建议

园林文化旅游发展是一个持续的过程。要不断推进园林文化和旅游发展,就要根据园林文化旅游资源的特点和目标市场的需求变化,准确把握园林文化核心价值,开发出合适的产品形式,占领尽可能大的市场份额。

(一)挖掘园林文化旅游价值,形成特色旅游产品

不同的园林中所蕴含的文化各有不同,因此在园林文化旅游开发时,要深入发掘园林文化中潜在的旅游价值,因地制宜,选择各个园林中最具有代表性的特色资源,开发出不可替代的专项型园林文化旅游活动。要实现园林文化与旅游深度融合发展,就必须深入挖掘某一园林景观所涵盖的其他文化内涵,提炼园林核心文化要素,选择适合开发的产品,打造园林 IP。例如,英国斯陀园深入挖掘历史文化资源的价值,注重传统文化与生活的结合,自然美景中点缀着多处宏伟的新古典主义建筑和雕像,打造主题式园林,将公园视为一个舞台或布景,描绘出神话《埃涅阿斯纪》中主人公埃涅阿斯的流浪之路,通过这条道路带领着人们绕过各式各样的建筑和景观,以视觉效果展现文学作品

中的场景①,将古老神话文化活化为旅游产品,丰富园林旅游业态。

还要特别注重文化保护。只有在保证园林文化价值不受损害的基础上,才可能有可持续的旅游发展。在现有保护的基础上,进行园林文化内涵挖掘,积极运用现代化科技手段创新旅游产品和展现形式,以此扩大园林文化旅游开发的广度,使那些已经处于旅游生命周期的"停滞期"或者"衰退期"的园林文化资源再次回到"巩固期"。②同时,要善于将当地园林与当地文化结合,将园林文化旅游产品融入地方特色与文化精神,丰富园林文化层次与内涵。③可以推动园林文化与武术文化、宗教文化、民俗文化、建筑文化等实现嵌入式发展,培养有经济价值和文化创意的产业门类。例如河南开封即是以《清明上河图》为原型,打造大型历史文化主题公园,让《清明上河图》中的市井文化和宋代的民俗风情、历史遗存焕发生机。湖南永州,拥有得天独厚的山水自然环境,这是其他城市园林所无法媲美的。在永州园林产品开发的过程中,可融合柳子文化、舜德文化、理学文化、女书文化、祁剧文化,等等,打造全新蓝图,塑造永州园林品牌形象。

(二)创新旅游产品开发,增强游客文化旅游体验

可以借助园事活动、民俗节日等契机,将民俗活动和游园观光相结合,使游客产生沉浸式体验。④拙政园创新旅游产品开发,推出了非常多的文旅融合项目,推进拙政园杜鹃花节、荷花节等特色花卉园事活动,精心策划拙政园"小品石"展览、"水墨青花"荷花主题作品展、邀请展等一大批特色展览,丰富了拙政园产品类型。伦敦海德公园利用场地资源,全年举办各类活动引流,包括各种节庆、体育赛事、大型演出、艺术展览等,吸引游客,创造了可观收入。在利用文化的基础上,通过合理开拓旅游模式,摸索出了一条园林发展的好路子。还可以在园林商业街区引入特色文化商铺、非遗产品、传统老字号等富有地方特色、文创特色的商业,优化景区的文化环境,增强游客文化旅游体验。

(三)加强宣传,提升品牌度和公众保护意识

品牌除了依靠本身质量,也得益于宣传推广。作为园林景区,要紧跟时代步伐,创新营销手段,制作优秀的文案、视频等,通过微博、微信、短视频、直播等线上平台助推,提升景区的知名度和美誉度。⑤同时,园林文化旅游活动是在优质而有特色的环境

---

① 卢本 等.设计与分析[M].林尹星,译.天津:天津大学出版社,2003:02.
② 蒋叶琴.世界文化遗产苏州古典园林保护中存在的问题及其对策[D].苏州大学,2018.
③ 王大纲,李艳.文旅融合背景下苏州园林旅游高质量发展路径[J].旅游与摄影,2021(04):86-87.
④ 范岚.文旅融合背景下无锡近代园林文化遗产活化研究[J].文化学刊,2020(11):104-107.
⑤ 范岚.文旅融合背景下无锡近代园林文化遗产活化研究[J].文化学刊,2020(11):104-107.

质量基础之上开展的。因此在开发园林旅游资源时，要注重当地环境的保护和生态的平衡，使旅游业能够持续地发展下去。第一，要加强对园林保护专业人才的培养，园林保护可以和高等教育结合，加强政府与高校之间的科研合作，发挥高校的人才教育功能。其中加强对导游从业人员的培养至关重要，导游讲解是对园林文化的一种直接宣传，一个优秀的导游能加强游客对园林文化的认知，在潜意识上减少游览过程中的不文明行为。[1]第二，加大园林文化发展的宣传力度，通过新闻媒体报道、园林知识公开讲座、出版科普读物、微信推广、举办展览会等形式，进行园林保护知识的普及和推广，广泛深入地开展园林文化宣传教育，引导人们增强生态意识、资源意识和环境意识，提升公众的保护与参与意识。[2]第三，国家层面应制定园林保护法规，构建园林保护完善的法律配套体系，充分认识和深刻理解园林的文化内涵和内在价值，进一步加强可持续性的保护发展观念，开展保护性利用，才能更加完善园林的保护工作。[3]

（四）活化园林文化，加强智慧景区建设

园林旅游经济高质量发展，离不开科技创新。要加强智慧景区建设，使园林从传统景区逐步走向科学化、智能化、信息化的新时代，实现旅游产业与文化产业、信息产业有机结合。园林景区智慧服务要拓展网络预约服务内容，通过AR、VR等科技手段为游客提供智慧化、个性化的精准园林服务，重构景区接待服务体系。高效配置、合理利用服务资源，让游客能够提前了解景区相关信息。倡导预约园林讲解、预购文创产品等线上消费模式。[4]结合数字博物馆、视听结合、三维动画、4D电影等形式，增加游客的主体感和参与性，让游客产生新的游览体验。在产品销售方面，要改变经营理念，加强线上营销宣传，利用互联网等开展线上线下整体营销，让园林文创走出闭塞的围墙，迈向更广阔的市场。例如，上海大观园通过历史场景再现的科技手段，利用《红楼梦》里的一些情节与大观园结合进行沉浸式体验设计，进一步激活其中蕴含的文学禀赋，创造无法模仿和超越的场景优势，让游客在大观园内沉浸式地做一场"红楼之梦"，产生新的游览体验。

（五）追求和把握自然本真的基础上进行深层次综合开发

园林的自然美是非常重要的一个方面，因此在旅游开发的时候要突出"自然本真美"这个特点，避免过多的人工雕饰，让旅游者真正体验到"回归自然"，从中体会园

---

[1] 关雪.世界文化遗产苏州古典园林保护中存在的问题及其对策研究[J].中国校外教育，2019(18)：41-42.
[2] 郑彦妮.湖南园林文化发展的背景分析与路径选择[J].湖南工业大学学报（社会科学版），2013，18(01)：148-152.
[3] 蒋叶琴.世界文化遗产苏州古典园林保护中存在的问题及其对策[D].苏州大学，2018.
[4] 王大纲，李艳.文旅融合背景下苏州园林旅游高质量发展路径[J].旅游与摄影，2021(04)：86-87.

林文化的博大精深。无论是中国园林还是西方园林，造园者都有向参观者表现园林文化中"人化的自然"这个主题的初衷。因此，园林旅游开发要特别注意这一点，突出以"人化的自然风景"为中心展开的各种旅游活动，包括观光、游览、休闲等。这些旅游活动在园林文化各项旅游活动中拥有最广阔的客源市场，是园林文化旅游的最主要的收入来源。① 如北京城市绿心公园就是集生态修复、市民休闲、文化传承于一体的城市森林公园，充分体现了现代景观园林以自然为主体，以文化为核心的理念，成为北京最受欢迎的绿色空间之一。同样，新加坡植物园也充分发挥园林绿地的基础作用，园林绿化形式多样化，走节约型道路，是新加坡最具代表性的园林之一，并在2015年成功入选世界遗产名录。可见，在以原生自然模式开展观光旅游活动的基础上大力进行深层次的综合开发，是现代园林文化旅游发展的趋势。

园林文化是文化艺术宝库中的瑰宝，更是世界文化艺术百花园中的璀璨珍品，它们别具特色、自成风格，在景观建设、旅游观赏和历史研究等方面都具有无可比拟的价值。由此可见，推动园林文化与旅游产业的融合发展将成为必然趋势。② 园林文化与旅游发展和各方面息息相关，要想保证园林文化与旅游的深度融合发展，必须不断发现并解决融合过程中存在的问题，探索发展可能性，"园林＋文化＋旅游"的融合发展必将成为园林文化旅游资源开发的主流，活化园林产品，赋予园林新的生命，才能使园林资源在当今社会焕发其时代价值与竞争力，在旅游发展过程中发挥园林文化独特的现实价值。

拓展链接

---

① 杨滨章.关于中国传统园林文化认知与传承的几点思考［J］.中国园林，2009，25（11）：77-80.
② 王涛.中国园林文化与旅游发展的辩证关系［D］.北京林业大学，2005.

第七章　建筑文化与旅游发展

建筑是人类生活的场所，是科学技术和文化艺术的综合体，是人类文明的标志，也是旅游资源的重要类别。古老的建筑诉说着历史的故事，现代的建筑展示着当代的辉煌。人们游览建筑、了解建筑、欣赏建筑，建筑在人类旅游活动中占据着非常重要的一席之地。

一、何谓建筑文化

目前国内外对建筑文化尚未形成统一的定义，汉宝德（2006）从中国建筑的起源为始思考如何从文化的角度来理解中国建筑的独特性，认为"一个民族的文化，最具体的表现就是建筑"[1]。李梦圆（2017）提出"我国传统建筑设计文化，不仅体现了中华民族的社会历史发展、民俗与内在审美，还开辟了人民群众认识我国传统文化的新路径与渠道"[2]。王生鹏等（2021）认为"建筑文化作为一种典型的物质文化载体，是长期生活在特定区域的民众生活的积淀，是人类生存智慧和环境相容相生的产物"[3]。赵博新等（2021）指出"建筑文化属于人类文化中的一个分支，其随着建筑的出现而诞生。建筑文化是一个抽象的概念，它不仅包含了物质功能层面，也包含了精神文明层面，甚至是心理需求层面。可以说建筑文化是对地方文化的重要解读，其多样性与地域性相关联，这种文化的可识别性正是来源地域性"[4]。郭雁春（2022）认为"建筑文化是社会文化的重要组成部分，以建筑物为载体，承载社会发展、科技发展以及建筑发展有关的信息"[5]。

从这些定义中，我们可以发现建筑文化一般包含如下要素：①将建筑物作为物质载

---

[1] 二龙（Mohammed Abdalslam Hussin Ibrahim）.中国建筑文化词语及其在对外汉语教学中的应用策略研究[D].西北师范大学，2020.
[2] 李梦圆.中国传统建筑文化在对外汉语教学中的应用[D].河南大学，2017.
[3] 王生鹏，王玉桃.乡村振兴背景下甘肃民族特色建筑文化旅游开发研究[J].甘肃农业，2021（11）：23-26.
[4] 赵博新，何俊萍.建筑文化学视角下的批判性地域主义[J].建筑与文化，2021（11）：50-51.
[5] 郭雁春.建筑设计风格与建筑文化间的关系[J].江苏建材，2022（04）：48-49.

体；②不仅包含物质功能层面，也包含精神文明层面，甚至是心理需求层面；③凝聚着人类对社会习俗、意识形态和技术水平的整体认知。

因此，笔者认为，建筑文化不只是建筑和文化的相加，更多体现的是一个整体，属于人类文化中的一个分支。建筑文化作为一种物质文化载体，是长期生活在特定区域的民众生活的积淀，是人类生存智慧和环境相容相生的产物。"建筑文化是人类从事建造活动创造的物质和精神财富的总和，凝聚着人类对于社会习俗、意识形态、伦理道德和技术水平的整体认知。建筑物既是建筑文化的载体，又超出了建筑的范畴，作为人类社会活动的'场所'而存在。不同于其他，建筑文化并不是纯粹的精神产物，而是与它的物质载体密不可分。"①

建筑既是物质文化，也是精神文化。建筑作为物质文化，是直接为社会和人们的各种活动服务的。建筑作为精神文化，有着丰富的内涵，对人们的生理和心理起着能动的熏陶和塑造作用。从文化形成的过程来看，建筑是多种矛盾的综合，是历代文化的积累延续。建筑文化具有综合性，是人类每个历史时期发展水平和成就的重要标志。对典型建筑进行考古、研究和欣赏，往往会对该建筑的社会、环境以及人文特征有更深入和具体的了解②。像中国建筑文化体现的哲学思想是"天人合一"，是对人类基本生存的侧重和关照。而欧洲大陆的建筑文化体现的哲学思想是理性主义，欧洲建筑十分重视局部与局部之间的比例、均衡与韵律等形式美的法则，因此，西方建筑无论是立面比例还是细部造型都是比较协调的。

中西建筑文化不同的背后体现的是中西文化的不同，中国强调内容决定形式，而西方始终处于否定的自主性的前进之中。中国从"气"的宇宙观出发，用整体思维，以"天人合一"的理想追求建筑的永恒之道。而西方从实体出发，用逻辑思维，极大地发展了建筑的形式范畴。中国长于兼容、包含，所以中国大部分建筑都具有人文情怀。而西方长于理性、科学，所以大部分西方建筑都十分精致完美。像中国传统建筑的典型——四合院，外部有界限分明的围墙，入口以照壁和影壁屏障，呈现出内向保守的心态，反映了小农经济自给自足，与外无涉的封闭特点。西方的建筑原型——古希腊神庙，较少强调内部空间，却以外部空间为主。四周开敞的柱廊形成心理上的外向社会离心空间，人们的活动主要在户外广场上，西方人把城市广场称为城市客厅，表明了将室内转化为室外的意向，是一种开放的形式。

不同的地区有不同的地理位置和环境，建筑文化也自然不同。以中国为例，沿海的

---

① 张伶伶.建筑文化的"物化"：营建历史与现实的共同家园[N].光明日报，2022-07-23（10）.
② 黄险峰.中西建筑文化差异之比较的探讨[J].华中建筑，2003（05）：35-37.

建筑具有防潮防碱的功能；北京的建筑注重增日照、防风沙；地震多发地区的建筑材料多为木制；南方天气炎热，日照时间长，高温多雨，所以南方建筑具有防潮隔热的特点；北方天气寒冷，则形成了北方建筑厚重的特点。此外，中西方建筑也具有很大的差异，西方建筑大多都贯彻着理性抗争、宗教狂热等文化内涵，如著名的科隆大教堂。而中国建筑体现的是"天人合一"思想，十分重视风水学说，强调与自然环境相融合。"建筑文化是社会文化的重要组成部分。建筑文化在其演变过程中也受到文化多元性、层次性等方面的影响。"[①] 枕上诗书，门前风景，中国古代一篇篇诗词中尽显建筑之美。中国作为世界四大文明古国之一，建筑历史文化源远流长。从古至今，无数名人雅士的诗词之中饱含对建筑楼阁的赞美之情。中国是一个幅员辽阔的大国，纵跨热带、寒带等多个气候带，既有高山，又有平原，既有丘陵，又有盆地，既有草原，又有沙漠。正是由于地理差异，形成了各种各样的建筑风格。在多雨潮湿的南方如云南等地区，当地居民的建筑以吊脚楼为主；而在多风，靠近寒风区的内蒙古等地区则以蒙古包为主，这是为了方便在多风的地方生存，以及随着羊群随时移动；中国的建筑同时也独具民族特色，在发展旅游业的同时，也可利用好建筑的民族特色带动旅游迅速发展。

二、建筑文化分类

在世界建筑史上，大致可分为三个主要的建筑文化体系：欧洲建筑（西方建筑）、以中国为代表的东方建筑、伊斯兰建筑。

1. 欧洲建筑

（1）古罗马建筑，如罗马万神庙、维纳斯和罗马庙，以及巴尔贝克太阳神庙等宗教建筑，也有皇宫、剧场角斗场、浴场以及广场和巴西利卡等公共建筑。

（2）哥特式建筑，如巴黎郊区的圣丹尼教堂、米兰大教堂、圣马可广场上的总督宫等。

（3）巴洛克建筑，如罗马的圣卡罗教堂、德国的十四圣徒朝圣教堂、罗赫尔的修道院教堂、维也纳的舒伯鲁恩宫等。

（4）罗曼建筑，如意大利比萨主教堂建筑群、德国沃尔姆斯主教堂等。

（5）法国古典主义建筑，如巴黎卢浮宫的东立面、凡尔赛宫和巴黎伤兵院新教堂等。

（6）文艺复兴建筑，如佛罗伦萨圣玛利亚大教堂。

（7）浪漫主义建筑，如英国议会大厦、爱丁堡圣吉尔斯大教堂等。

[①] 郭雁春. 建筑设计风格与建筑文化间的关系 [J]. 江苏建材，2022（04）：48-49.

（8）折中主义建筑，如巴黎圣心大教堂、巴黎歌剧院等。

（9）古典复兴主义建筑，如国会、法院、银行、交易所、博物馆、剧院等公共建筑和一些纪念性建筑。

2. 东方建筑

（1）古建筑，主要包括宫廷府第建筑、防御守卫建筑、纪念性和点缀性建筑、陵墓建筑、园囿建筑、祭祀性建筑、桥梁及水利建筑、民居建筑、宗教建筑、娱乐性建筑等。

（2）近代建筑，包含新旧两大体系。旧建筑体系是原有的传统建筑体系的延续，基本上沿袭着旧有的功能布局、技术体系和风格面貌，但受新建筑体系的影响也出现若干局部的变化。新建筑体系包括从西方引进的和中国自身发展出来的新型建筑，具有近代的新功能、新技术和新风格，其中即使是引进的西方建筑，也不同程度地渗透着中国特点。

（3）现代建筑，主要包括工业建筑、农业建筑、居住建筑、公共建筑等。

3. 伊斯兰建筑

伊斯兰建筑的基本类型包括清真寺、陵墓、宫殿、要塞、学校和各类文化设施等。

三、建筑旅游文化发展历程

建筑文化是一个城市的名片，是一座城市的精神，是一座城市的风向标。一个城市的旅游发展跟当地的建筑文化密切相关，古老的建筑沿着历史的轨迹从远处走来，向人们诉说着昔日的文化和故事，新兴的现代城市地标建筑拔地而起，向人们展示新时代的文化与精神。无论是哪个时期的文化，我们都不可否认它们自身所绽放的文化光彩，在不断满足社会发展的文化需求。

（一）中国建筑旅游文化发展历程

中国建筑文化在中国文化中具有十分重要的地位，中国几千年的历史文明，形成了既有差异又相互联系的建筑风格和文化。中国建筑文化意蕴丰富而深邃，是建筑技术与传统艺术的完美结合，其以凝固艺术的方式穿越历朝历代，传承下来。建筑用独特的方式，描绘着历史的轨迹，中国建筑文化不仅影响着中国历史的发展，它在世界建筑文化中也占据着重要地位。

在原始社会，人类的生产力极其低下，需要抵抗野兽的袭击，建筑的作用主要是为了满足生存需求，御寒和防御野兽。黄河流域典型的遗址有西安半坡遗址等，当时多为穴居或巢居建筑等地面建筑。在奴隶社会，历经夏商周等多个朝代，较典型的建筑为商朝的安阳殷墟，此时的建筑多为长方形的建筑，且功能齐全，有祭祀、居住、防御及墓葬等多个区域。西周时期，沿着中轴线分布的建筑格局在一定程度上也意味着早期等级思想在建筑上的体现。隋唐之后，建筑发展更加完善和迅速，这时期的建筑规模更加大，也体现出封建时期等级森严的特点。例如大明宫的布局，以丹凤宫为大门沿着轴线分布，建筑豪伟宏大的特点背后是一个繁荣昌盛的朝代。宋代，经济繁荣，百姓得以安居乐业，经济重心也开始南移。在张择端的《清明上河图》中就可以略窥宋代经济的盛况，经济基础为建筑的百花齐放打下了良好的基础。宋代建筑以塔状建筑为主，滕王阁就是砖石塔的典型代表。"明清时期，徽州本土的徽商，造就了徽州建筑文化的传播。"① 明清之后，清朝的繁荣在历经康乾盛世之后开始慢慢耗尽，昔日欣欣向荣的景象被套上思想的束缚，建筑文化并没有多大创新。八国联军侵华加上日军侵华，英法联军火烧圆明园，中国众多建筑都在战火之中被摧毁，敦煌莫高窟中的众多文献及其他知名建筑也造成了重大的损失。新中国成立之后，许多的古村落及古建筑都被国家保护起来，越来越多的新建筑也兴建起来，1958 年竣工的人民大会堂、2008 年竣工的鸟巢、2018 年投入使用的港珠澳大桥，就是新中国建筑的典型代表。

（二）西方建筑旅游文化发展历程

西方建筑也为我们留下了数不尽的文化瑰宝。从浪漫之都法国巴黎圣母院到巴黎铁塔，再到弥漫着自由气息的美国自由女神，到神秘莫测的埃及金字塔以及俄罗斯充满宗教色彩的莫斯科红场，各色各样的建筑反映着一个国家背后深厚的历史文化，以及世界劳动人民的智慧，留待后人探索。

原始时期，中西方对于建筑的功能都大致相同，只是为了生存以及御寒等基础的生存功能。在原始时期，西方也是以洞穴或半穴为住所，这一点能够从法国发现的拉斯克壁画中窥见一斑。古希腊时期，西方建筑得到突破性的发展，建筑风格开始向着多样化发展，由圆柱以及拱门等复杂的工艺组成。"古希腊三柱式包括多立克柱式、爱奥尼柱式、科林斯柱式。"② 由于经济的繁荣昌盛，人们的娱乐活动开始增加，规模宏大可容纳几千名公民的大角斗场就是当时经济繁荣和建筑文化的缩影。雅典的帕特农神庙采用的是一种独特的样式——多立克柱式建造，从灾后的遗迹中我们也可以想象到当年雅典城邦贵族们富足的生活。除此之外，闻名天下的雅典卫城也是古希腊时期建筑文化的代表作。中世纪时期，教皇的权力凌驾于皇权之上，因此兴建了许多规模各样的教堂等宗教建筑。在法国著名作家雨果的《巴黎圣母院》中，对巴黎圣母院有细致的描述，让全世

---

① 程歆玥，王薇.明清徽派建筑文化在武汉的传播与影响[J].住宅科技，2021，41（12）：69-73.
② 刘玉军.地缘、文化、战争大背景下的古希腊建筑史[J].四川建筑，2020，40（04）：69-71，75.

界读者了解了这一宗教圣地。在当时，教会规定所有平民的居所都不得高于教堂等地，巴黎圣母院作为教皇的宫殿，规模无比宏大，是无数普通老百姓起床之后唯一能知晓时辰的圣地，在他们心中有着神圣的地位。文艺复兴时期，西方涌现出了一批反对宗教的人士。文学界但丁的《神曲》直言教皇也是要下地狱的；生物学界达尔文提出人类进化论；航海界麦哲伦开启了环游航行，人们的观念重心从"神"向"人"转移，建筑也迎来了创造性的发展。现代主义建筑的风格影响了欧洲乃至世界的建筑创作简洁与纯净的主体特征。构造一致的设计手段以及建筑形态遵从于功能主义。到了现代和当代，西方在历经了第一次、第二次世界大战之后，各国都忙着休养生息，自由及民主的思想观念深入人心，建筑也迎来了更多的创新，展现了新的生机与活力。

在新时期，必须做好建筑文化的传承与发展。陈鑫（2006）等认为"要注重对传统文化的传承和发展，从传统和现代的众多风格流派中汲取精华，注重建筑与自然、建筑与文脉、建筑与时代、建筑与社会的关系。因为有文化底蕴的建筑才是真正有生命力的建筑，才能成为时代标志性的象征"[①]。陈汇霖（2018）认为应该更加注重建筑价值的内涵体现，通过运用现代建筑建造技术将中国传统建筑文化中的材料使用、形状设计以及特色符合融入其中，这既有利于建筑行业的发展，又是对传统建筑文化的一种有效传承[②]。包厚祥（2021）认为"应充分发挥传统建筑文化的实际作用，满足现代建筑科学设计要求，为后续作业计划的顺利实施提供科学指导，避免现代建筑设计质量、应用效果等受到不利影响，更好地体现出传统建筑文化的潜在应用价值"[③]。王畅（2022）认为"在分析传统建筑文化传承与发展时，要注重对其内涵进行挖掘对比，更加突出注重考虑传统建筑文化的优势与应用价值，注重传统建筑文化的传承和发展的重点问题，让当代建筑设计具有科学性，符合建筑产物长久应用的需求"[④]。

四、中国发掘建筑文化推动旅游发展的基础、优势和经验

（一）基础

1. 建筑景观数量多、规模大

中国地域辽阔，历史悠久。古有万里长城、都江堰、大运河、故宫、布达拉宫等伟大工程，今有国家体育馆——鸟巢、国家大剧院、哈尔滨大剧院等现代建筑，华夏神州大地上建筑形态蔚为大观，闻名遐迩的建筑数不胜数。中国古代建筑按其用途可分为：

---

① 陈鑫，裴元生. 浅谈建筑文化的传承与发展[J]. 美术大观，2006（10）：66-67.
② 陈汇霖. 对中国传统建筑文化的传承与发展分析[J]. 中外建筑，2018（02）：59-60.
③ 包厚祥. 传统建筑文化在现代建筑设计中的传承与发展[J]. 中国住宅设施，2021（10）：101-102.
④ 王畅. 传统建筑文化的传承与发展研究[J]. 文化产业，2022（18）：64-66.

宫廷、庙宇、祠堂、书院、会馆、城池、园林、民居、陵墓等，遗存数量最多的山西省，拥有近三万座古建筑，现有元以前木结构古建筑遗存495座，占全国的85%。其中北京故宫是中国现存最大、最完整的古建筑群，总面积达72万多平方米。

2. 现代建筑类型多、有特色

在广大城市和乡村，大量现代建筑如住宅、商业中心、写字楼、文化场馆、交通枢纽等不断涌现。以北京、上海、广州等一线城市为例，每年都有众多的高楼大厦和大型公共建筑竣工。除了传统的住宅和商业建筑，还包括各种文化建筑，如博物馆、剧院、美术馆等，以及体育场馆、工业建筑、交通建筑等。例如，鸟巢（国家体育场）是2008年北京奥运会的主体育场，其独特的造型和先进的设施成为中国现代体育建筑的代表；还有大兴国际机场，以其独特的"凤凰展翅"造型和先进的功能布局，成为世界瞩目的交通建筑典范。

（二）优势

1. 建筑类型多样且内涵丰富，能够满足旅游者不同需求

中国历史建筑文化是一个连续完整、相对独立的发展体系，在历史长河中，中国经历了数十个朝代的更迭，在时代变迁下留存的历史建筑文化别具韵味。"每一处优秀历史建筑都通过它特有的建筑风格及特征，沉积着一段历史，承载着特有的文化，他们是一座城市的'根'"[①]。秦始皇陵、赵州桥、故宫、颐和园等，都是中华文化耀眼的明珠。中国共产党领导人民革命、建设和改革，也留下了许许多多红色地标性建筑。如遵义会议遗址、延安窑洞、西柏坡等。此外，中国有56个民族，每个民族都有自己不同的建筑文化和特色。如蒙古包是蒙古族牧民居住的一种房子，吊脚楼为苗族、壮族、布依族、侗族、水族、土家族等族传统民居，侗族鼓楼是侗乡具有地域特点的建筑物，傣族竹楼是一种干栏式建筑，主要由竹子建造。不同的建筑类型构成了多样的建筑文化，也吸引着游客心驰神往。

2. 承载中华优秀传统文化独特魅力，能吸引国外游客

正如梁思成所言："一般地说，一座欧洲建筑，如同欧洲的画一样，是可以一览无遗的；中国的任何一处建筑，都像一幅中国的手卷画，手卷画必须一段段地逐渐展开看过去，不可能同时全部看到。"[②] 由此可见，中西方建筑文化差异显著，小范围看，就中国而言，地区与地区之间文化差异都是十分明显的。中西方建筑文化的不同不仅是由于

[①] 潘和平，沈丹，余学鹏.乡村振兴战略下安徽省红色建筑文化旅游发展路径研究[J].绥化学院学报，2022，42（09）：25-28.

[②] 张举.浅谈中西方建筑产生差异的原因[J].建筑，2021（23）：65-67.

地域气候和自然资源的差异，还由于中西方思想基础与表现方式的不同。中国人性格内敛，讲究规矩，因此，中国的建筑大多用围墙，房屋结构也较为方正；西方人性格外放，自在大方，西方的建筑更加开阔。

3. 汇聚了多元文化要素，建筑文化包容度高

近现代以来，中国建筑开始汇聚一些西方特色。宁波江厦街商贸建筑就是一座典型的中西合璧建筑，既有中国古建筑的内敛，又融入了西方建筑的豪迈。南京扬子饭店采用西洋建筑构图，又在局部做了中国式点缀。现代建筑中，中西合璧的建筑非常出彩。"如果有天堂，天堂应该是图书馆的模样。"① 这句话用来形容天津滨海新区图书馆再合适不过；南京四方当代美术馆被青山环绕，设计充满神秘色彩；漳州龙海普照寺无论是从色彩、排列还是建筑风格来说都是别具一格，它融入了大量海外色彩和风情。中国建筑文化的包容度不仅于此，它对于外来建筑文化有着极强的适应和融入能力，能够取其精华演变出更为优秀的建筑文化与风格。

综上所述，中国建筑文化丰富且多样，具有较好的基础优势，有利于推动旅游相关产业的发展。

（三）经验

1. 完善基础设施，助力旅游发展

旅游与建筑息息相关，景点大致可以分为人文景点和自然景点。但是无论是人文景点还是自然景点，基础设施的完善与否都与游客量息息相关。在古代交通不便的情况下，人们利用茶马古道进行货物的运输；到了现代，国家大力完善基础设施，建公路、修桥梁、拉高铁，带动了当地经济的发展特别是旅游的发展。我国在偏远的青藏高原修建青藏铁路，大胆创新修建了长江大桥和港珠澳大桥，在偏远难行的大凉山上修建铁梯……这不仅给当地百姓生活带来了便利，更带动了当地的旅游发展。在旅游景区中，建筑景观是非常重要的景观类别，其保护和建设在某种程度上决定着景区的成败。

2. 承载传统文化，赋能旅游产业

建筑不仅仅是静态的物品，同时也是文化的载体，例如，在红色文化建筑中，我们能够感悟波澜壮阔的革命历史，激励我们这一代人努力奋斗，不断前行。"红色建筑文旅融合不能仅依靠红色建筑，应将红色建筑资源和其他资源有机融合。"② 在古村落中，我们可以感悟数百年前先人的生活方式和传承下来的文化，在先人激励下走好当下和未来的路。"古村落不只是一群古建筑和历史街道的简单组合，而是各种人文元素的有机

---

① 陈有志. 天堂应该是图书馆的模样 [J]. 图书馆，2013（02）：101-102.
② 陈小红. 传统聚落型古村落保护与旅游开发研究 [D]. 广西师范大学，2014.

融合。"① 现在重视建筑的保护，加大对于传统古村落及古城相关建筑的保护，即是对于当地原生态文化的一种保护，是对传统建筑文化的保留，能让游客感受建筑背后的历史渊源和文化底蕴。因此，在旅游发展的过程中，要利用原汁原味的建筑文化来促进旅游的发展，吸引更多的游客关注建筑背后深厚的历史文化。

可见，中国建筑文化的发展源远流长，受当时的经济、政治和文化等方面的影响，每个时期的建筑风格和特色都各放异彩，建筑的背后都承载着深厚的历史文化底蕴，是一个时代文化成就的结晶。新时期更应该加强建筑文化的修缮保护，推动建筑文化为旅游的发展赋能。

五、当前建筑文化和旅游发展存在的不足

（一）建筑深层文化挖掘宣传不够

风格多样的古建筑文化造就了绚丽多彩的古建筑，大到金碧辉煌的皇宫建筑，小到清新雅致的别院，它们都代表着不同风格的文化。皇宫代表着等级，长幼有序的观念，具有典型的中国传统文化内涵；别院则代表着天人合一、尊敬自然的观念，具有可持续发展的生态发展观。相对而言，现代城市建筑大部分文化内涵相对缺乏，有些网红景点游客竞相打卡拍照，但并没有很好的文化体验。旅游宣传中对建筑文化关注还不够，没有着力挖掘建筑文化的深层底蕴。游客由于文化素质和审美意趣的差异，在游览时所体会到的建筑文化内涵和程度都会不同，部分游客只是走马观花，图个新鲜，并未对该建筑的文化进行深层思考，建筑文化景观的价值无法充分体现。

（二）监管不完善

时下，很多建筑文化旅游项目建设步伐很快，但是进程中相关监管不完善。如一些古城的修缮改造完全运用现代化的仿古装饰品，破坏了原有的建筑风格，古建筑文化得不到好好的保留和继承，再加上五颜六色的霓虹灯烘托，给人的感觉就是一场灯光秀。在市场经营方面，监管也比较混乱。一些本应干净整洁的建筑景观里，竟然有许多流动商贩，没有任何营业执照和卫生标准，占用空间，漫天要价。这些不规范的开发模式和经营方式，以及相关监管的缺失，严重制约了建筑文化旅游的良性发展。

（三）缺乏专业人才

建筑文化旅游对旅游专业人才要求较高，不仅要有丰富的旅游专业知识，还要有一定的传统文化和建筑艺术知识储备。"在旅游从业人员培训方面不重视，没有优秀的导游人员和讲解人员，大多数为兼职人员，从业人员是否对古城的建筑文化和历史文化了

---

① 施静. 古村落保护与再利用研究 [D]. 苏州大学，2015.

解透彻和熟悉会影响游客的旅游体验。"①同时，建筑文化旅游还需要建筑专业人士的参与，尤其是古建筑文化旅游，需要一批懂古建筑保护、维护和修缮的专业人士，但这类人才是目前建筑文化旅游行业非常紧缺的。

（四）景区管理缺乏创新

一些建筑文化景区还是传统管理模式，没有适应新时代互联网和科学技术的需要以及年轻游客群体的喜好。以法国卢浮宫为例，其依旧使用在景区服务台排队买票进景区的方法，游客排队难这一问题非常突出，同时同声翻译的软件或者设施也没有，许多游客纷纷投诉，提倡线上购票。因此，景区管理应考虑到如何与现代信息技术相结合，创新现代化的管理模式，实现景区高质量发展。

六、国内外建筑文化旅游发展典型案例及经验

（一）国外典型案例及经验

1. 法国卢浮宫：稳固永恒，万宝之库

法国卢浮宫是欧洲最古老的博物馆之一，也是世界四大博物馆之一。卢浮宫的建筑风格是古典主义与现代主义的结合体，其最引人注目的景观是金字塔形的玻璃入口，透明的玻璃为馆内提供了宝贵的光线，让建筑不那么黑暗凝重。大厅的内部墙壁雕刻有精美的壁画与浮雕，而东廊是一座呈"U"形的宫殿式建筑。西方人具有开放的思想与敢于冒险的精神，"卢浮宫整体建筑呈现出开放外向的结构特征，在卢浮宫里，石雕艺术是卢浮宫的主要装饰形式。卢浮宫的雕塑中，也有很多石质的人物雕塑，如法国国王路易十四的雕塑，体现了西方的'人文主义'精神"②。

如今，卢浮宫注重从文创的角度设计产品，用静态化产品活化特色藏品，"凸显博物馆藏品的文化性，突破固有思维，为博物馆产品打造专属品牌，进行文创产品的产业化开发，树立博物馆在商业界和更广大受众中的品牌"③。卢浮宫以博物馆中的藏品为灵感，为文创产品赋能，以其丰富的文化艺术作品吸引游客前来参观，多渠道地吸引客流，拉动旅游消费。

2. 埃及金字塔：庄严神秘，结构稳定

埃及金字塔为四面等腰的锥形建筑，因其规模宏大，陵墓外形似汉字中的"金"字而得名，它是极具神秘色彩和古老传说的巨大建筑物，是埃及的重要标志建筑。胡夫

---

① 武彩霞. 古建筑保护及其旅游发展的现状及其问题[J]. 山西农经，2015（03）：121-122.
② 胡茜茜. 故宫与卢浮宫的建筑设计文化比较研究[D]. 安徽工程大学，2019.
③ 杨帆. 浅议博物馆文化产品的开发及营销——以大英博物馆和卢浮宫博物馆为例[J]. 故宫博物院院刊，2013（04）：20-28，159.

金字塔采用螺旋式建筑法修建，沿金字塔内部的螺旋上升通道逐层堆砌而成，是占地面积最大的一座金字塔，也是世界七大奇迹之一。金字塔内有走廊、阶梯及各种贵重装饰品，墙壁上有很多神秘通道。

金字塔是一个充满神秘色彩的建筑，作为世界奇迹，它代表着埃及的历史文化，能让游客从中感受古人的智慧，是目前埃及最受欢迎的旅游景点。金字塔旅游是埃及重要的经济发展引擎，"在绿色增长战略的指引下，埃及全面推进旅游产业升级，提升旅游服务水平。尤其在最具代表性的金字塔景区，埃及优化景区内的交通运输环境，提升景区形象"。[1]

3. 法国埃菲尔铁塔：高耸伟岸，忠贞浪漫

埃菲尔铁塔是巴黎战神广场上一座宏伟的建筑，是当时世界最高建筑，是世界三大奇塔之一。铁塔由广场、一楼、二楼、顶层、花园五个区域构成。"埃菲尔铁塔的结构体系既直观又简洁：底部是4个角形倾斜柱墩，第一平台和第二平台之间由4个角立柱相连。埃菲尔铁塔整体结构上窄下宽，给人以平衡稳定的美感。"[2]

埃菲尔铁塔是法国浪漫的象征，每年平均吸引了600万来自世界各地的游客前来参观，为巴黎带来了不少旅游收益。埃菲尔铁塔以"浪漫""爱情"的标签享誉世界，在铁塔的形象塑造及内涵挖掘过程中创造了更多的欣赏价值。

4. 悉尼歌剧院：精致独特，艺术殿堂

悉尼歌剧院的外形由10块大"贝壳"组成，是现代主义风格建筑。悉尼歌剧院的建筑创意主要来源于剥去了一半皮的橙子。它的外形覆盖三个巨大的白帆，是一个集音乐厅、歌剧厅与餐厅等于一体的建筑。三个"贝壳"从前至后依次排列，最后一个贝壳则背向大海。这些贝壳的外表用白格子釉瓷铺盖，像即将出海的白色帆船，飘扬在蔚蓝色的海面上，是澳大利亚的典型地标建筑，也是世界九大著名歌剧院之一。

悉尼歌剧院依靠其科学的剧院管理与成功的商业运作，每年吸引了近千万来自世界各地的游客，通过延伸剧院的功能，更好地迎合了游客们的需求。悉尼歌剧院如今的成就离不开精准的市场定位、全面的市场调查与多元化营销渠道，而剧院也十分重视游客的反馈，将独具艺术特色的建筑与艺术事业联系在一起，很大程度上诠释了建筑的文化，展现了建筑的美感。

---

[1] "打卡"金字塔！中通新N系助力埃及再添绿色新动力［J］.城市公共交通，2022（06）：96-97.
[2] 盛勇，陈艾荣.从埃菲尔铁塔看结构艺术的表现［J］.结构工程师，2005（01）：1-5.

（二）国内典型案例及经验

1. 万里长城：规模宏伟，历史悠久

提到长城，无人不知，无人不晓。古时长城被用于军事防御，它主要由城墙组成，还包括敌楼、烽火台等诸多防御工事，是世界上修筑长度最长、工程量最大的完整防御工程体系。在古代交通还不便利时，长城的建筑材料多为就地取材，主体工程是绵延万里的城墙，沿山脊将蜿蜒曲折的山形勾勒成气势磅礴的巨龙。万里长城上的雄关与烽火台让长城高低起伏的建筑更具魅力。长城是中国首批入选世界文化遗产的建筑文化景观，是中国古代劳动人民用双手创造的，象征着不畏艰苦、砥砺奋斗的精神。"长城的修筑标志着一条特殊文化带的兴起，带状绵延的长城及其周边的附属建筑等属于线性文化遗产，用极强的串并能力将周边的资源组织起来，进行整体性保护与开发。"①

如今，政府注重以长城文化带为核心向外发散，将周边的文化带动起来，推广"文化+旅游"，深入挖掘周边丰富的历史文化遗存，以现代科技活化历史，打造一条别具特色的文化景观长廊。"在长城国家文化建设的背景之下，塑造更具独特的长城旅游形象，挖掘长城文化和当地独特的历史文化，开展各种节庆活动，开发特色文创商品，最终形成以长城文化为核心、历史文化为底蕴的长城景区品牌形象，并不断通过品牌的运作，延伸产业链。"②

2. 故宫：气魄雄伟，中和之美

故宫是明清时期的皇宫，宫殿面积非常大，这些宫殿由南北向中轴线排列。故宫是典型的对称性建筑，从外观上来看庄严肃穆，是古代建筑艺术的精华，也是世界上现存规模最大的木质结构古建筑之一。"故宫作为现存保留最完整的古代宫廷建筑群，其建筑本身就足以成为象征北京乃至中国的文化符号，在文化创意产品中也大量运用故宫建筑元素。"③

北京故宫联合多家企业以故宫馆藏藏品为载体，设计了多款富有创意的文创产品，并利用当下最为火爆、符合时代潮流的宣传平台进行宣传推广，也以大众喜闻乐见的形式将故宫的文物进行活化，让故宫的文物更加为人所知。正是借助智慧化手段发展文创旅游，故宫的知名度与影响力被不断扩大，这种以新颖的方式吸引客流，是故宫近年来迅速发展的原因之一。

---

① 程瑞芳，徐灿灿.长城文化旅游带空间结构布局及发展策略研究［J］.经济与管理，2022，36（01）：58-64.
② 杨立红.山海关长城旅游感知形象与投射形象比较研究［D］.河北地质大学，2021.
③ 李红超，王昕宇，李维钰.基于文化元素的故宫博物院文创产品设计研究［J］.包装工程，2022，43（02）：325-332.

3. 鸟巢：网格构架，奇特新颖

"鸟巢"是我国首都的地标式建筑，也是世界建筑奇迹。它是我国国家体育场，曾因举办2008年奥运会而闻名世界。由于它的外形和鸟的栖息地外形相似而得名。"鸟巢"的建设难度大，外壳坚固且有很多创新，使用了很多特殊建筑材料，但它也是绿色低碳的代表，传达了人与自然和谐统一的理念。

"目前，'鸟巢'成为吸引成千上万来自海内外的游客慕名前来'打卡'的国家5A级旅游景区。《鸟巢·京韵》小型演艺驻场演出，让中外游客近距离感受到了中国传统戏剧文化的魅力。"[①] "鸟巢"近年推出了"双奥"主题旅游精品体验线路，让游客近距离感受鸟巢的独特魅力。在这里，游客们既可以感受到我们浓厚的奥运文化，也能积极传播我国的优秀传统文化。

4. 东方明珠塔：巍然屹立，错落有致

东方明珠塔采用德式建筑风，是集观光旅游、历史陈列、广播电视发射等多功能于一体的建筑。东方明珠广播电视塔主体建筑以多筒结构为主，选择圆体作为基本建筑线条，是典型的海派建筑，是现代科技与东方文化的统一体。"旅游业的兴起为电视塔提供了发展空间，东方明珠作为全国旅游热门景点之一，已被评为首批国家5A级旅游景区。"[②]

"东方明珠不仅是传播交流文化的电视塔，也拥有很多观光游览项目；进入塔内的城市历史发展馆，可以感受这座城市与时俱进的变化。"[③] 如今，东方明珠塔突破了传统广播电视媒介的惯常思维，寻找发展的另一条新道路。创新打造"建筑可阅读"，采用"旅游+交通"的运营模式，游客可以通过微信小程序了解建筑背后的故事和历史文化，实现个性化线路定制，感受建筑的前世今生，这开创了全新的都市旅游方式。

总之，建筑是凝固的交响乐，是城市历史文化活的载体。建筑文化与旅游发展密不可分，建筑文化富有历史内涵，从外观来看富有美感，结构稳定，建筑风格多种多样，也能为游客带去美的享受和文化的熏陶。建筑与旅游相融合发展让建筑更具有生命力与影响力，也能拉动旅游经济的发展。

七、进一步推进建筑文化和旅游发展的对策建议

如前文所述，由于当前旅游业的不当开发和人们的旅游需求逐渐多元，建筑类景区

[①] 擦亮奥运场馆国家名片 彰显赛后利用中国经验[J]. 国家治理，2021（12）：3-5.
[②] 王倩倩. 景观电视塔旅游价值研究[D]. 广州大学，2013.
[③] 方无，ALVIN Pan, Adam. 上海·东方明珠广播电视塔 中国人的"上海情结"[J]. 城市地理，2020（10）：83-85.

目前还面临着古建周边环境遭受破坏、古城同化现象较严重、旅游路线缺乏特色、居民保护意识不强和监管不够完善等问题，为合理保护和开发利用建筑文化旅游资源，推动其可持续发展，遵循保护、开发、利用相结合的原则，提出以下六点建议。

（一）挖掘建筑文化内涵，推动建筑文化高效赋能旅游发展

《"十四五"文化发展规划》提出"坚持以文塑旅、以旅彰文，推动文化和旅游在更广范围、更深层次、更高水平上融合发展，打造独具魅力的中华文化旅游体验"。对于古建筑景区，应在维持原貌的基础上，利用其独特的资源开发特色旅游项目，规划精品旅游线路，深度挖掘文化价值，打造品牌特色，增强竞争优势。比如，依托当地建筑文化，开发具有当地鲜明文化元素的文创产品；通过规划展现当地风俗习惯的线路，让游客能够切实感受当地习俗与生活方式，增强游客体验感。对于现代建筑景区，应把准其现代特色，解读建筑艺术特色，或赋予地标式建筑地方文化内涵；也可创造性再利用现代建筑，恢复现代建筑的活力，挖掘其潜在价值。关键是要以文化特色吸引游客，推动建筑文化旅游与其他行业融合发展。例如，"桥旅融合"，湘西"以矮寨大桥为核心，打造奇路、奇桥、奇寨、奇谷、奇瀑和奇俗六大主题的矮寨奇观景区，将现代路桥科技、奇绝山水景观和民族特色文化融于一体"[1]，促进建筑文化与旅游融合发展。

（二）加强监管，加大支持力度

"现有保护古建筑的法律法规有《中国文物保护法》《中国文物古迹保护准则》和《世界文化自然遗产保护公约》等，用法律规范古建筑的保护和旅游开发工作，依法制定景区开发规划，能够切实保障古建筑以及周边旅游资源的合理开发利用与保护。"[2] 法律法规也是对旅游行业管理部门、旅游经营企业和游客进行监管的一个重要手段，通过制定法律法规，对破坏古建筑的行为进行惩处，能够使古建筑得到更长久、有效的保护和发展。

"从制度保护角度来说，我国的建筑保护是将近现代建筑与古建筑等同对待的。"[3] 但是实际上，现代建筑的保护制度相对没有古建筑那么齐全。对现代建筑来说，要采取相对灵活的保护政策。旅游景区应加强制度创新，规范景区制度，加强对游客行为的监管。

在政府资金有限的状况下，保护发展建筑类景区，还要借助外力筹集资金，如复制

---

[1] 中国新闻网.湘西矮寨大桥：天堑变通途 一桥"引燃"旅游产业.[EB/OL].（2021-03-26）[2022-12-18]. https://www.chinanews.com.cn/shipin/cns/2021/03-26/news884096.shtml.
[2] 安荔荔，薛秋.安徽宏村遗产地旅游建筑文化资源开发保护研究[J].高等建筑教育，2010，19(04)：34-37.
[3] 张松，周瑾.论近现代建筑遗产保护的制度建设[J].建筑学报，2005（07）：5-7.

文物的版权费用，出卖电视拍摄权等，埃及金字塔就以这种方式筹得资金开展建筑保护工作。还可吸引私人投资者参与古建筑、文化遗产等的修缮翻新，如俄罗斯的"1平米1卢布"计划。同时要因地制宜地结合不同建筑类别的特色将旅游线路进行合理化、科学地改造，建立核心保护区域，加强监控管理，在保护中进行开发，推动建筑与旅游发展可持续。

（三）保持建筑原真性促进其活态化发展

"原真性是国际公认的文化遗产评估、保护和监控的基本因素，原真性概念及原则对促进中国文化遗产保护的理论和实践的发展有重要的意义。"[①] 如果失去原真性这一基本要求，对于古建筑来说，保护就失去了意义。对古建筑原貌和其居民生活作息维持不变是对其物质空间及社会空间所承载的历史文化、科学、艺术等资源价值的保护，才不会使古建筑失去其原有色彩；对现代建筑而言，也要保留住其本身的特色与风格，而不是使其逐渐没落。习近平总书记在《〈福州古厝〉序》中指出："保护好古建筑有利于保存名城传统风貌和个性。现在许多城市在开发建设中，毁掉许多古建筑，搬来许多洋建筑，城市逐渐失去个性。在城市建设开发时，应注意吸收传统建筑的语言，这有利于保持城市的个性。"[②] 对于近现代建筑而言，亦是如此，要保存住其传统特点和风格，以个性吸引游客。

"'活态保护'是伴随着世界范围内的遗产保护运动而产生的一种保护理念，从物质文化遗产到非物质文化遗产的保护实践逐步确证了'活态传承'和'活态保护'的重要价值。"[③] 尤其是对于古建筑，更要留住周边的原住村民，使古建筑能够继续发展，而不是使其"空心化"，原住村民能够保留住当地原有的风俗、生活习惯与生活方式，这种极具当地特色的生活方式是促进其可持续发展的重要因素；对现代建筑而言，更要创造性再利用，活态传承，激发其内生动力。

所以，建筑类景区的旅游开发必须在合理的原真性与活态化原则的指导下进行，遵循保护优先的原则，对其自然景观及人文景观进行整体性保护，在开发过程中保留原始风貌、看重长远发展而不是短期利益。在开发过程中，要淡化商业气息，留存建筑原有特色，依据建筑本身的文化内涵进行高品质开发，使建筑的文化、艺术价值得到有效传播。

---

① 阮仪三，林林.文化遗产保护的原真性原则［J］.同济大学学报（社会科学版），2003（02）：1-5.
② 习近平.《福州古厝》序［N］.人民日报，2019-06-08（003）.
③ 孙发成.非遗"活态保护"理念的产生与发展［J］.文化遗产，2020（03）：35-41.

(四)协调旅游区利益主体,促进建筑保护与旅游可持续发展

建筑类景区的可持续发展离不开政府、景区、村民和游客等各利益相关主体的共同参与和积极配合。应以长远目光发展建筑文化旅游,要切实有效地针对建筑类景区现状形成保护开发方案。通过让建筑类景区周边居民参与旅游开发,使居民意识到其行为与自身利益挂钩,能够增强周边居民对建筑保护的认知。景区开发商在开发的过程中要避免过度商业化、产品与线路同质化现象,建筑类景区内新建建筑也要保持特色,而不是千篇一律。周边居民以文创商店、特色民宿和饭店、特色主题体验馆等形式参与到旅游开发,增强景区文化内涵,以文创与特色主题吸引游客。应协调好各利益主体,使其能够积极主动为建筑保护贡献力量,还可以投资入股等多种形式为建筑类景区筹得修缮资金,为建筑后续维护与开发提供资金保障。

(五)引进培养专业人才,加强旅游服务和保护修缮

建筑类景区的保护除了需要有意识地不去破坏,形成认识上的保护观念,更需要在保护修缮上拥有技术支撑。要注重培养、引进高校建筑专业毕业生,既解决目前建筑文化旅游缺少技术人才的现状,又解决当下高校毕业生就业困难问题。对于古建筑来说,更重要的是修缮,建筑专业技术人才自身也要掌握中国传统建筑工艺与扎实的科学技术知识,使古建筑恢复其原本面貌。在修缮中力求选择与旧材料相近的材料,保持其原真性。"充分利用现代科技成果和手段,增加古建筑保护的科技含量,提高古建筑的建档、保护、展览和科学研究的水平。"[①] 对于近代建筑来说,"与采用中国传统建筑技术的古建筑修缮相比,近现代建筑在结构加固、材料选取等方面都较为容易。"[②] 因此,近代建筑专业人才除了要了解修缮方法,还需要对近现代建筑进行创造性再利用,使其不因时代审美变迁而没落。

(六)加强建筑旅游文化宣传推广

建筑类景区是展现特色文明的一个重要载体,也是一个城市文明的象征,旅游从业人员和游客都有责任和义务为保护建筑类景区做出自己力所能及的贡献。首先,要进一步宣传普及建筑旅游文化,使大众对建筑文化资源的历史文化价值和社会价值有更深刻的认识,比如,借助图书资料、影视广告宣传等多形式的媒体,对古建筑和现代建筑的文化价值和艺术鉴赏进行传播推广。其次,可利用现代互联网科技,加强对建筑类景区保护的宣扬,让旅游参与者自发养成保护建筑景观的意识。在旅游开发过程中要考虑当地居民,通过让居民参与旅游规划,使其积极配合,为旅游规划出谋划策,同时使居

[①] 郑欢.古建筑保护与可持续旅游发展研究——以徽州古建筑为例[D].安徽大学,2013.
[②] 张松,周瑾.论近现代建筑遗产保护的制度建设[J].建筑学报,2005(07):5-7.

民能够自觉保护建筑及其周围的环境,推动建筑文化资源得到可持续发展利用。最后,"在中小学、各阶层开展建筑保护基础教育课程和遗产保护知识宣传教育,通过宣传教育,使得保护建筑成为全民的自觉行动"[①]。

建筑文化具有独特的文化底蕴,体现在历史、传统、艺术传承和自然地理等方面,未来可以从多层次、多角度、多方向进行审视和实践,将建筑文化与旅游融合发展。应遵循"在保护中开发、在开发中保护"的原则,在延续传统建筑文化精髓的基础上进行科学规划,同时注重新老建筑的和谐共处,在开发过程中也要推进传统建筑文化与现代科技创造性融合发展,实现古建筑保护与旅游开发利用的双赢局面,使建筑成为旅游目的地旅游形象的新名片。

☞ 拓展链接

---

① 安荔荔,薛秋.安徽宏村遗产地旅游建筑文化资源开发保护研究[J].高等建筑教育,2010,19(04):34-37.

第八章　文物古迹文化与旅游发展

考古与文物是遗产旅游的重要基础，推动文物古迹文化与旅游发展，既是文旅融合的重要途径，也是优秀传统文化保护传承的重要手段。

一、文物古迹与文物古迹文化

本章讨论的文物古迹，主要涵盖考古、文物和古迹，包括考古遗址、历史文物、文化遗产、博物馆藏、文献史料，等等。文物古迹既是重要的历史文化遗产，也是兼具历史文化意义及科研、教育、游憩等功能的旅游资源。加强文物古迹保护和旅游开发，是传承发展历史文化，提升国家文化软实力，彰显文化自信的应有之义，也是推动经济社会发展的重要举措。"历史文物在今天日趋发达的旅游业中占有极为重要的比重，这是因为文物具有再现历史、不可再生、弘扬民族文化和爱国主义教育的独特性所决定的。"[①]

历史上，人们为了摸清历史的脉络真相和探索神秘未知，开始不断地开发、挖掘古代的遗存。一些珍贵的古代宝物、碎片砖瓷甚至未被注意到的历史文献，曾流淌在历史的长河中，有的早已变成了残垣断壁，有的至今仍完好如初，但都成了重要的工具，科学地被用于复原人类的历史和文化。伴随近代科学革命和科学文化的兴起，这些古代的遗存也被赋予了全新内涵和意义，文物的概念就此产生。随着社会发展和人们认识的进步，对文物的考证、保护、宣传等一系列工作应运而生，形成了新的研究领域——考古学。夏鼐先生认为："考古学的定义，从前是有各种不同的说法，众说纷纭。现下虽然还不能完全一致，但是一般的理解还是相同的或近似的。我们可以说：考古学是根据古代人类活动遗留下来的实物来研究人类古代情况的一门科学。"[②]《中国大百科全书·文物博物馆卷》对文物的定义是："文物是人类在历史发展过程中遗留下来的遗物、遗迹。"[③] 杨群先生认为，文物是过去人类活动的物质遗存，从几百万年前直到当代，不同

[①] 徐日辉. 中国旅游文化 [M]. 北京：清华大学出版社，2014：142.
[②] 夏鼐. 什么是考古学 [J]. 考古，1984（10）：931-935，948.
[③] 转引自曹兵武. 古物·文物·文化遗产 [N]. 中国文物报，2009-06-12（009）.

时期、不同地区的人类，在不同的社会生产和社会生活的各个方面，都有可能将他们的物质文化遗留至今，从而构成了文物多样性、复杂性的特点。"就文物来源分类，既可分为以科学考古方法调查或发掘出来的古遗址、古墓葬、古城址、古窑址、古建筑、摩崖石刻以及数量惊人的出土文物，又有从各个方面征集来的流散文物，还有从民族地区或民俗地区征集来的民族文物和民俗文物等。"[①] 毋庸置疑，文物这一概念的诞生让人类在思想层面有了质的飞跃，现代人探寻历史痕迹、探清历史脉络、探明历史真相，文物是强有力的证明和依据。文物的价值核心是文化，人们在基于科学的基础上对其进行发掘、调查、研究，集结了一大批专业人士，他们形成了组织并发展成为如今庞大的文博考古行业。我们认为，文物古迹是在历史的变迁和社会的发展的进程中，人类在经历多种文明、经历多种社会形态所遗留下来的文化遗物，是历史的证明，同时也是历史留给人类的"宝贵财富"。文物古迹文化是与考古和文物有关的历史文化遗产所体现的文化的统称。

  对文物的研究以中国为最早，其年代最远可追溯到春秋时期。在战争频繁、时代突变的年代，历史文物不易保存，考古就变得非常重要。到了宋代，崇古运动的兴起，金石学研究之风风靡。金，即古代青铜礼器；石，即纪念碑、墓碑、刻石铭文，这是宋朝学者研究的两大门类。金石学家吕大临撰写的《考古图》言："凡收录者，每件都摹绘图形和款识，记录尺寸、重量和容量，且加以考证，凡出处和收藏处可考者，均予以证明。"意思是当时宫廷及私人收藏的古代铜器和玉器，每器皆摹绘图形、款识，记录尺寸、容量和重量，并作一定的考证，其收藏处和出土地可考的也加以说明。这就是现代文物考古的前身。吴诗池的《文物学概论》认为，文物考古的研究范围很广，研究内容也十分丰富。古物研究从字面意思看，可分为考古学和文物学。考古学让历史的每一步都踏出脚印，其研究范围在古代，年代下限在明王朝（1644），多发掘考察记录实物，以人类社会活动及其相关的遗存或者自然物为研究对象。而文物学的研究范围更加广泛，古代到近代再到现代都囊括其中，清代迄今是其中重要的组成成分。[②]"文物学的研究对象也是实物资料，其按存在形态可分为两大类：可移动文物和不可移动文物。"[③] 文物发掘目的在于通过田野考察发掘出第一手资料来作为起手依据，整理和分析考古文物的各项资料和各种价值，解读还原历史文明脉络，并加以传承和宣传，同时带动技术的发展。"中国考古文物文化展现了中华文明起源、发展脉络和灿烂成就，是中华文明和

---

① 杨群.试论考古文物与旅游文化［J］.东南文化，1991（06）：281-285.
② 吴诗池.文物学概论［M］.上海：上海文艺出版社，1996：3.
③ 李晓东.文物学［M］.北京：学苑出版社，2005：8.

世界文明的重要组成部分。"①考古文物的意义不仅仅是为了挖掘和保护古人留下来的宝贵文物，更在于通过文物去研究古人的生活状态，发现其价值，了解和活化历史，增强文化自信，传承文化基因。

二、文物古迹文化和旅游发展

文物古迹和旅游有着天然的联系，文物古迹是旅游的重要资源之一。文物古迹在促进旅游业发展中的作用是积极的、独特的，甚至是不可替代的，这不仅仅体现在它本身就是一种旅游资源，具有独特的吸引力，而且也体现在它所包含的经济价值以及未表现出来的潜在价值。在推动旅游发展中，文物古迹既有吸引游客的作用，又能通过自身的文化和经济价值为不同景区增色。"文物古迹旅游的发展对于培育国民经济新的增长点、带动现代服务业发展等方面发挥着不可替代的作用，对促进经济增长、加快经济发展方式转变的贡献越来越大。"②融合了文物古迹文化的旅游活动成为现代化经济发展中的重要组成部分，文物古迹文化和旅游活动两者能够相互促进，协同发展。

（一）文物古迹资源丰富，为古物文化旅游发展奠定坚实基础

在人类的历史长河中，祖先给我们留下了丰厚的文物古迹文化资源。世界有古中国、古埃及、古巴比伦、古印度四大文明古国，有奥林匹亚宙斯巨像、罗德岛太阳神巨像、巴比伦空中花园、秦始皇陵兵马俑、胡夫金字塔、摩索拉斯陵墓、万里长城、马丘比丘遗址、阿尔忒弥斯神庙、佩特拉古城等著名历史遗迹，有卢浮宫、中国国家博物馆、英国国家美术博物馆、大都会艺术博物馆、梵蒂冈博物馆、大英博物馆、泰特现代博物馆、美国自然历史博物馆、冬宫、英国自然历史博物馆等著名博物馆，有泰姬陵、孟菲斯及其他墓地金字塔、胡夫金字塔、秦始皇陵、图坦卡蒙陵墓、奈菲尔塔里王后陵、萨顿胡、西藩王墓室、马王堆汉墓、卡苏比王陵等著名陵墓。

我国疆域辽阔，古物种类繁多，星罗棋布。"我国已完成第一次全国可移动文物普查、石窟寺等专项调查，公布两批全国重点文物保护单位，总数达到5058处，国保、省保、市县级文物保护单位数量分别增加115%、58%、88%。截至2021年底，全国共有国有可移动文物1.08亿件（套），不可移动文物76.7万处，全国重点文物保护单位5058处，备案博物馆6183家。"③从可移动文物的类别来看，数量较多的几个种类为："钱币24 827 078件，数量占比38.75%；古籍图书11 912 756件，数量占比18.59%；

---

① 王善鹏，南京大学文化与自然遗产研究所，孝陵博物馆.世界遗产论坛2世界遗产与城市发展之互动[M].北京：科学出版社，2006.
② 张园园.文物旅游发展战略研究[D].河北师范大学，2013.
③ 张影.文物事业发展这十年：守护历史文脉 传承中华文明[N].中国文化报，2022-10-11（001）.

档案文书 4 073 555 件，数量占比 6.36%；陶器 2 287 469 件，数量占比 3.57%；瓷器 2 252 805 件，数量占比 3.52%。以上五个类别合计 45 353 663 件，数量占比 70.78%，而登录文物完整信息的总数已然达到 64 073 178 件。"① 截至 2021 年 8 月，《世界遗产名录》中已录入遗产 1154 处，缔约国有 167 个。中国于 1985 年 12 月 12 日加入《保护世界文化和自然遗产公约》，1999 年 10 月 29 日当选为世界遗产委员会成员。截至 2023 年 9 月，中国世界遗产总数增至 57 处，而文化遗产占了 39 处。丰富的古物资源为古物文化旅游发展提供了坚实的基础与保障。

（二）政府高度重视，为文物古迹文化旅游发展保驾护航

联合国教科文组织一直致力于文化遗产保护，先后颁布了《关于武装冲突情况下保护文化遗产的海牙公约》《关于禁止和防止文化遗产非法进出口和转让所有权公约》《保护世界文化和自然遗产公约》《保护水下文化遗产公约》《保护非物质文化遗产公约》《保护和促进文化表达多样性公约》。

我国对文物古迹文化和旅游发展非常重视，出台了一系列政策为其保驾护航。我国早在 1982 年就出台了《中华人民共和国文物保护法》，最近一次修订是在 2017 年。相关部门还发布了《关于推进博物馆改革发展的指导意见》《长城保护总体规划》《"十四五"文物保护和科技创新规划》等。国务院《关于进一步做好旅游等开发建设活动中文物保护工作的意见》提出："严格执行文物保护法律法规，严格履行涉及文物的旅游等开发建设活动审批，合理确定文物景区游客承载标准，加大对文物保护的投入，加强文物旅游的指导和监管，切实落实文物保护责任，认真履行文物保护职责，依法纠正违法违规行为。"② 中国共产党二十大报告明确提出："加大文物和文化遗产保护力度，加强城乡建设中历史文化保护传承，建好用好国家文化公园。""坚持以文塑旅、以旅彰文，推进文化和旅游深度融合发展。"③

（三）科技和数字化发展，让文物古迹文化旅游获得新的腾飞

随着现代科技和数字化技术的不断进步并广泛应用于文物古迹领域，文物古迹文化旅游获得新的腾飞。例如，法国凡尔赛宫虚拟现实（Virtual Reality）项目"凡尔赛虚拟现实体验"和"王后小庄园虚拟现实体验"，"走"在凡尔赛宫中，不仅能细致地参观宫殿内外场所，甚至能"重回"国王统治时代，成为宫廷舞会上的一员。我国广东海上

---

① 国务院第一次全国可移动文物普查领导小组办公室.第一次全国可移动文物普查数据公报［EB/OL］.(2017-04-07)［2023-08-20］.http://www.ncha.gov.cn/art/2017/4/7/art_722_139374.html，2017-04-07.
② 国务院关于进一步做好旅游等开发建设活动中文物保护工作的意见［N］.中国文物报，2012-12-28（003）.
③ 习近平.高举中国特色社会主义伟大旗帜 为全面建设社会主义现代化国家而团结奋斗［N］.人民日报，2022-10-26（001）.

丝绸之路博物馆利用VR/AR等技术实现VR展览体验和互动。敦煌研究院与华为合作的华为AR地图，实现敦煌实景引导，洞窟模拟穿越。敦煌博物馆近年来还结合现代科学技术，将文物古迹数字化，打造了敦煌数字化文物古迹平台，线上游玩敦煌、观赏文物古迹得以实现，让文物古迹文化在现代文明中得到了更好的绽放，打开了文物古迹文化和旅游发展的新大门。我国古文物资源数据库建设也初见成效，实景三维数字技术建模、虚拟现实、全景展示等技术被广泛运用于文物古迹文化与旅游发展。2016年国家文物局等5部委联合实施了"互联网＋中华文明"三年行动计划，有121个示范项目启动实施，近千家单位参与。国家文物局还和众多互联网企业进行深度合作，一系列数字化博物馆试点工作逐渐推进，全息影像、云上展览、虚拟触摸、沉浸式体验等新数字化技术不断推出，吸引了全国众多博物馆参与。如今，数字化博物馆成为文物古迹文化数字化展示和文物旅游发展的主阵地。

三、文物古迹文化和旅游发展典型案例及经验

（一）国外典型案例及经验

1. 埃及金字塔系列文物旅游

作为四大文明古国之一的埃及，其悠久的历史创造了各种各样的文化遗址和文物。埃及的文物遗址大概占世界文物遗址总量的30%。正是依托丰富优质的古文物资源，埃及旅游年产值超40亿元。埃及作为世界文物大国，在文物与旅游的发展过程中，积累了独特的经验。因接待的游客数量实在太多，金字塔建筑群容易受到破坏，埃及政府不得不实施金字塔轮流开放和限制游客数量，以最大限度降低对金字塔的破坏。为进一步加强文物保护性开发，埃及文物部门特别成立了用于培养保护与开发埃及金字塔的专门机构，建立专业队伍，增强人员素质。在2002年，埃及教育部与埃及国家博物馆就联合创建了儿童文物知识培训班，到现在为止已有大约千名儿童从此毕业，让文物开发与保护观念从小就树立在孩子心中。

2. 希腊德尔斐考古遗址旅游

希腊作为世界四大文明古国之一，同样拥有丰富的文物古迹资源。作为古希腊文明的发源地，其文物古迹数不胜数，文物古迹旅游也有独到的经验。如德尔斐遗址，作为古希腊的象征之一，其历史悠久漫长。该遗址位于雅典帕尔纳索斯山麓地带，经过千年的沧海桑田，其原本的模样已经破坏严重。希腊政府为了对其进行精心修复、精确管理，采用了分区管理等先进的管理制度，分化了部门的职能，分担了工作人员的工作量，使其可以进行更高效的管理与修复。为了进行更好的保护与开发，雅典地方政府对

德尔斐考古遗址进行了单独的地方律法保护，以求达到更加科学、更符合法律的保护与开发。

3. 俄罗斯古建筑旅游

俄罗斯的历史虽然不如埃及和希腊悠长，但其文物资源也很丰富，古物旅游也有独特的经验。俄罗斯在经历过 20 世纪的巨变之后，在经济稍稍恢复后立即着手对古迹的修缮与保护，如普希金故居、屠格涅夫故居等，通过展示历史原物和举办讲座、音乐会等活动，吸引游客。俄国彼得大帝的康斯坦丁宫，在原址的基础上进行修复，现在已经成为国际会议、大型活动和文化旅游的标志地。俄罗斯旅游部门还将部分废弃的东正教修道院进行修复，将其改造成具有特色的酒店或民宿，既保护了文物又进行了开发利用，为游客提供了独具特色的东正教文化体验。

（二）国内典型案例及经验

1. 敦煌莫高窟系列文物旅游

坐落于河西走廊的敦煌莫高窟，是世界闻名的文化遗产，是我国第一批全国重点文物保护单位。敦煌莫高窟的考古工作可以追溯到 20 世纪 40 年代，随着科技的发展，敦煌莫高窟在文物古迹保护与旅游开发等方面不断借助新的科学技术手段。在文物保护方面，由于敦煌莫高窟的特殊环境，现在多采用数字技术进行保护，将文物录入数据库中，在保护文物的同时，也能运用 VR 等数字技术将不能经常展览的藏品进行虚拟展览。在旅游开发方面，敦煌莫高窟与华为合作，采用数字卫星技术，将敦煌各个地区的藏品和参数收集，运用 VR 交互在华为开发的 App 中显示出来，通过手机屏幕，将敦煌古时的市井环境还原出来，并将敦煌的代表文物如九色鹿等，通过数字技术还原出来。对于旅游产品的开发，敦煌开发了丝路盲盒等文创产品，带动了敦煌莫高窟的旅游消费。

2. 三星堆博物馆旅游

位于四川省广汉市西北的三星堆遗址，是我国西南地区发现的范围最大、延续时间最长、文化内涵最丰富的古蜀文化遗址，被誉为 20 世纪最伟大的考古发现之一，也被称为"长江文明之源"。三星堆博物馆与新兴媒体 bilibili 等视频平台合作，制作纪录片《我与三星堆》，通过介绍三星堆的发掘与考古人员的工作来介绍三星堆博物馆，带动三星堆博物馆旅游。三星堆博物馆的展览方式也极具特色，通过光影的运用打造独特的参观观感，还打造了独特的考古过程展览区，考古人员在里面进行现场工作，游客可以通过观看考古人员的工作，来领略考古与古物的魅力。

3. 殷墟国家考古遗址公园旅游

位于河南省的殷墟，是我国商朝的后期都城遗址。它既是我国第一批全国重点文物保护单位，也是被列入《世界遗产名录》的世界性文化遗产。殷墟文物保护进行科学、系统、精细的规划，既涵盖了保护范围，也控制遗产地周边的区域，形成了"一馆""一宫""一村""一厂"的全面规划。殷墟在自身文物古迹旅游发展的同时又兼顾了区域发展，带动了当地经济社会的全面发展。

四、进一步推进文物古迹文化和旅游发展的对策建议

（一）文物古迹文化旅游开发要点

1. 在保护的基础上合理开发

"文物资源的不可再生性，决定其开发利用，必须坚持'保护为主，抢救第一''有效保护、合理利用、加强管理'的原则。"① 各类文物古迹旅游资源，基本都属于不同等级的文物保护单位，因此，对于文物古迹文化，保护是第一位的，其次才是开发。在开发的过程中应注意开发的程度、范围、时间、游客容量等，切实减少开发对文物古迹的破坏。

2. 充分规划设计，合理开发

文物古迹文化旅游开发需要创新设计体验模式，运用多元的文化演绎手法，通过文物古迹文化的故事主线和情景体验设计为文物古迹赋予新的生命力，使文物古迹成为鲜活的生命体。遵循文物古迹文化的故事主线和游客的体验节奏，形成游玩高潮点，游憩结合，从而实现文物古迹文化和旅游要素的有机结合，塑造文物古迹旅游的核心吸引力。在进行文物古迹文化开发时"既要最大限度地保持古文物的真实性和完整性，又要实现各种旅游开发元素的有效融入，确保古文物保护区域旅游开发工作的效果和质量，实现古文物的有效保护、开发和利用"②。

3. 注意文物古迹价值不等于旅游价值

文物古迹的价值在于其历史性、稀有性、艺术性、学术性等，而旅游价值的关注点在于文物古迹带给旅游者的文化体验、情景沉浸、历史感悟等。因此具有文物保护价值的区域不一定具有较高的旅游开发价值。

---

① 杨洪，李蔚. 湖南文物旅游资源与文物旅游开发研究［J］. 湘潭师范学院学报（自然科学版），2003，（03）：89-92.
② 孙丽娟. 新形势下对古文物保护与旅游开发的协调措施探究［J］. 参花（上），2021，（04）：67-68.

4. 挖掘文物古迹文化内涵

由于文物保护的需要，对于文物古迹的开发有诸多限制，因而文物遗迹本身可利用的价值是有限的，所以需要进一步挖掘文物古迹背后的文化内涵，挖掘隐藏在文物背后与文物密切相关的隐性文化。

5. 延伸产业链

随着经济社会的发展，人们的旅游需求日益多元化，文物古迹文化资源需要不断挖潜，融入旅游产业要素中，进而结合观光、休闲、餐饮、娱乐等文化旅游产业以及城镇化、乡村振兴等，形成以文物古迹文化为核心的综合旅游产业链。

（二）文物古迹文化开发的主要模式

1. 文物古迹展示型

这种开发模式主要适用于可移动的文物古迹。在人类的历史长河中，陆地、海域都保存着大量的历史文物、遗址。"对于这类资源，最优保护与开发模式就是采取博物馆式，变分散为集中，变零碎为系统，将可移动文化遗产在博物馆内集中保护、集中展示"[①]，宣传其文化内涵。通过建立博物馆、文物展厅的方式整合区域内的历史实物、工艺品、图书资料、人类活动痕迹等，尽可能地展示、重现当时的社会生产力水平、政治经济制度、宗教信仰和社会生活等。

2. 遗址公园型

这种开发模式主要适用于已受到自然和人为破坏的文物古迹。遗址公园是"指基于考古遗址本体及其环境的保护与展示，融合了教育、科研、游览、休闲等多项功能的城市公共文化空间和遗址类的文化景观，是对考古类文化遗产资源的一种保护、展示与利用方式"[②]。遗址公园的开发既要集中精力做好公园建筑和景观的设计建造，还需要重视公园内参与性活动的设计和文化氛围的挖掘塑造，重视旅游活动内容的设计，使古物背后所蕴含的文化活化。

3. 文创 IP 型

这种开发模式在当下最为盛行。随着文化与旅游的深度融合，景区文创迅速发展，渗透到了吃喝玩乐、衣食住行等各行各业中。从故宫博物院的互动解谜游戏书《谜宫》，到河南博物院的"流量密码"考古盲盒，再到三星堆博物馆推出的"青铜面具"冰淇淋……这些颇具市场热度的文创产品既助力了旅游经济又传播了传统文化，也让展柜里文物、典籍中的内容"活起来"。

---

① 黄安民，程华宁. 文物古迹类旅游资源开发的空间模式探析［J］. 襄樊学院学报，2007，（12）：45-49.
② 单霁翔. 大型考古遗址公园的探索与实践［J］. 中国文物科学研究，2010，（01）：2-12.

(三)文物古迹文化旅游开发具体措施

1. 开发文物古迹观光体验产品

围绕文物遗迹文化开展以文物古迹博物馆、考古研究中心、遗址遗迹科普体验馆等带有研学教育、互动体验功能的项目为主的教育类文化旅游项目。以湖南永州为例,可打造玉蟾岩遗址科普体验馆等,以穿越史前为主题,通过原始采摘、狩猎、耕种等互动展示体验,带领旅游者穿越时空回到远古时代,观看世界上发现的最早的人工栽培稻标本及最早人类栽培水稻的历史记录,在游览体验中学习农耕知识,启迪智慧,感受人类远古文明。

2. 打造文物古迹文化演艺

围绕文物古迹遗址的文化内涵,利用VR、全息投影等多媒体手段,打造强体验性、多元互动的实景演艺。以湖南永州为例,可打造舜帝陵祭祀礼仪演出等。将公祭大典简化,以情造景,以景托情,通过九嶷山的秀美风光细腻描绘祭祀盛况。舜帝陵公祭是中华文化的集中体现,祭祀礼制的沿袭、演变,祭祀活动所涉及的场地、器物、乐舞等特色鲜明的事物,都是中华文化发展传承的重要见证。发掘、保护、展示这些文化表现形式,对于传承发展中华优秀传统文化、建设中华民族现代文明,具有非常重要的意义。

3. 举办文物古迹旅游节庆活动

以文物古迹中蕴含的某一具体文化为主题,结合所在区域的地方特色打造综合性的旅游节庆活动,科普国家文物遗迹知识的同时,融入多元的旅游元素形成特色鲜明的主题旅游节庆活动。以湖南永州为例,可以在画眉山等地以红色文化为主线,开展建党、建军等主题日活动。

4. 开发文物古迹文创产品

赋予文物古迹以新的时代内涵,开发系列文创产品。以湖南永州为例,可以将东安县座果山遗址所发掘的石斧、石锛、石凿等石器,釜、罐、鼎、鬹、纺轮等陶器,以及青铜矛、镞和玉玦、玉环等开发为考古盲盒。利用盲盒的形式对文物进行开发利用,让文物更贴近年轻人的需求。

5. 开发文物古迹体验游戏

考古过程本身,像极了一次次任务艰巨的推理解谜,只不过或许过程很漫长,甚至没有答案。这样,我们可以围绕真实的考古报告,依托大量的史料,将考古过程加以剧情创作,通过考古游戏解密历史真相。以湖南永州为例,舜帝陵考古遗址就可开发一款融合考古、历史、解谜于一体的桌面考古游戏。将舜帝陵考古探索进行微缩,让大家能在桌面上进行考古,并在这个过程中进行解谜推理。为提升考古发掘的沉浸感,需要反复试验制作考古探索的材料,并优化手铲、刷子等考古工具的材质,同时配备记录考古发掘记录卡。将一些专业的考古、文物、历史等知识,以及发掘过程中遇到的难题等融入解密体验中。以真实发掘的文物以及考古报告为原型开发道具,解谜之外,还可作收藏、学习之用。

6. 加强考古研学旅游专业人才储备

近年来考古与教育相结合的研学旅游迅猛发展,各考古遗址地陆续推出模拟考古体验活动,文物修复、文物模拟制作等相关体验课程,大大加深了公众对于考古的深入了解和认知。让收藏在博物馆里的文物、陈列在广阔大地上的遗产活起来,还需要培养一批专门的考古研学导师,这些研学导师要有一定的考古知识,以及相应的文化知识和教育知识储备。可加大考古专业学生、考古在职和退休从业人员的培训力度,让他们利用闲暇时间开展讲解、演示等工作。以湖南永州为例,发现舜帝庙——湖南考古研学游文旅融合示范项目就可加强与永州本地高校的合作,开发配套的考古研学课程、科普读物、文创产品等,并引进人力资源协助相关活动。

7. 融入本地生活

文物古迹是文物古迹所在地的文化根基,它和本地居民的生活息息相关。在进行文物古迹文化旅游开发时要密切结合当地实际,突出当地特色,让文物古迹旅游回归本地生活。具体有以下三点:第一,可在专业人士的指导下,将本地人根据兴趣分成不同的小组,进行售票、讲解、展示、角色扮演等管理和运营工作,一定程度上可以解决本地就业,节约景区的开支。第二,在对文物古迹进行开发特别是遗址公园开发时,可预留一部分空间作为本地人日常休闲空间。第三,结合本地特色加强与本地学校的交流合作,建立文物古迹文化研学场所,设立丰富的研学活动与课程,不仅为本地居民提供了历史文化传承教育的场所,还能让游客通过参与研学活动了解当地文化,与当地居民进一步融合,并带动当地的经济社会发展。

☞ 拓展链接

第九章　饮食文化与旅游发展

饮食在旅游六要素中排在第一位。现代美食旅游方兴未艾，应进一步采取措施，推动饮食文化与旅游融合发展。

一、何谓饮食文化
（一）饮食文化定义

"饮食"一词最开始是在春秋时期被人们使用，《礼记·礼运》谓"饮食男女，人之大欲焉"[1]，这里的"饮食"是指吃喝的意思。《中华膳海》将饮食文化表述为："饮食、烹饪及食品加工技艺、饮食营养保健以及以饮食为基础的文化艺术，思想观念与哲学体系之总和。"[2] 赵荣光认为："饮食文化是指食物原料的开发利用、食品制作和饮食消费过程中的技术、科学、艺术，以及以饮食为基础的习俗、传统、思想和哲学，即由人们食生产和食生活方式、过程、功能等结构组合而成的全部食事的总和。"[3] 吴先辉提出："我国饮食文化作为一种综合性的文化现象，是社会物质文明和精神文明互相融合和共同发展的结晶。"[4] 梁培林则认为："饮食文化是指食物生产、交换和消费过程中所体现出来的文化，反映着人类最基本的生活方式。"[5]

我们认为，狭义的饮食文化指民众在长久的饮食生活中创造的非物质文化财富，它体现在人们参与的各种饮食生活文化之中；而广义的饮食文化，不仅包含人类在饮食生活中创造的非物质文化，还包含了物质文化成果。

（二）世界三大饮食文化体系

一个国家或者一个地区的饮食文化往往是一个国家或者一个地区文化的浓缩。"在

---

[1] （元）陈澔.礼记集说[M].南京：凤凰出版社，2010.
[2] 华英杰，吴英敏，余和祥.中华膳海[M].哈尔滨：哈尔滨出版社，1998.
[3] 赵荣光.中国饮食文化概论[M].北京：高等教育出版社，2003.
[4] 吴先辉，钟灼仔，庞杰，等.闽东畲族饮食文化资源调查与开发研究[C]//福建省畲族文化学术研讨会论文集，2016：99-113.
[5] 梁培林，蒋玉莲.中国——东盟多元文化的博弈与共生[J].广西社会科学，2017（07）：38-42.

饮食文化中,最具影响力的有三大主要流派:以法国、意大利为主的西方饮食文化;以中国为主的东方饮食文化;以阿拉伯国家为主的清真饮食文化。"①菜系是在不同的地方,因人们的不同的风俗习惯而形成的,经过漫长的历史沉淀而被大众广为传颂的食菜体系。世界上公认的三大菜系分别为中国菜系、土耳其菜系和法国菜系。

一是中国菜系,包括中国、日本、韩国、东南亚等地区。历经千年文化传承发展的中国菜形成了独特的饮食习惯和烹饪技巧,如今,中国美食文化已踏上世界之旅。现在,全球每天有三分之一的人学会享受中国菜的美味。

二是土耳其菜系。在欧亚大陆之间,水土丰饶,富裕的自然条件使得土耳其形成了极为丰富的食材及多元化的烹饪方法。传统的土耳其美食较少依赖调味料,而更多地依赖美味的新鲜食材,经过精心、专注和热情地卷制、揉捏、成型和烹制至完美。土耳其五花八门的烤肉和各式各样的甜点十分吸引人。

三是法国菜系。法国人觉得食物是一种艺术,所以法餐通常以保留食物的纯真味道为主,在保留原汁原味的同时也讲究其营养成分的最大化。法国菜的酱汁更是具有层次感,也非常重视火候的掌握,最后以小巧的食物配上高奢精致的餐具,让菜式看起来别具一格。

(三)中国饮食文化主要内容

孙中山先生说:"中国近代文明进化事事皆落人之后,惟饮食一道之进步至今尚为文明各国所不及。"②中国优秀的传统文化和民间习俗造就了传统饮食文化。

一是奇正互变的烹调技艺。中国烹饪,在于"随心所欲不逾矩",在于"奇正互变"的烹调法。中国烹饪素称"变化之学""创新之学"。奇正互变的烹调法,决定了中国烹饪工艺的"模糊性"。"千个师傅千个法"既创造出数以万计的中菜中餐,丰富了中国手工食品的花色品种,又孕育出了五彩纷呈的风味流派。

二是食品饮料制造及酿造技艺。4000多年前,我们的祖先已酿造出酒;3000年前已掌握了对大豆加工的技艺,制成各种各样的豆制品;2000多年前,中国人民又制造出茶叶,饮茶之风随之兴起,由此孕育出茶文化这一清新高雅的文化来。经过漫长的历史发展,中华食品生产及酿造技艺已经形成了一套严密的生产工艺和特殊风味。

三是养助益充的食疗结合。食疗既是中医学的一个分支,也是中国饮食学的一个重要组成部分。在我国,烹饪方法与养生助益密不可分,"医食同源""药膳同功"是其表现之一,通过营养卫生途径,加强自身的抗体和调节内分泌的功能,以补脏腑虚损和血

---

① 庞瑛. 中西方饮食文化比较研究 [D]. 西北农林科技大学,2011.
② 孙中山. 孙中山选集 [M]. 北京:人民出版社,1981:119.

气不足，促进人体的自然调节，加强抵抗力。如在《随园食单》所记述的 300 多道南北菜点的烹调过程中，多次出现各种药材。《随园食单》之《羽族单》中有道菜肴"黄芪蒸鸡治瘵"，而这道菜名中所说的"瘵"，又叫"痨瘵"，即现代医学上所说的肺结核，是由结核杆菌侵犯进入人体导致的一种慢性传染病。通过食补进益的方式来治疗肺结核，这是中医学"医食同源"思想的充分体现。在这方面，中医学的各种学说，都被厨师所化用、人们所接受，应用到了烹调工艺中。

四是不断开发的饮食资源。从华夏文明的曙光时期开始，随着生产技术水平的不断进步，内外文化交流的不断扩大，我国饮食资源得到不断地开发。时至今日，现代科学技术的运用为我国利用天然食库提供了新的动力，如过去不堪入口的沙棘、猕猴桃、刺梨等，经过科学的培植与改良，已成为营养丰富、口感甚佳的第三代水果；又如利用基因技术，我国已培育出优质高产的杂交动植物品种；花粉食品、菌菇制品、奶类制品、膨化制品层出不穷。可以说，人类对自然界的认识是无限的，我们对饮食资源的开发与利用也是无穷尽的。

五是怡情悦性的美食观。中华饮食文化具有很强的审美功能。中式菜点里，自然美、社会美、生活美、艺术美等美的形态有机地融合在一起。有人的体力、智能在菜品中的凝聚；有厨师创造的色美、香美、味美、形美，有食客鉴赏饮食美的审美活动，即烹饪艺术所带来的生理上、心理上的快感被美食家们赋予了感情上的赞美和理性的总结。更重要的是，中国历来重视"寓教于食"，强调以食开启心智，陶冶灵性，这便是属于更高层次的饮食审美了。

六是异彩纷繁的饮食民俗。由于各个地区的地理环境因素，人们逐渐形成了不同的风俗习惯。我国一直存在着"南甜北咸、东辣西酸"的习惯，而且这只是就总体的味道而言的，即便是同处一个地区，民族不同，饮食的口味、习俗也有很大区别。

从以上六个方面不难看出，中国饮食历来注重烹饪与保健、美味与品位、技法与创新、行为与教化诸方面的融合。这是几千年来华夏农业劳作方式、生产生活方式、社会文化结构、民族精神生活、审美礼仪方式等的潜在影响。凝结着中华优秀历史传统的饮食文化，在时间的积淀下，将会越发醇厚悠远。

一方水土不仅养育一方人，还滋养一方风味，缔造一方美食。世界各国的不同文化，形成了各自成熟而又独立的饮食体系。在全球化趋势下，跨文化交流使东西方的多种文化不断地相互补充和融合。随着时代的发展，中国饮食文化也出现新的特征，且随着中西文化交流日益深入，不断与世界其他国家的饮食文化碰撞而产生新的变化。

二、饮食文化和旅游的关系

人类的劳动生产水平逐步提高，人们的基本生活所需已不成问题，因此主动追求更高质量的旅游活动的想法日益迫切。"从本质上说，旅游就是一种文化活动。旅游业就是以本国、本地区、本民族独特的文化招徕游客，以各地不同的民俗、地域文化吸引外地慕名探奇者。世界旅游业发展的历史与现实表明，一个国家或地区文化资源的独特和富有在很大程度上决定着旅游经济发展的潜力。世界旅游业的发展走过了经济型旅游业向文化型旅游业的转变过程，文化已成为旅游业发展的制高点和新的经济增长点。"[①] "饮食文化旅游可看作狭义的美食旅游。饮食文化旅游重在'文化'，指饮食文化和品尝美食为主要内容，这是一种比较高层次的旅游活动。由于人们对'美'的理解和认识千差万别，则'食'在内容和形式上都呈现出缤纷的色彩。丰富而浓厚的饮食文化内容是开展美食旅游的必备条件，美食旅游则是饮食文化旅游发展的必然趋势和结果。"[②]

饮食文化具有地方风味各异、民族特色浓郁、色香味俱全、医食相结合等多个特点，这些特点不断吸引着人们想要尝试不同于本地风味的美食，这有时是旅游的内在驱动力之一。有些饮食文化根据传统节日或传统习俗衍生出来，如过年鸡鸭鱼、端午吃粽子、中秋食月饼，等等。从大的方面来看，南米北面，沿海多食海鲜；从细的方面来看，广东有粤菜、湖南有湘菜、四川有川菜。正是因为地理环境因素影响各地的饮食文化，形成了饮食文化的多样性。"大菜系的分化形成了一些地方菜系，因而中国菜还有八大菜系、九大菜系、十大菜系、十二菜系之说。"[③]

在文明的进化过程中，不同地区的文化差异，反映到饮食上就形成了不同的饮食风格。英国人口味比较清淡，喜欢吃鲜嫩、焦香一点的食物，故吃的东西少而精；印度人的口味淡而清滑，代表主食是印度烙饼和咖喱饭等。"西餐"一般是指法国菜，法国是著名的白酒白兰地、香槟的故乡，有着"饮酒冠军"的美称；美国人讲究时间和效率，要求饮食要有营养、美味和快速方便，比较受欢迎的饮食是"热狗"汉堡包和炸面包圈等。"文化区的交流与整合推动着各区饮食文化不断发展，在趋同的过程中保持各区饮食文化的异质性。"[④] 这些饮食文化也是非常重要的旅游资源，现实中，很多游客就是因

---

① 乔淑英.中国饮食文化概论[M].北京：北京理工大学出版社，2011：229.
② 左逸帆，章牧.文化旅游研究的述评与展望——基于《旅游与文化协同作用》学术效应的视角[J].旅游研究，2021，13（04）：70-83.
③ 陈传康.中国饮食文化的区域分化和发展趋势[J].地理学报，1994（03）：226-235.
④ 蔡晓梅，朱竑，司徒尚纪.广东饮食文化景观及其区域分异研究[J].热带地理，2011，31（03）：321-327.

为慕某种饮食之名而去目的地旅游，因此，丰富的饮食文化资源能够为旅游发展提供动力。如果美食对游客具有特殊的吸引力，游客会更加愿意选择相关的旅游目的地，并增加在饮食上的消费。因此，旅游产业发展需要抓住游客的饮食需求和偏好，开发利用更多的饮食旅游资源。

三、国内外饮食文化旅游发展现状

（一）国外饮食文化旅游发展现状

20世纪50年代，美食旅游在法国葡萄酒旅游、农庄旅游、乡村旅游基础上发展而来。

1. 饮食旅游类型、特色多样化

国外主要有三种美食旅游类型：烹饪教育旅游、食品市场旅游、观美食工厂旅游。国外十分重视烹饪教育，并把它作为一门学科，开设短期培训课程，同时特别注重与旅游的结合。例如，法国蓝带厨艺学院开设的烹饪教育课程，和旅游结合后，不仅让游客学习体验了烹饪，还增加了当地的旅游经济收入。

2. 饮食旅游产品地方特色化

世界各国地理位置、环境、风土人情各不相同，是美食旅游发展地方特色化的坚实基础。很多美食原产地成为旅游目的地，吸引游客体验当地最原始、最传统的美食产品。粮食原材料产地众多，不少地方尝试建立粮食原材料产业园旅游区，开展水果蔬菜等农作物采摘等活动，游客既可游览观光，又能够体验亲手采摘的乐趣，还可带动粮食原材料的宣传、销售。世界知名的特色美食原产地很多，较为典型的热门地区有斯洛文尼亚伊德里亚、西班牙瓦伦西亚、意大利米兰等。

3. 饮食旅游与乡村旅游相结合

20世纪70年代，"受工业化和经济全球化的影响，欧洲乡村经济发展滞后，各国开始探索一条依托乡村特有的地貌和物产发展乡村特色美食旅游的乡村经济振兴之路"[①]。旅游者可在乡村品尝当地美食及在附近逗留、学习、体验乡村生活。

4. 饮食旅游营销品牌价值化

现代经济社会发展，品牌价值越来越重要，饮食旅游一样如此。智利打造"美食＋考古＋文化"的巴塔哥尼亚沿岸旅游品牌；意大利打造集美食文化和休闲农业于一体的"慢热＋自然"美食主题公园Fico Eataly World，其美食旅游品牌成功吸引了全球各地游客，被誉为"农业界的迪士尼"。

---

① 李想，何小东，刘诗永. 国内外美食旅游发展趋势［J］. 旅游研究，2019，11（04）：5-9.

5. 美食节成为重要的促销手段

美食节是宣传美食、做强饮食旅游非常好的载体，能够成为饮食旅游的引爆点，也是所在地居民难得的盛大节日。美食节对于提升美食品牌度、扩大美食影响力、吸引目的地客流、增强目的地旅游竞争力都有重要作用。世界知名的美食节有慕尼黑啤酒节、法国芒顿柠檬节、美国缅因州龙虾节、俄罗斯马斯连尼察薄饼节等。

6. 互联网的普及为饮食文化旅游发展创造机会

成熟的网络技术给人类带来了更加方便的生活。人们在旅游过程中的饮食信息可以更快捷地通过互联网获取，此外，还可以从各类饮食广告宣传和旅游软件推送的饮食介绍中了解所需要的饮食信息。如日本鱼子酱、韩国石锅拌饭和炸鸡、墨西哥卷饼等都是通过互联网媒体而走向世界。"由于社交媒体对现实的反映，还影响着人们的消费行为和消费动机，进一步将饮食文化空间打造为一个商品文化空间。"[①] 信息的多元化和快速传递为游客提供了更多的饮食上的选择性，旅游餐饮企业也可以精准定位目标用户需求、习惯与偏好来提供适合客源市场需求的产品与服务。

（二）国内饮食文化旅游发展现状

"国内饮食文化源远流长、博大精深，为开辟国内饮食文化旅游提供了宝贵的物质基础和文化基础。所谓饮食文化旅游就是指将饮食文化与旅游活动相结合，以品尝美食、了解国内饮食文化为主要内容，以游览所在地的自然景观与人文景观为辅助内容的特色旅游。它不仅仅是简单的饮食特色旅游，更是一种高层次的饮食文化旅游。"[②]

1. 美食节成为美食旅游主要形式

和国外一样，我国也经常利用举办美食文化节的方式，塑造目的地旅游形象，提升目的地知名度，从而带动旅游发展；美食文化节还可以作为商贸活动的平台，进行招商引资活动，促进举办地经贸发展，从而增加旅游收入，创造旅游就业，拓展旅游市场；举办美食旅游节需要良好的环境，对举办地的旅游服务基础设施以及城市环境有较高的要求，从而促使举办地提升旅游公共服务体系，进而营造良好的旅游环境。例如广州国际美食旅游节就是一个具有鲜明地域特色、国际化、多元化、民众和企业共同参与的盛大民俗节日，近三年的旅游人次与消费总额逐年均呈上升趋势，可见能有效地带动旅游业发展，增加旅游收入，擦亮广州城市"食在广州，味在番禺"的亮丽名片。

2. 饮食文化旅游产品逐渐多元化

"国内目前饮食文化旅游尚处于起步阶段，发展并不十分理想，这是由于饮食文化

---

① 蔡晓梅，刘晨，曾国军.社交媒体对广州饮食文化空间的建构与重塑[J].人文地理，2013，28(06)：1-8.
② 何宏.饮食文化对旅游发展的影响[J].社会科学战线，2007(02)：311-313.

对于一般的大众旅游来说显得过于单薄,很少有人专门为某一种饮食而不远千里地花上大把的钞票和精力。另外,人们普遍认为饮食的功能是饱肚之用,要把它作为一种文化来开发,只能是对一些专门的人开放。并且,我们也不能不认识到旅游本身便带有一定的贵族性质,是人的高层次需求,所以说其中还是有许多值得挖掘的地方。"[1] 目前,国内的饮食文化旅游产品主要有以下几种。

一是以各地风味美食为吸引物的佳肴品尝游。随着人们可支配收入增加、生活水平提高,以及餐饮业的大力发展,人们对饮食的需求已不仅仅是饱腹之欲,而是更希望在品尝美味佳肴的同时获得心理及审美等方面的满足。因此,为适应旅游者新的消费需求,各地纷纷结合旅游项目推出特色传统风味菜肴,如吉林的传统名宴三套碗、四川成都的风雅宋宴等。二是以养生、医疗、保健为吸引物的药膳保健游。"饮食文化和医疗保健有密切的联系,国内人们向来就很重视'医食同源''药膳合一'利用食物原料的药用价值烹成各种美味的佳肴达到对某些疾病防治的目的。如今的食客注重的是'三养哲学'——营养、保养、修养。他们希望通过旅游达到强身健体的目的,同时希望品尝具有医疗保健功效的药膳食品。"[2] 安徽亳州自古受华佗的影响,素有"中华药都"之称。亳州充分利用当地成熟的传统中医药文化,打造相关的药膳保健旅游产品,并针对不同的市场需求,推出10条经典中医药健康旅游线路,同时传承和弘扬传统药膳佳肴,吸引中外游客前往旅游,取得了很大的成功。三是以感受历史文化积淀、弘扬饮食文化为吸引物的饮食文化游。现在人们对精神文化生活的需求逐步提高,在饮食文化旅游上,游客已不满足单一地品尝美食的体验,而希望从中得到更多的精神以及心灵上的文化满足。"中国地方名菜小吃往往伴有传奇的故事传说,旅游部门如能将这些加以开发利用让游客边听(听故事)、边看(看原料、工序)、边尝(尝味道)、边思(思意蕴),使游客乐在其中,这样既弘扬了民族饮食文化,又丰富了旅游活动的内容,提高了旅游地区的综合吸引力。"[3] 值得注意的是,饮食文化游的关键在于"文化",目的是让游客在进行"饮食"这一动作的同时,享受中华饮食文化带来的精神上的愉悦与放松。

3. "美食+文创"以品牌打造旅游吸引力

"在立足传统的同时,旅游餐饮要博采众长、广纳四方,一方面丰富经营花色,八大菜系兼收、中外菜式结合;另一方面树立品牌意识,不断推陈出新,创特色美食、特

---

[1] 冯玉珠. 饮食文化旅游开发与设计 [M]. 杭州:浙江工商大学出版社,2017:339.
[2] 杨丽. 试析饮食文化特色旅游 [J]. 云南地理环境研究,2001(02):41-46.
[3] 何宏. 饮食文化对旅游发展的影响 [J]. 社会科学战线,2007(02):311-313.

色餐馆。"① 饮食的品牌化不仅是提升美食知名度、美誉度的重要方式之一,也是提升其服务质量和产品标准化程度的重要途径,有助于最大化增强美食的吸引力。以饮食商品为载体的文创产品设计,赋予饮食作品以独特的文化创意理念或创意设计,可以给游客带去新的观感或体验。如湖南的"茶颜悦色"和"文和友"就是这方面的典型,为"网红长沙"的旅游发展贡献了独特力量。

四、国内外饮食文化和旅游发展典型案例及经验

(一)国内典型案例及经验

1. "风味"成都

自古以来,巴蜀地区的美食可谓数不胜数。巴蜀地区历来物产丰饶,经济较为发达,美食种类繁多,饮食文化兴盛。俗话说"食在广州,吃在成都",成都的美食产业已经成为成都产业链的重要组成部分,联合国教科文组织授予成都"世界美食之都"的称号,可谓"风味"成都。

发展经验:

(1)平民化意识

成都饮食具有平民化意识,人人都喜欢吃,都离不开吃。成都大多真正的美食散布在街头巷尾,不仅种类亲民而且价格亲民,这也反映了成都人民悠闲、安逸的生活状态。正是这种平民化的饮食文化,让游客觉得非常接地气。

(2)明显的品牌意识

成都的饮食文化特别注重品牌建设。成都饮食品牌建设,不同于其他产业的品牌建设,主要打造具有当地特色的品牌。通俗来说,就是让游客一想到某一种食物就会联想到对应的当地代表餐馆。

(3)清晰的战略定位

成都一直坚持打造美食之都的形象,在国内外均颇具人气。成都每年都会举办美食节,打造特色美食盛宴。在政府和行业的共同努力下,国内外游客都被成都"美食之都"的旅游形象所吸引。成都饮食文化旅游还非常重视国际交流合作,吸取先进经验,创新业态产品,为饮食文化旅游发展注入新的活力。

2. "兼容"顺德

顺德是广府粤菜的重要起源地,亦被评为"世界美食之都",民间流传着"食在广

---

① 王晓文. 试论饮食文化资源的旅游开发——以福州为例[J]. 福建师范大学学报(哲学社会科学版),2001(03):112-116.

州，厨出凤城"的俗语，顺德美食之风已有千百年的历史。如今，顺德建立了属于自己的美食博物馆，同时注重利用网络进行大范围的宣传和推广。顺德本身饮食文化深厚，还非常善于交流学习，因而形成了"兼容"顺德。

发展经验：

（1）重视标志性资源

饮食的发展本身需要文化的助力，文化资源发展又离不开经济发展。顺德在进行饮食文化推广时十分重视标志性资源，例如：春节食俗、龙舟宴、粤剧菜等，而这些资源也不仅局限于简单的美食品尝，每一个资源背后都是文化的烙印。旅游者在参与每一次活动和节日时会被背后的文化所吸引，浓郁的地方特色和朴实的风情，有利于饮食文化的宣传。当然作用是相互的，人们对旅游的体验感越丰富，越能产生更多不一样的旅游记忆点。

（2）创新宣传方式

顺德拥有自己的美食博物馆，这无疑是对顺德"世界美食之都"的最大认可和支持。顺德美食博物馆经常设置不一样的主题活动，以饮食、音乐、风物、建筑等为载体，连接历史、现在和未来，通过艺术家、研究者的艺术创作和转化，基于地方想象，又超越地方，形成了美食领域更广阔的联系。顺德美食博物馆的主题活动体现出一种很强的"存在感"，更容易调动起游客的参与欲望。美食博物馆作为载体，将饮食文化"润物细无声"地展现给游客。

3."老味"天津

上到大雅之堂的天津菜，下到街头小巷的津门特色小吃，天津饮食文化驰名中外，位于五河汇流之处的天津水产丰富，因历史原因，天津地区既有正宗天津名菜和风味小吃，又有荟萃全国各大菜系的特色菜品；既有久负盛名的宫廷御膳，又有乡土风味的农家便饭；既有清真大菜和素餐，又有各式西餐西点。"一方水土造就一方饮食文化"，多姿多彩的天津，饮食民俗也十分丰富。

发展经验：

（1）重视开发美食旅游线路

天津非常重视开发美食旅游线，如精心打磨《早餐天津旅游地图》，为游客、群众提供精准的"美食导航"，助力"吃货"朋友们快速锁定地道美味，畅游津城。

（2）加强饮食文化与旅游的互动

饮食本身是旅游重要的一环。饮食文化还包括食源的开发与利用、食具的运用与创新、食品的生产与消费、餐饮的服务与接待、餐饮业与食品业的经营与管理，以及饮食与国泰民安、饮食与文学艺术、饮食与人生境界的关系等。天津发展饮食文化旅游注重在多个方面加强饮食文化与旅游的互动。

（3）注意饮食文化正面宣传

在大多数人的印象中，天津口味偏咸偏重，地方小吃多为油炸，这可能与其他地区游客的饮食习惯和理念不一致。所以在进行饮食文化宣传时要注意宣传方式，结合游客的消费兴趣点进行宣传。

4."网红"长沙

"楚汉名城"长沙，从古至今菜肴丰富，主要以湘菜为主。战国时期，爱国诗人屈原在其著名诗篇《招魂》中，就记载了湖南的许多菜肴。现如今，长沙的饮食文化和地方小吃名噪全国，形成了"火宫殿""文和友""茶颜悦色"等网红品牌，迅速成为"网红城市"。

发展经验：

（1）创意美食产品

长沙发展饮食文化旅游，注重创意美食产品，形成多样化的饮食旅游产品和特色地方美食品牌。例如，现在很多人一听到长沙就想到"茶颜悦色""文和友""长沙臭豆腐""长沙夜宵小吃"等。在进行产品设计时，长沙注重将本地文化和饮食文化相结合，彰显地方文化底蕴和时代特色。

（2）开发饮食衍生品

饮食和旅游的结合不仅体现在美食旅游，还有康养旅游等业态。结合现代人对养生和健康的追求，长沙发展饮食文化旅游更加注重健康生活的理念，尤其是饮食方面还结合了中医养生理念，让游客在饮食旅游中更加体会到饮食文化的魅力。

5."四季"海南

地处低纬度的海南，是一个天然的大温室。因为得天独厚的地理和气候条件，海南物产丰富，尤其是瓜果和蔬菜种类繁多。海南省虽然面积并不大，但饮食文化也是多姿多彩的。海南的黎族是当地的少数民族，"祥"是黎族的风味佳肴，尤其在节庆和贵客登门时，必定要用来招待。"祥"有"鱼茶"和"肉茶"两种。黎族还有美酒和槟榔。

发展经验：

（1）开展特色活动

海南经常开展国际食材博览会与商品巡回展销会等特色展销活动，尤其利用"美食+旅游"的形式，推广诸多老字号美食。不仅如此，专业的食材展览会将琼菜更为生动立体地展示在大众视野中。

（2）协调多方力量

海南在发展饮食文化旅游的过程中，注重协调多方力量，无论是旅行社、景区，还是政府、社会力量。旅行社结合当地特色和旅游者的需求开发了多条旅游线路，政府支持各类相关活动的开展，社会各类资本力量则形成对海南"旅游+美食"的助推作用。

（二）国外典型案例及经验

1. "多彩"印尼

印度尼西亚作为世界上最大的群岛国家，被称为"千岛之国"，印尼特殊的地形和气候让其拥有独特的自然资源。同时，境内有300多个族裔，有着悠久的饮食文化历史。因此，印尼饮食文化非常丰富。据官方统计，印尼有5000多种菜肴，还有独特的香料，蔬菜和海产也十分丰富。

发展经验：

（1）开发饮食旅游专线

印度尼西亚作为群岛国家，旅游景点数量繁多，美食资源也很丰富，因此印尼注重在旅游发展中开发美食旅游线路。多种气候交汇、众多岛屿组成的印度尼西亚，每个岛屿都有属于自己的风味，美食旅游线路的开发，既能促进游客对旅游景点的认识，也有利于旅游目的地饮食文化的发展。

（2）注重国际交流合作

印度尼西亚发展饮食旅游注重国际交流合作。例如，印度尼西亚和杭州JW万豪酒店亚洲风尚餐厅创意推出"寻味印尼·印度尼西亚风情美食节"，呈现地道丰富的印尼美食盛宴。还聘请印尼著名厨师，将地道传统、原汁原味的印尼美食带到中国。这样的饮食文化交流促进了国际合作，增进了民间友谊。

2. "烹饪之都"波帕扬

位于哥伦比亚西南部的波帕扬，是世界著名"美食之都"之一。波帕扬传统饮食丰富多样，主要有三大来源：前哥伦比亚文化、非洲文化和西班牙饮食文化。波帕扬美食不仅拥有传统烹饪技巧所赋予的风味与口感，更蕴含了饮食文化遗产的各种象征意义、礼仪、传说和传统。当地著名的国际美食节是全球最大的美食节之一。

发展经验：

（1）开展代表性活动

波帕扬当地人口稀少，但因哥伦比亚美食传统与全城投入的国际美食节吸引了全世界的目光。国际美食节每年都会吸引哥伦比亚和世界各地的美食代表团参加，目前已经成为全世界最具影响力的美食节之一。这样一座"白色城市"因为美食受到广泛的关注，在影响力如此大的活动推动下，饮食文化和旅游发展平稳有序。

（2）政府政策扶持

波帕扬通过了"保护烹饪知识和传统饮食"的政策，在这样的政策扶持下，波帕扬饮食文化得到较好地保护，饮食文化旅游发展也有了强大的助推力。

3."原生"厄德特松德

厄德特松德是瑞典一个以美食为龙头的城市。仅5.9万人口的厄德特松德有着源远流长的烹饪传统，加上雪域土地孕育出的原生态绿色食品，形成了当地独特的美食文化。当地始终坚持"手工制作"，保持原始的农业传统，土地肥沃，物产丰富。

发展经验：积极依托社交网络推广城市品牌。在厄德特松德，从官方到民间都积极利用 Facebook 等社交网络平台，推广当地的美食文化，无形中推动了当地饮食文化旅游的发展。当地人对本地饮食文化的认可和自信，是饮食文化助力旅游发展的潜在动力。当地政府通过方向引导、培训支持和产品开发等手段，对当地美食企业家和农业生产者提供了大力支持，为"美食+旅游"注入了坚强动力。

五、进一步推进饮食文化和旅游发展的对策建议

（一）突出地方特色，挖掘饮食文化内涵

"文化"是饮食文化旅游的灵魂，西方传统饮食文化大国十分推崇这一点。法国、意大利、西班牙等欧洲国家既是美食旅游非常发达的国家，也是十分重视本国传统历史文化保护的国家。这些国家的美食主题旅游景区的体验式旅游产品的成功开发在于他们创新性地将旅游休闲概念和各地方本土文化资源特色相结合，实现了让游客同时获得"美食吸引感官，文化震撼心灵"的深度美食消费体验。随着社会经济的发展，人们日常物质消费及支出总水平都逐渐提高，对当地特色休闲旅游商品、休闲餐饮市场以及服务产品的服务质量要求自然就变得越来越高。为了迎合游客复杂多变的口味需求，各地菜馆纷纷引进外地风味名菜，仿制其他少数民族地区菜肴特有的口味，以吸引更多的外地游客。然而在发展饮食文化旅游的过程中，有些地方却逐渐失去了自身的风味特色。在一些地方，餐饮市场上出现的美食旅游产品基本上是以美食旅游品尝活动为主，在一定程度上忽视了对传统经典饮食文化的保护发扬，传统特色饮食文化的魅力没有充分体现。"中国美食特色旅游，不仅仅是一种美食物质特色旅游，而且是一种高层次的美食文化特色旅游。"[1] 因此，饮食文化旅游的开发，必须立足于保持本土化，深挖食物本身所具有的文化价值，形成文化符号，突出地方特色。同时也要关注了解现代消费者的审

---

[1] 章采烈.中国美食特色旅游[M].北京：对外经济贸易大学出版社，1997.

美和消费需求,从食物的口味、造型、用料等方面做到推陈出新,创新食物的品种,适应时代发展需求。"'以味为本,至味为上',即把保持烹饪原料的自然风味或经过烹饪使食物达到尽善尽美的境地作为烹饪的根本目的和最高要求。"[1]以湖南永州为例,永州特色美食与名小吃很多,如"东安鸡""永州血鸭""下灌状元水丸子""血灌肠"等,这些特色美食与名小吃背后往往有许多传奇的故事,应该尽可能将其背后的生产方式、制作过程、文化内涵等要素加以总结提炼,整理后形成旅游发展的文化内涵,这样既能丰富旅游活动本身的内容,也能提高旅游综合吸引力。

(二)发展美食旅游,开发特色旅游项目

美食,是连接旅游者和旅游目的地的纽带,是旅游中必不可缺的一环。美食旅游,既不单纯是为"游"而"食",亦不单纯是为"食"而"游"。美食旅游不仅仅局限于吃,也可以组织一系列美食活动,例如美食节。美食节具有集中展示本地产品、聚集人气和促进销售的功能,成为各国各地推广地方特色美食产品的重要手段。法国的葡萄酒节和香槟与法式美食节,德国的慕尼黑啤酒节,中国的国际美食节,中国香港美食节等,都是人们耳熟能详的大型美食节活动。国际知名度高、旅游经济贡献大的德国慕尼黑啤酒节,游客参与规模达600万~700万人次。可以组织开展特色美食节活动,让旅游者亲身参与食物的制作、参加"厨王争霸赛"和"美食品鉴师"等特色旅游活动等,增强旅游者在旅行中的体验感和参与感,增强旅游目的地的吸引力。美食旅游产品的开发还可与旅游商品开发相结合,打造反映地方饮食文化特色的旅游文创产品。例如永州可开发"东安鸡·东安吉"文创食盒、钥匙扣、书签、纪念邮票等,既增加消费,又扩大美食旅游知名度,还通过旅游商品的产业化流通,促进美食旅游市场进一步拓宽延伸和不断深化。在目的地旅游线路和项目的整体设计方案中,可以专门设计开发特色饮食文化旅游线路,以"食"兴"游",助推目的地旅游经济发展。

(三)加大宣传力度,构建旅游目的地形象

在美食旅游规划和旅游目的地形象设计方面应该注重美食、文化和旅游三者之间的有机融合,注入地方特色文化,兼顾旅游的"外在"与"内在"的有机融合。要树立品牌意识,以地域文化为依托,在保持原有特色的基础上,不断推陈出新,积极培育和打造本土特色品牌。如在旅游目的地和人流量较大的汽车站、火车站设置标志物打卡点,增强重复率和可触达性。同时,可借助网络直播、短视频等方式,吸引社会成员参加,发挥群聚效应,借助地方文化品牌,形成地方饮食文化标志,突出核心饮食文化,从而

---

[1] 余世谦.中国饮食文化的民族传统[J].复旦学报(社会科学版),2002(05):118-123,131.

带动地方美食旅游发展。同时,要进一步发挥政府以及社会力量的引领带动作用,加大宣传力度,策划组织各种相关节庆活动,制作地方美食宣传片和纪录片等,增加品牌曝光度,扩大地方美食知名度。

(四)重视文化传承和队伍建设,丰富饮食旅游内容

应发挥政府和社会力量的引领指导和促进作用,加大对地方文化的挖掘,健全地方饮食文化的传承和保护机制,吸引高校及科研院所加入对地方饮食文化的保护开发工作。培养优秀饮食文化人才,建立完善专门技术人员培养使用机制,培养一批有良好社会服务意识和专业技能素质的饮食文化人才队伍,共同创新发展特色饮食文化旅游。要吸引地方本土特色餐饮企业参与项目合作,开发本地区的特色宴席活动,打造美味菜肴品牌并加强宣传推广。还应注重民族饮食文化与旅游线路相结合,把握饮食文化的民族差异性和地域多样性,将各种不同特色的饮食旅游景点有机串联起来,让游客不仅可以感受饮食文化旅游产品的丰富多样,还能体验到不同的民族风情,加强对民族文化的认同感与体验感。

(五)加强市场监管,注重食品安全问题

旅游食品安全关系到人们的健康,保证食品安全是发展饮食文化旅游的基础。相关监管部门要综合协调旅游部门,加大对餐饮业的管理和监督,强化对饮食安全的监管工作,加大监管力度。广大商户是饮食文化健康传播的"门面担当",只有有效提升商户的文明素养,才能建设好饮食文化。应加大对饮食工作人员的文明宣传和培训教育力度,使他们深刻认识到饮食健康和饮食文化的重要性。可设立顾客满意度在线评分制度,游客可随时随地对各商户门店的旅游文明、诚信经营、食品健康情况进行线上实时监督打分,旅游景区相关行业监管服务部门根据反馈进行奖惩。如此赋予商户饮食文化践行者的身份,激发其对饮食健康守护和饮食文化传播的积极性。还应建立旅游食品安全质量可追溯体系,切实保障旅游者的健康安全与消费权益。

☞ 拓展链接

第十章　茶酒文化与旅游发展

中国茶酒文化历史悠久，在这个地大物博、民族众多的土地上形成的茶酒文化具有很强的地域性和民族性，凭借这样的独特优势，构建了具有中国特色的茶酒文化体系。茶酒文化具有成礼、传情、达欢之功，应借助其特有的基础与优势和旅游发展相结合，实现茶酒文化和旅游融合发展。

一、何谓茶酒文化

中国茶文化、酒文化源远流长，享誉海内外。茶文化与酒文化均属于休闲文化，也是一种社交文化。茶酒之别是酒醉而茶蕴，酒令人血活性起，茶使人心平气和。茶和酒适用于很多接待、商务、休闲场合。

（一）茶文化

1. 茶文化的定义

刘勤晋认为："围绕茶及利用它的人所产生的一系列物质的、精神的、习俗的、心理的、行为的表现，均应属于中国茶文化的发展和传播化的范畴。"[①] 王玲提出："茶文化的研究不应该放在茶的生长、培植、制作、化学成分、药学原理、卫生保健作用等自然现象上，也不能简单把茶叶学、茶叶考古学和茶的发展史之和等同于茶文化。"[②]

2. 茶的分类

中国茶之多，分类标准各异。按照原料区分，可以分成生茶和熟茶；按照成茶的形状来分，有片茶、珠茶、针茶、末茶等。中国有七大茶：绿茶、红茶、黄茶、白茶、乌龙茶、花茶、黑茶，这是按照冲泡茶汤的颜色和制作方法对茶叶进行分类的。

就产量来说，在中国，绿茶产量居首位。绿茶是没有经过发酵的茶叶，具有芬芳清高和干茶绿、茶汤绿、叶底绿"三绿"特点。代表性名茶有太平猴魁、龙井茶、碧螺春等。红茶属于全发酵茶，小种红茶是世界上红茶的鼻祖。茶汤和叶底都是红色，性质温

---

① 刘勤晋.茶文化学［M］.北京：中国农业出版社，2007：4.
② 王玲.中国茶文化［M］.北京：九州出版社，2009：9.

和。红茶分为功夫红茶、小种红茶、红碎茶,其中代表性名茶有祁门红茶。黄茶是我国独有的茶,有"黄叶、黄汤、黄底"的特点。代表性名茶有君山银针等。白茶也是中国特有的茶,茶汤清淡,味清爽口。代表性名茶有白毫银针。乌龙茶属于半发酵茶,既有绿茶之香又有红茶之醇。代表性名茶有安溪铁观音、武夷岩茶。花茶属于再加工茶,因花香保留得持久而知名,结合了茶叶和鲜花的功效,代表性名茶有茉莉花茶。黑茶属于后发酵茶,黑茶干茶色泽乌润偏黑,茶汤红浓明亮。代表性名茶有湖南安化黑茶、普洱茶。

茶,中国之韵。中国是茶的原产地、茶文化的发源地,是世界上最早发现茶树并种植茶树的国家。在古代,茶已经和人民群众的生活紧密联系在一起,唐代陆羽的《茶经》问世以后,更促进了茶文化的发展。茶深入到中国的诗词、绘画、书法、宗教、医学等各个领域,成为中华民族生活中不可分割的一部分。茶文化体现了一种生活态度和生活方式,更体现了民族的审美追求和价值取向。

(二)酒文化

1. 酒文化的定义

酒,在中国上下五千年的历史长河中,不只是一种物质形象存在,还是一种文化象征——酒神的精神象征。酒作为一种独特的文化,在人类交往中起着特殊的作用,许多文人志士撰写过鉴赏美酒佳酿的著作,留下了许多斗酒、写诗、绘画、饮宴、饯别等关于酒的故事和美谈。

酒与人休戚相关,它不仅能助兴、解愁解闷、调节心情,而且是一种艺术形式。中国是美酒之乡。"'酒文化'一词,是我国著名经济学家于光远先生于1985年提出来的。"[①] 酒文化属于中华民族饮食文化。酒作为人类最古老的谷物之一,自诞生以来,一直伴随人类生存发展。酒的形态五花八门,酒体的发展过程与经济发展的历史是同步进行的。酒不仅仅是一种食品,还具有精神文化价值,体现在人们的人生态度、审美情趣、政治生活等方方面面。从这个意义上讲,饮酒是在饮文化。酒,也需要品味,品酒之人同样是爱酒的人,开怀畅饮,用酒品鉴人生,喝的是一种文化。对品酒人来说,酒不只是作为喝的东西,更是面对纷纭复杂人生的一种生活态度。笔者认为,酒文化是指酒在生产、销售、消费过程中所形成的精神文化和物质文化的总和。它具有品酒的物质特征和品酒的精神特征,以及品酒过程中发展起来的文化形式。

---

① 高枫.中国酒文化的精神内涵[J].山西师大学报(社会科学版),2011,38(S3):120-122.

2. 酒的分类

经过长期发展，中国最后形成了具有民族特色的酿酒技艺。中国酒品种庞杂，分类标准和方法不尽相同。"按照酒的特性分为白酒、黄酒、果酒、药酒、啤酒；按照酒的制造方法分为酿造酒、蒸馏酒、配制酒；按照酒精含量高低分为高度酒、中度酒、低度酒；按照酒的含糖量分为甜型酒、半甜型酒、半甘型酒、甘型酒等。"[①]

从茶和酒的定义来看，二者是紧密联系的。俗话说酒不醉人人自醉，茶不清心心自清。酒文化被称为入世就俗文化，茶文化被称为出世脱俗文化。这两种文化不仅不相互排斥，反而相互吸引、相互支撑，而且在这种相互支撑中蓬勃发展。喝酒爱热闹，饮茶好清静，喝酒使人个性张扬、壮胆助勇，饮茶清爽、清心寡欲，使心灵平静如水，清淡如露。茶和酒都不是日常必需品，但它们与我们的生活联系在一起，是我们生活的调味品，有了茶和酒的加持，生活就会有另一种特殊的味道。

（三）中西方茶酒文化的差异

1. 饮用器具的不同

中国的茶具酒具多为紫砂、陶瓷制品，因为冲泡茶水的水温要求很高，茶具必须有一定的透气性，所以紫砂、陶瓷制品是很好的选择；西方人对银器情有独钟，所以西方的茶具多为银制品。而西方酒具多为玻璃制品，因为西方人喝的多是葡萄酒、白兰地、朗姆酒等一些有颜色的酒，透明的酒杯才能更好地观察酒的品质。此外，西方人还很注重不同类型的酒使用不同的酒具。

2. 饮用方式的不同

中国茶大部分都是清饮，只用开水冲泡，只有在一些少数民族地区才会加入牛奶。西方人不喜欢茶里的苦涩味，会在茶里加入牛奶和糖或者柠檬片来中和涩味。在饮酒方式上，中国人习惯每次只饮用一种酒；西方人则是每道菜配一种酒，例如餐前要喝开胃酒、吃甜品要配甜酒。

3. 饮用礼仪的不同

在中国人眼里饮茶随时都可以，但在西方人家庭中每天要喝五次茶：早上醒来喝的是早茶，上午 11 点钟是红茶配茶点，午餐时喝奶茶，下午 5 点喝下午茶，睡觉前还有告别茶等。在喝酒礼仪方面，中国人因好客的习惯所以喜欢"敬酒"和"劝酒"，表示对客人的尊重。而西方人很少劝酒，在饮酒礼仪上时刻显示着对个人意愿的尊重。

---

① 李书林. 中国酒的分类 [J]. 商业科技，1985（04）：22-24.

综上所述，在中国几千年的历史长河中，茶酒不仅是人们不可或缺的特殊饮品，更是一种必不可缺的精神寄托和文明标志。茶酒文化是中华民族特色的文化，是中华文化不可缺少的一部分，在政治、文化、经济、民生等各个方面都发挥着极其重要的作用，并深刻影响着社会生活。中国传统茶酒文化有着悠久的历史和深厚的文化底蕴，在今天仍有重要价值。从古代到近代再到现代，无论是品茶还是饮酒，茶酒之间始终存在着密不可分的关系。

二、中国茶酒文化发展历史

中国茶酒文化起源早。中国是世界上最早发现茶树并利用和栽培的国家，为了满足饮茶需求，甚至形成了茶马古道。中国很早就开始制酒，且品种繁多，最早的酒是三千多年前的黄酒。经过长期的发展，中国形成了丰富多彩的茶酒文化，有的茶酒文化还入选了非遗，例如，武夷岩茶（大红袍）制作技艺、花茶制作技艺、绿茶制作技艺、普洱茶制作技艺、茅台酒酿制技艺、泸州老窖酒酿制技艺、杏花村汾酒酿制技艺、绍兴黄酒酿制技艺，等等。茶酒文化发展至现代，具有礼仪、表达情感、庆祝的功能，如以茶会友、以茶示礼，以酒成礼，等等。酒文化甚至衍生出酒桌文化，其主要体现了对饮酒人的尊重，主次分明、落座有序。

茶叶作为中国的传统饮品，受到上至皇室贵族下到普罗大众的喜爱。陆羽的《茶经》作为隋、唐茶文化形成的标志，得益于唐朝开放、包容的文化氛围。茶文化在唐以后的历史长河中逐渐发展到顶峰，拥有了广泛的群众基础。酒文化自夏朝起就开始盛行，经过商周发展，到三国时期饮酒文化达到了极盛，魏晋时期开放民间酿酒，多数人家开始自己酿酒，直至今日饮酒成为一种社会文化。酒广泛地融入了人们的生活，成了一项重要的生活内容。

1. 茶文化发展史

茶最早出现于炎帝神农氏著《神农本草》，不过那时茶被称作"选"或"荈"，记载具有解毒的作用。

茶被当作饮品还是从西汉开始的，在这之前茶叶被用来当作祭祀用品或者菜和中药材。三国时期，茶文化开始逐渐发展，不过那时煮茶设备还比较简单，用锅和陶器烹煮，大碗饮之，开始出现"以茶代酒"礼仪。

饮茶正式流行起来是在两晋南北朝时期，那时王公文人聚会，害怕喝酒容易失态，所以以茶代酒，既不失礼也不失风雅，茶文化开始在上层阶级之间风行，并且影响到下层阶级的人。

到了隋朝，茶开始成为普通老百姓的日常饮品，尤其在边疆地区，茶成为人们生活的必需品，到现在也同样如此。唐朝时《茶经》的出现让茶文化走向全国，迎来了一次高速发展。此时茶道开始出现，成为上层社会饮茶必备的礼仪，以示尊重。以《茶经》中规定的茶道为模板，对茶的采摘、制作、饮用进行了细化，其煎茶方法为：炙茶、贮茶、碾茶、罗茶、择水、烹水煎茶（一沸调盐叶，二沸时出一瓢水、环激汤心、量茶末投于汤心，待汤沸如奔涛，育华）、分茶至各茶碗，使沫饽均分。

到了宋朝，唯一的变化是改煎茶为点茶，不再像唐代煎茶时放入胡椒、盐，而是直接品尝茶原有的清香淡雅。宋朝历代君主都十分喜欢饮茶，这将茶文化的发展推向了新的高潮。宋朝开始出现大量精美瓷器茶具，这也带动了宋朝瓷器的繁荣发展。

元朝将少数民族和汉族的饮茶方式相结合形成了独特的"药茶文化"。药茶有止咳祛痰、通便、消食解气、提拔精神的功效。区别于唐朝的煎茶和宋朝的点茶，元朝开始泡茶，用的是整片的茶叶，不再是唐宋时用的茶叶细末。

明清时期茶文化开始突飞猛进，出现了很多新的茶叶种类和生产加工技术，如《物理小识》和《连阳八排风土记》记载了许多有关茶叶种植的新技术，明朝黄一正的《事物绀珠》一书记载了多达 97 种茶名。青茶和红茶诞生于明清时期，茶馆的出现也是茶文化发展的重要标志之一。

如今，茶文化已经完全融入人们的日常生活，成为人们享受健康生活的方式之一，同时喝茶也成为亲朋好友之间传递情感的媒介。中国作为茶的发源地，茶文化历史悠久，人们通过不断地创新，使得茶的内涵更加丰富，更加适合现代人的需求。

2. 酒文化发展史

说起中国酒文化的发展历史，最早可以从史前时期开始，那时的人类生存还主要依靠采集野果和打猎，由于那时没有冷藏工具，所以采摘的野果存放久了就开始发酵，发出了酒的味道，在品尝之后，他们发现野果流出的汁液味道很好，于是出现了最早的"酿酒文化"。

夏朝是最早盛行酒文化的时期，我国目前已知的最早的青铜器就是夏朝用来盛酒的器具，叫作爵。商朝的酒文化主要盛于贵族阶级之间，而商纣王的"酒池肉林"的出现，则逐渐形成了"酒色文化"。这种风气到了周朝才结束。周朝限制酒文化的发展，酒的主要功能变成祭祀，酒文化新的内涵"酒祭文化"开始出现。

秦朝时，秦始皇统一六国，社会趋于稳定，酒文化开始更加风行，酿酒的工艺有了新的进步，但是随之而来的是谷物的严重消耗，统治者出于政治角度颁布禁酒令，但是都失败了。到了汉朝时人们扩展了酒的用途，酒不仅可以用来喝和祭祀，也可以用来治病，如"医圣"张仲景开了用酒疗伤的先河。

现如今我们酒桌上仍然盛行的"劝酒文化"则起源于三国时期，张飞、刘表好喝酒，还爱劝酒，曹操孙权劝酒比之有过之而无不及也。陶元珍先生曾引用"三国时饮酒之风颇盛，南荆有三雅之爵，河朔有避暑之饮"来评价三国时期的劝酒之风。

到了魏晋南北朝时期，酒文化开始真正地普及开了。由于这段时期社会动荡，民不聊生，不管是官民，还是文人雅士，都用饮酒来抒发自己的情感，酒文化完全普及到各个阶层。这个时期酒禁大开，民间可以酿酒，专门卖酒的市场应运而生，并出现酒税，酒税成为国家的财源之一，开始出现了"酒财文化"。

唐朝时酒已成为人们的首选饮品，无论是宴会还是送礼都少不了酒的影子。由于唐朝诗歌、绘画、书法文化等的发展，文人骚客必备的酒也与之相融合，出现了"酒章文化"。

宋朝时酒文化则更加兴盛，瓦子、瓦肆的出现为酒的买卖提供了专门的场所，赵匡胤还有"杯酒释兵权"的典故。

元朝出现了烧酒，也就是我们现在说的白酒，明代李时珍在《本草纲目》中记载："烧酒非古法也，自元始创之。"由于少数民族都好饮酒，更加推动了酒业和酒文化的发展，酒的种类和味道也有了大幅提升。

明清时期，酒已经成为人们生活的必需品，酒文化的发展也日益兴盛。明朝人对酒有自己的喜好，认为"酒以淡为上，苦冽次之，甘者最下"。在这一时期，"专用酒"也开始盛行开来，如元旦喝椒柏酒、正月十五喝填仓酒、端午喝菖蒲酒、中秋喝桂花酒、重阳喝菊花酒等。

三、国外茶酒文化简况

1. 国外茶文化

（1）印度：Chai 的国度

印度茶即印度奶茶，印地语叫 Chai，发音源自广东话的茶，属于发酵的红茶。在印度 Chai 是国民饮料，所以一天二十四小时，乡村野店、繁华都市、火车上、公路边，到处都有送茶的人煮茶的摊。而且印度的茶叶产量和消费量领先全球，是茶叶出口大国。如果你被邀请到印度人家里做客，那么必定少不了品尝香甜又略带香料辛辣的 Chai。

（2）日本：抹茶茶道

在日本，茶是饮食文化重要的组成部分，形成了独特的"茶道"文化，即通过饮茶，培养和提升人的道德修养。日本泡茶一般使用绿茶，即抹茶。在日本，有条件的家庭，一般都会设立一个茶室，方便用来招待宾客。

（3）英国：经典的下午茶

众所周知，英国有着浓厚的"下午茶文化"。将红茶泡好加入糖和牛奶，配上点心，就是英国风味的下午茶了。而且英国人每天睡觉前都要喝一杯茶，可见英国人有多么离不开茶。虽然英国不生产茶，但是英国茶进口量排名世界第一。英国饮茶之风始于17世纪中期，那时的茶来源于印度，刚开始是在皇室贵族间风靡，后逐渐发展到民间，形成一种社交风俗。

（4）阿根廷"马黛茶王国"

马黛茶是阿根廷的一大特产，虽然这种茶并不是只在阿根廷生产，但是至今都流传着"不喝马黛茶就不算来到了阿根廷"的说法。无论是在哪里，只要是有人的地方你都可以看到阿根廷人端着茶壶在津津有味地喝着马黛茶。当地人传统的喝茶方式很特别，一家人或是一群朋友围坐在一起，在泡有马黛茶叶的茶壶里插上一根吸管，在座的人一个挨一个地传着吸茶，边吸边聊。壶里的水快吸干的时候，再续上热开水接着吸，一直吸到聚会散了为止。[①]

2. 国外酒文化

（1）把喝酒当成工作的日本人

在日本，喝酒是一种常态，无论是男女都喜欢喝酒，最有趣的是日本人已经把喝酒当成一项工作。很多日本人每天下班，会到酒吧里打卡，觉得这样今天的生活才算圆满。在日本许多的大合同都不是在办公室里谈成的，一般都是在酒馆里。这样的生活方式可能是由于人们工作繁忙，想通过饮酒的方法来把自己解脱出来，久而久之又把喝酒当成了工作。

（2）爱喝烈酒的俄罗斯人

在俄罗斯，如果你不会喝酒你可能会生活不下去。在寒冷的气候里，喝烈酒成为很多俄罗斯人驱寒保暖的一种方式。俄罗斯最著名的烈酒就是伏特加，一般度数在40度到60度之间，但是也有度数更高的，喝下去后就感觉喉咙和胃在"燃烧"。俄罗斯人饮酒习惯也比较特别，只要把酒打开了就一定要喝完，没有把酒瓶再盖上的道理，而且喝酒时要大杯一口干。俄罗斯人在喝"伏特加"时，必须先从喉咙发出"咕噜"声，再一口饮下，相传这是彼得大帝留下来的，几百年来已形成传统。俄罗斯人的这种喝酒豪

[①] 欧阳军. 品世界各国茶文化［J］. 防灾博览，2021（06）：54-61.

情，一般人不一定能够接受，可见俄罗斯人为了喝酒有多拼。

（3）爱喝啤酒的德国人

德国号称啤酒王国，生产的啤酒远销140多个国家和地区，德国啤酒是由大麦酿造的。德国人出于对啤酒的热爱，创造了啤酒肚、啤酒杯、啤酒节、啤酒园、啤酒香肠等一系列新词汇，可见德国人是多么喜欢喝啤酒。德国的啤酒杯一般比较大，有时一杯就有一升的量。在德国有着独特的饭桌礼仪，在吃饭前德国人会先喝啤酒再喝葡萄酒，如果顺序颠倒，他们认为会对身体有害。

（4）爱讲究的法国人

众所周知法国是一个浪漫的国家，法国的酒文化也深得其要义。不同于其他国家一口干了，法国人喝酒喜欢细品慢饮，一定要让酒从舌尖一点点滑向喉咙，这样才能完全享受到酒的甘甜。在法国喝酒有很多讲究，比如在喜庆的时候一定要开香槟，这一习俗慢慢地影响了很多国家和地区。而且，喝香槟不能和烤肉同食，因为烟味会影响香槟的口感。在法国历来有"吃鱼配白酒，吃肉配红酒"的说法，在这里白酒红酒分别指的是白葡萄酒和红葡萄酒，这只是为了让酒的颜色与盘中菜相配，让食客更加享受这个过程，而且白酒不宜太冰，红酒不宜太温。另外，酒杯的选用也有一定的学问，高脚杯可以让手掌与酒杯保持一定的距离，这样就不会升高酒温了。在法国有专门培养酒水礼仪的学校。

四、当前世界茶酒文化及品牌代表

1. 世界茶文化代表

英国拥有着浓厚的下午茶传统，喝茶已经成为英国民众的一种习惯。与中国的清茶文化不同，英国人喜爱现煮的浓茶，放上一两块糖，再加少许冷牛奶。

美国茶文化可以用"速度""效率"形容，偏好乌龙、绿茶等罐装冷饮茶。

法国茶文化从皇室贵族、有闲阶层逐渐普及至民间，现今法国人最爱饮用绿茶、红茶、沱茶、花茶，有些地方还会在茶中加入新鲜鸡蛋，或者在茶中加入杜松子酒或威士忌酒。

荷兰是最早从中国引进茶叶的欧洲国家，独创了奶茶饮法。

俄罗斯人喜爱喝红茶，茶味浓厚，喝茶时，他们会先倒半杯浓茶，然后加热开水，再加两片方糖与柠檬片，喝茶程序和步骤也非常讲究。

日本茶文化同中国有异曲同工之妙，多以喝清茶为主。日本茶文化中的茶道最为著名，它的严谨、内涵之丰富令人叫绝。

韩国茶文化也富有特色，茶礼讲究以礼相待、以诚待人，成人茶礼是韩国茶日的重要活动之一，还有"高丽五行茶"茶礼仪式。

南非一种路易波士的植物可以用来生产一种颜色明亮的红茶，非常原生态。

北非气候干燥炎热，因此盛行薄荷茶。当地人喜欢在绿茶里放置几片新鲜薄荷叶和冰糖，饮时清凉可口，且北非中的埃及崇尚甜茶。

斯里兰卡的红茶就是锡兰红茶，是世界四大红茶之一。在斯里兰卡喝茶时，加奶会被认为是鄙俗的表现，因为加奶损坏了茶叶原有的香味。

加拿大泡茶方法较特别，一般会加乳酪与糖，有烫壶、浸泡等工序。

南美的马黛茶是用当地的马黛树的叶子制成茶，具有提神作用，吸管必不可少。

印度人好喝奶茶，也爱喝一种加姜或小豆蔻的"萨马拉茶"，同时还有加香料的习惯。

德国产花茶，是用各种花瓣加上苹果、山楂等果干制成的，里面一片茶叶也没有，真正是"有花无茶"，会放糖避免涩味。

土耳其茶是属于红茶的一种茶，很出名。茶是当地人民生活的必需品，茶馆分布众多。

马来西亚的肉骨茶，是一道以猪肉和猪骨配合茶叶煲成的汤底，其独特的风味扬名海外，深受各地游客喜爱。

中国是茶文化的发源地，有着悠久的种茶历史、严格的敬茶礼节、特色的吃茶喝茶风尚，茶叶体系完整。

2. 世界酒文化代表

中国的茅台酒是世界三大名酒之一，已有800多年的历史，所获荣誉众多。1915年在巴拿马万国博览会上荣获金质奖章、奖状。新中国成立后的历次全国名酒评比，均无可争议地荣登榜首。2000年，茅台酒作为历史见证与文化象征被中国历史博物馆收藏。犹如中国发给世界的一张飘香的名片，茅台酒创造了内销川省千户饮、外运五洲万人尝的百年辉煌，被誉为世界名酒、"中国之光"。

真露被韩国人誉为正统国民酒的代表，连续三年在酒类杂志《国际酒饮料》中被评为世界蒸馏酒界销量最大的酒。

日本清酒是借鉴中国黄酒的酿造法而发展起来的日本国酒，该酒色泽呈淡黄色或无色，清亮透明，芳香宜人，口味醇正，绵柔爽口，含多种氨基酸、维生素，是营养丰富的饮料酒，在大型的宴会或结婚典礼中，在酒吧间或寻常百姓的餐桌上，人们都可以看到清酒。

Sling("司令")是十大鸡尾酒之一,作为新加坡的国酒,在世界上享有很高的地位,所有新加坡航班上都有免费提供。该酒往往会用十多种水果加以搭配装饰,色味俱全,闲时品上一杯,回味无穷。

伏特加是俄罗斯和波兰的国酒,又称俄得克、俄斯克,是北欧寒冷国家十分流行的烈性饮料,在俄罗斯最为盛行。伏特加产量高,它是以多种谷物(马铃薯、玉米等)为原料的一种纯净的高酒精浓度饮料,是世界各大调味鸡尾酒的鼻祖和必用酒。

威士忌是闻名世界的佳酿,它的主要产地是英国的苏格兰。威士忌有麦芽威士忌、波本威士忌、玉米威士忌三种。

金酒是荷兰的国酒,又称琴酒、杜松子酒,主要的产区集中在斯希丹一带,常装在长形陶瓷瓶中出售,色泽透明清亮,酒香味突出,香料味浓重,辣中带甜,风格独特。

啤酒被称作"液体面包",是德国人最爱喝的饮料。德国人培养形成的啤酒文化更是世界上独一无二的,慕尼黑啤酒节是极其盛大的节日。

白兰地通常被法国人称为"葡萄酒的灵魂""生命之水",它是一种蒸馏酒,以水果为原料,经过发酵、蒸馏、贮藏后酿造而成。

雪利酒作为在西班牙素来就有着"国酒"美誉的一种酒,以当地葡萄酒为酒基,勾兑当地的葡萄蒸馏酒,逐年换桶陈酿而成,盛产于西班牙南部的赫雷斯市。

葡萄牙的波特酒酒精度在17%~22%之间,口味偏甜。真正的波特酒产于葡萄牙北部的杜洛河流域。同类型的葡萄酒产量,葡萄牙居全世界第一位。

意大利葡萄酒的产量占世界的1/4。意大利葡萄酒历史悠久,古代希腊人把意大利称作葡萄酒之国,以红酒居多。大部分的意大利红酒会有较高的果酸,单宁的强弱则依葡萄品种而各有不同。

冰酒是加拿大独特且稀有的特产,举世闻名,乃葡萄酒中之极品,酿造对于天气要求高,工艺复杂,被誉为加拿大国酒,是馈赠亲朋好友的好礼品。

美国鸡尾酒是由两种或两种以上的酒和果汁、香料等混合而成,多在饮用时临时调制,充满创造和想象力。美国是鸡尾酒艺术的发源地,鸡尾酒文化和艺术繁荣。

龙舌兰酒又称"特基拉酒",是墨西哥的国酒、特产,被称为墨西哥的灵魂,以龙舌兰为原料,口味浓烈,香气很独特。

朗姆酒是以甘蔗糖蜜为原料生产的一种蒸馏酒,也称为"兰姆酒",用甘蔗压出来的糖汁,经过发酵、蒸馏而成,是古巴的一种传统饮料。

西拉子葡萄酒有澳大利亚"国酒"之称,是澳大利亚种植最为广泛的葡萄品种酿造的酒,这种葡萄约占所有葡萄园种植量的1/4,拥有较重的浆果芬芳。

新西兰以上好的白葡萄酒闻名于世，尤其是出产于南岛万宝龙地区的长相思，如今更是大量出口到了美国、英国、澳大利亚等地。

品乐塔吉葡萄酒是南非葡萄酒王牌，这种葡萄是南非自己培育的、让南非骄傲的、独特的酿酒葡萄品种，当地叫 Hermitage。这款堪称南非"国家英雄"的葡萄酒，酒色深浓亮丽、果香新鲜浓郁、口感柔和多汁，十分讨喜易饮。

五、当前茶酒文化和旅游发展的不足

1. 茶文化旅游发展的不足

一是茶文化旅游历史文化底蕴不足，缺少有效的茶文化传播。一些地方茶叶种植历史较短，历史文化底蕴不足，茶文化旅游的文化内涵缺失，需要加强对历史文化资源的挖掘，增强茶文化旅游的文化性。同时，一些地方缺少有效的茶文化传播，传播主体的传播意识不明显，传播内容蕴含的茶文化少，体现茶文化的形式单一且雷同，内容同质化较为严重。

二是茶文化旅游社区参与发展不足，不利于可持续发展。社区参与不足是当前茶文化旅游的现实问题。茶文化旅游需要注重经济效益与社会效益的统一，这样才能可持续发展。一些茶文化旅游目的地注重短期利益而忽视当地社会文化和自然环境的保护，当地社区和居民获得的经济效益低。茶农在茶旅游开发过程中占重要角色，但是得到的经济回报在旅游收入的占比却相对较少，茶文化旅游的收益在产业链条上的分配不太公平，没有达到可持续发展的要求，需要进一步改善保障当地社区的利益，进而刺激茶文化旅游社区的积极性，推动茶文化旅游的可持续发展。

三是茶文化旅游多元化联系弱，节庆支持带动少。一些地方茶文化旅游多与观光旅游联系，而和其他类型旅游联系较少，需要进一步拓宽思路，将茶文化旅游和休闲旅游、美食旅游、乡村旅游等联系起来，拓展茶文化旅游的形式，赋予茶文化旅游更多特色和亮点，将茶文化旅游与当地的其他旅游资源有机整合。此外，一些地方茶文化旅游节庆支持带动少，富有特色的民俗节庆活动缺失，传播的力度和影响的广度范围受限，对当地旅游推动力小，需要开展依托当地民俗特色风情与茶文化交融的茶事活动，以此来提升地位和影响力。

四是茶文化旅游产品开发存在问题。一些地方茶文化旅游开发尚处于初级阶段，旅游开发中茶文化内涵挖掘不够，企业对于茶文化产品的开发更多是想树立企业自身形象，却忽略了茶文化本身。一些茶文化旅游线路的开发科学性和趣味性不高，以游览观光为主，茶文化旅游活动浅显，只是粗略模仿茶农的采茶、制茶。此外，茶文化旅游相关人才培养不足，从业人员的综合素养不高，对于茶文化内涵的理解不深。茶文化旅游还存在旅游产品雷同的问题。就旅游产品中的旅游活动而言，围绕茶展开的多为游览茶园、品茶赏舞、茶和茶文化产品购物等活动形式较为单一。随着对茶文化的了解，大众对茶文化旅游的需求层次进一步提升，但是目前许多茶博物馆和茶展览会对于茶文化的传播内容仍停留在简单的介绍，枯燥无味，以至于让受众出现审美疲劳。不少地方博物馆实力不足，缺少有分量的文物，有些则用仿制品替代。某次某地国际茶文化节期间，一酒楼出售的"三清茶"严重失真，与原宋园茶艺馆创制的"三清茶"产品及其丰富的文化内涵大相径庭，破坏了宋园"三清茶"的良好形象，更损害了游客的利益。一些地方茶艺表演并未遵守茶道、茶规，没有真实反映茶文化内涵，而是肆意修饰随意发挥，以致丧失了茶文化的本源吸引力。一些公司受经济利益的驱动，为博得大众眼球，不惜哗众取宠。某地曾开张了一家"监狱式茶吧"，茶吧的二楼装修成监狱的格局，一个个包厢颇似牢房，外面还贴着"有罪"的牌子，身穿仿制警服的服务员穿梭其间，如此利用新奇手段刺激消费，遭到许多市民的质疑。商家应具有健康的商业追求，不能把低俗当卖点。

2. 酒文化旅游发展的不足

一是酒文化旅游激烈竞争之下酒庄发展陷入误区。国外酒文化旅游主要是围绕葡萄酒和啤酒展开的，相比酒本身，酒的文化和体验更加令人沉醉。以葡萄酒为例，在葡萄酒营销陷入白热化的今天，葡萄酒旅游和体验成为红海中的蓝海，酒庄成为葡萄酒旅游的一个良好载体，但是在发展中却陷入误区。在发展酒文化旅游时，弱化了对于产品品质的提升，特色个性是品质酒庄重要的生命体现，应该因地制宜，依据酒庄特色来打造旅游产品，而不是大同小异，只赋予酒文化内涵却缺失了自己的特色。在考虑为游客提供相关服务时，也应该围绕酒本身来开展，做到专业化和特色化，而不是过度商业化。

二是酒文化旅游内容上创新不够，游客体验单调。中国酒文化旅游应以白酒为特色，采用"白酒+旅游"的发展模式，以生产厂区观光、酒文化展览、酿酒流程展示、酒文化遗迹探源、购物区消费体验为卖点。目前而言，我国的酒文化旅游在这些环节上给游客带来的体验还不够丰富，生产产区的观光缺乏互动性和趣味性；酒文化展览缺少特色，讲解并不深入，游客被动接受信息；酿酒流程展示匆匆而过，昙花一现，未能给游客留下深刻印象；酒文化遗迹探究本源缺乏历史文物支撑，缺乏分量且部分用仿制品代替，真实性不够；购物区消费也以酒产品本身为主，文化衍生不多，主要是想把酒销售出去，消费体验观感一般。酒文化旅游内容不能满足游客多样化的需求，内容上和形式上都需要创新。

三是酒文化旅游缺乏文化内涵，企业缺少深度开发意识。丰富的文化内涵是形成文化旅游吸引力的基础和核心。发展酒文化旅游必须在研究、挖掘文化内涵、不断提高产品文化品位上下功夫。我国酒文化具有厚重的历史底蕴，酒文化资源丰富，具有很强的民族特色和地域特色，但是我国的酒文化旅游却未能深入挖掘这些内涵，将其内化于心，外化于形，酒文化旅游未能蕴含这些特色，文化吸引力缺失。此外，当前酒文化旅游存在一定功利性，有的旅游产品表面上是宣扬酒文化，实质上却是销售酒产品，游客并没有机会静静感悟酒文化的精深与奥妙，只品味到了酒文化的物质感觉，没品味到酒文化的精神，这也是酒文化旅游发展陷入的一个误区和困境。此外，企业缺乏深度开发的意识，"观光+购买"是目前通行的模式。酒企通常把工业旅游视为副业，认为其创造的价值与白酒主业相比显得微乎其微。以旅游六要素"吃、住、行、游、购、娱"来衡量，多数酒企并不重视旅游产品的打造，比如门票、纪念品、餐饮、娱乐设施、住宿等产业链等。白酒工业旅游本质上仍是旅游，应推出高附加值配套服务，使其成为稳定、可持续的利润增长点。

四是酒文化旅游区域整合不强，协调联动机制落后。当前酒文化旅游的区域整合不强，联动少。有些地区酒文化资源丰富，知名企业和品牌众多，但只是散落在各个地方各自为政，没有连成线、形成面。此外，还缺乏协调联动机制，和政府部门的交流联系不多，得不到多方支持，处于落后的单打独斗状态，没有龙头企业领导和政府的指导，酒文化旅游没有强有力的推动力。

六、国内外茶酒文化和旅游典型案例及经验

（一）国外茶酒文化和旅游发展典型案例及经验

1. 国外茶酒文化和旅游发展典型案例

（1）斯里兰卡——印度洋的眼泪之"献给世界的礼物"

1867年，英国人杰姆·泰勒（James Taylar）从印度引进红茶，斯里兰卡由此开始了茶叶的大规模种植。由于大部分茶叶被种植在高山之上，因而这一红茶被命名为"锡兰高地红茶"。在泰勒种植茶叶后不久，由于英国殖民者的茶园经验丰富、大力的资本投入以及雄厚的工业实力，锡兰基础设施建设加快，许多茶园得到发展。此后，斯里兰卡的茶产业繁荣起来。锡兰红茶因种植环境优越，无任何污染，也不需要打药施用化肥，因此被称为"世界上最干净的红茶"和"献给世界的礼物"，享誉世界。虽然锡兰早已改名斯里兰卡，但旧时的茶名称仍得到了保留。锡兰高山红茶已跻身世界四大红茶之一。斯里兰卡仅有100多年的茶史，却是全球第四大茶叶生产国、第三大茶叶出口

国。锡兰茶品质好，为"臭氧友好"（环境友好型）茶叶，在全球茶叶拍卖中，还获得过最高的拍卖价格。斯里兰卡茶产业秉持可持续的发展理念，茶农的薪酬及其他福利待遇都是以集体谈判商议的形式决定。在斯里兰卡，可以到茶工厂参观红茶生产流程，体验采茶，感受先进茶园管理；到茶叶城堡，与专业茶师面对面交流；到茶叶博物馆，听专业红茶讲座之类的活动。斯里兰卡的著名景点如世界自然遗产斯里兰卡中央高地里的"绿野仙踪"茶园火车，宗教文化中如人与人、人与佛、国与国的交流，美食文化中如下午茶文化，住宿中如茶园风情酒店，等等，都体现着斯里兰卡茶文化与旅游发展的融合。

（2）土耳其里泽——土耳其茶都

在土耳其，红茶早已取代咖啡的地位，成为土耳其民众普遍消费的饮品。早在"二战"之后，里泽已是土耳其最大的产茶基地。最初土耳其引进了格鲁吉亚的红茶种植业，并且效仿苏联的做法，成立了茶叶管理总局，准备和苏联一样由总局来垄断茶叶产业链，统一计划茶的生产和售卖。这样的方式虽然提高了茶叶的产量，但粗放式的生产方式影响了茶叶的品质和口感。20世纪末，在开放了茶叶生产、营销的市场化程度以后，里泽茶的品质开始逐渐上升。近些年来，由于茶文化的碰撞，特别是2016年我国茶叶专家丁爱方受邀对里泽进行考察，对里泽茶的发展产生了重要影响。根据国际茶叶委员会的报告，土耳其年均茶叶消费量为34吨，人均消费为世界第一。在里泽，不仅有茶叶集市，还有大型的茶杯形状建筑，为土耳其茶推广助力。这样的建筑不仅是里泽的形象代表，也是当地重要的旅游吸引物，在2021年还申请了吉尼斯世界纪录。里泽每年都会举办国际茶节，每到茶节之时，都会吸引来自全国各地的茶鉴赏家。此外，里泽是一座千年古城，不仅拥有海滨资源，而且拥有土耳其最著名的烤肉，以及风暴谷、亚美尼亚教堂、亚美尼亚村庄、手工拱桥、会茶村等旅游景点，美丽的景色和浓厚的茶文化吸引着世界各地的游客前来旅游。

（3）日本——静冈的茶

日本是最早从中国引进茶的国家之一，也是茶叶生产大国，其中静冈县是日本最大的茶乡。静冈县降雨量充沛，自然环境和地理条件优越，静冈所产的绿茶被称为"静冈茶"，是世界知名品牌，与京都的宇治茶、东京的狭山茶并称"日本三大茗茶"。这里的茶园集茶园观光、茶叶采摘、餐饮购物于一体，设计了一系列与茶有关的活动，如参观、饮茶、茶道体验、茶具展览、特色茶食，等等。此外，静冈有独特而先进的茶园管理技术，除了标准化种植、全自动机械化生产、茶树品种无性系良种率高之外，还创造了"茶草场农法"这一独特的种植方法。当地政府十分重视茶产业的发展，从公交路线、广告宣传、旅游路线设计、服务区服务等都体现着对当地茶文化旅游的支持和推广。这里的茶园博物馆不仅有当地的茶文化，还模拟了世界各地的茶文化。每年11月这里都会举行"切茶壶口"仪式，每三年会举办一次世界茶叶节，这些也是吸引世界各地游客的重要方式。

（4）慕尼黑啤酒节——民间的最大庆典

慕尼黑是德国经济中心城市之一，经济和科技均得到了较好发展，是德国宫廷及现代文化中心。古老文化与现代文化的交融，使得慕尼黑具有独特魅力。极具盛名的慕尼黑啤酒节每年吸引六百万来自世界各地的游客。慕尼黑啤酒节起源于1810年的一场婚礼，又被称为"十月节"，持续时间为两周，是世界最著名的啤酒节之一，1964年以来，随着节日规模的逐渐扩大，成为全球最盛大的节日之一。目前慕尼黑啤酒节包括开幕仪式、盛装巡游、啤酒帐篷、游乐项目、特色餐饮等活动，无不与啤酒相关。相关数据显示，每一届啤酒节大概消费600万升啤酒，以及数量众多的鸡、烤肠、牛肉等，每一届啤酒节都为慕尼黑带来数亿欧元收入。针对酗酒等社会问题的产生，当地政府采取了相应措施，如在节日期间允许老人和小孩群体参与其中，并提出类似"安静的啤酒节"等口号，规定音乐分贝、演奏时间等。慕尼黑注重提升行业的质量和城市环境的保护，善于挖掘自身特色优势，吸引全世界游客的同时，也吸引着全球的人才。

（5）澳大利亚——来自"老藤之乡"的葡萄酒

澳大利亚资源丰富，不仅是"坐在矿车上的国家""骑在羊背上的国家"，也是被葡萄酒滋润着的国家。澳大利亚的酿酒历史起源于两个世纪以前，因此留存了一些实际上最古老的葡萄藤，这正是澳大利亚盛产葡萄酒的一大资本。澳大利亚的南澳大利亚州的阿德莱德、芭萝莎等都为著名的葡萄酒产区，南澳大利亚是澳大利亚最主要的葡萄酒产区，有"节庆之州"之称，包含美酒节、艺术节、赛马节、音乐节等。除此之外，澳大利亚还有许多规模宏大、历史悠久的世界级酒庄可供参观。澳大利亚采取酒窖直售以及酒厂普遍对公众开放的方式出售葡萄酒，加强品牌宣传的同时，更好地吸引了来自世界各地的爱酒人士。澳大利亚政府无时无刻不关注葡萄酒业的发展，成立了专门的组织机构来推动和促进葡萄酒业的发展，并且每年都会组织召开有关会议，与行业、高校、企业、协会进行讨论交流，从经验和科学两方面研究葡萄酒旅游的发展，再加上各类节事活动的举办，吸引了世界各地的游客，在满足游客需求的同时，也优化了澳大利亚的旅游产品，实现了旅游者和旅游目的地的双赢。

（6）苏格兰威士忌体验中心——用游乐场的方式参观威士忌博物馆

威士忌作为苏格兰的"生命之水"风靡全世界。苏格兰威士忌体验中心是最早的威士忌酿造地。体验中心的建筑历史悠久，于17世纪建造。体验中心最吸引游客的便是游客需坐上威士忌木桶制成的游览车，一步步体验金黄威士忌的制作过程。进入展区后则犹如进入了迪士尼的梦幻世界，裸眼3D效果十分震撼。游览途中，体验中心会通过互动式投影来介绍威士忌酵母和发酵过程，以及威士忌的酿造时间。在这趟体验过程中，各种声光与气味效果带给游客丰富的感官刺激，以生动的方式讲述300年威士忌生产的故事。体验中心里除了有品种多样、数量众多的威士忌之外，实物展示、全息影像、商店里摆满的一整面墙的小瓶品鉴装都满载着收藏者对苏格兰威士忌的狂热，也记载了不同品牌的历史。体验中心的体验项目还在不断增加。现在，这里是世界上最大的单一麦芽威士忌收藏中心以及威士忌爱好者的首选旅行目的地，还是威士忌爱好者婚纱拍照的理想之地。

2. 国外茶酒文化和旅游发展经验

一是资源整合开发，创新赋予活力，文旅融合发展。做好茶酒文化与旅游的发展，若是只专注于茶酒文化的发展，是不能促进茶酒文化以及茶酒文化与旅游发展的，因为单靠茶酒文化是难以激发旅游动机的，即便当地的茶酒文化极为深厚，若当地没有交通、食宿等旅游基础设施的保障，要做好旅游还是很难，这就要求旅游目的地在做好茶酒文化挖掘利用的同时，结合其他本地特有文化，比如饮食文化、建筑文化、宗教文化，等等，还要与其他产业加强合作，如交通、住宿、娱乐等。一个国家或者地方的茶酒文化旅游发展，若没有文化的支撑，也会让旅游空有其表，缺乏体验感，但若茶酒文化深厚而缺少其他文化与物质支撑，同样会让茶酒文化旅游显得过于单薄、可进入性差。除此之外，将科技注入旅游活动当中也是文旅创新发展的重要环节。

二是借鉴经验技术，保持自身特色。当各地的茶酒文化及旅游发展遇到问题时，及时借鉴其他国家或者地区的经验是必要的，但里泽效仿苏联设立茶业管理总局最后适得其反所带来的教训告诉我们，任何国家或者地区在借鉴经验时，一定要结合自身实际，照搬照抄的方式往往会走向失败。各国和各地区茶酒文化与旅游发展在借鉴他人经验和技术的同时，要先对自身状况进行分析，谨慎行事，要尽量避免旅游产品与活动的同质化，努力探寻自身茶酒文化的特点，做到茶酒文化与旅游的特色化发展。

三是官方引导发展，各方积极促进。在茶酒文化和旅游发展的过程中，政府的干涉和引导是必不可少的，同时，在国外，行业组织的推动也是行业发展的重要动力。除此之外，企业以及居民的参与性和积极性、节事活动的开展、营销方式也是茶酒文化和旅游发展取得成功的关键要素。因此，政府要正确引导好各地茶酒文化与旅游的发展，充分调动作为旅游目的地主体的企业和居民的积极性，增强当地企业和居民的参与感，通过举办节事活动等各类方式优化产品、提高对游客的吸引力。

（二）国内茶酒文化和旅游发展典型案例及经验

1. 国内茶酒文化和旅游发展典型案例

（1）杭州梅家坞茶文化村

梅家坞位于杭州西湖风景名胜区西部腹地，拥有六百多年的历史，有"十里梅坞"之称。梅花坞作为杭州对外开放的"金字招牌"，早在20世纪五六十年代就已经是面向外宾的定点观光区，接待过许多国际知名人物以及国家元首。周恩来总理也先后5次到梅家坞视察工作，梅家坞也因此建立了周总理纪念馆。梅家坞是西湖龙井一级保护区内产量最大的产茶区，年产量可达10万斤，并且在保证产茶功能的基础之上，还建立了一百多家乡间茶坊。村里甚至还成立了多语种接待室，游客在这里不仅能了解梅花坞茶的历史、制作工艺等，还能欣赏到茶艺表演。除此之外，梅花坞还特地打造了以茶为主题的特色街道，街道拥有各式各样的茶楼，许多茶楼都配备了专业的茶艺师，为游客展示茶文化，帮助游客了解茶文化。梅花坞将龙井茶的文化和内涵与农村茶乡结合作为自己的特色，经过不断建设打造，呈现出青山溪涧辉映、茶园生机蓬勃的优美农家休闲旅游景象，尽显江南水乡和茶乡风情，成为大众所熟知的茶叶采摘、品鉴、购买、观赏以及休闲娱乐的好去处。

（2）中华武夷茶博园

众所周知，武夷山是世界文化和自然双遗产地，且是乌龙茶和红茶的发源地。截至2022年，武夷山共有茶园14.8万亩，2021年毛茶产量2万余吨，拥有280个茶树品种，全市超过三分之一的人口与茶相关。武夷山在2022年出台了《建设国家级生态茶园示范基地行动方案》，推进生态茶园建设。近些年来，武夷山市政府将"茶叶"向"茶业"方向推进，注重茶品质的精细化管控，坚持绿色发展，紧跟政策导向，推动茶产业和文化、旅游深度融合，推出茶文化与国学、研学相关的旅游产品，利用当地茶品牌助力乡村振兴。中华武夷茶博园是武夷茶旅的典型代表。中华武夷茶博园面积7.8万平方米，分为景观园区、地下广场、山水实景演出观赏区、茶博馆和游客服务中心等五个部分，通过造型景观、雕塑、石碑、石雕等来展示与武夷茶有关的作品、代表人物、茶民间传说、制茶等茶文化。园区以"浓缩武夷茶史，展示岩韵风姿"为设计主题，通过历代名人的记叙、历史画面的再现、茶艺的互动表演、观印象大红袍360°实景山水演艺打造茶文化旅游产品，游客可体验独一无二的岩骨花香，全面深刻地领略武夷茶深厚的文化底蕴。

（3）安化黑茶产区

湖南省安化县是全国有名的黑茶之乡，连续13年入选中国茶业百强县前十强，获评中国"十三五"茶产业发展十强县、全国区域特色美丽茶乡、全国"三茶统筹"先行县域等荣誉。然而，很多人不知道的是，这里曾经是国家级重点贫困县。从2007年开始，安化县着力于黑茶产业建设，一步步取得良好发展。安化县茶文化旅游发展始终践行"绿水青山就是金山银山"理念，深入贯彻实施"双碳"目标，打造"一、二、三产业融合，茶旅文融合，产城融合"的发展局面，用心打造茶产业链完整、茶文化体验独特、宜业宜居宜游的高质量发展新路子。目前，安化黑茶特色小镇已发展成为引领茶旅文康融合发展的龙头，全力推动"安化黑茶+旅游""安化黑茶+文化""安化黑茶+康养"融合发展，全力打造"安化24小时健康茶生活"。

（4）杏花村酒业集中发展区

杏花村酒业集中发展区位于山西汾阳市杏花村镇。杏花村酒业集中发展区是以汾酒集团为龙头，建设集生产、营销、文化、旅游于一体的相关产业协调发展的集中发展区。杏花村酒业集中发展区创新运行模式，采用"民营资金投资建设，汾酒集团托管经营"的模式，在短时间内吸引了大量投资，并创造了大量的就业机会，带动大量种植高粱、大麦等作物的农民致富。杏花村酒业集中发展区是《山西酿造业振兴规划》中最重要的一部分。2013年，汾阳市杏花村创建"全国清香型白酒知名品牌创建示范区"。

（5）仁怀市茅台镇

茅台酒作为中国的国酒在全世界享有盛誉。作为国酒产地，贵州省仁怀市茅台镇的旅游发展也有不少看头。2021年，全镇完成地区生产总值1277亿元，成功创建2个国家4A级旅游景区，4个国家3A级旅游景区；圆满举办和承办全省第十一届旅游产业发展大会、赤水河谷超级长跑黄金大奖赛、遵义市第十三届文化旅游产业发展大会等重大赛事和会议活动；累计接待游客达1900余万人次，实现文化旅游总收入198.55亿元。

（6）青岛啤酒节——来自中国的别样狂欢

青岛啤酒节始创于1991年，是由政府主办的一项综合性大型节庆活动。青岛具有优质的泉水、大麦、酵母等原材料，加之配方、工艺、管理的加成，使得青岛啤酒不仅在国内享有盛名，在国际上也占有一席之地。青岛啤酒节啤酒的供应种类较多。2011年青岛啤酒节跻身世界第二大啤酒节。随着举办经验和成果的增加，青岛啤酒节会场和规模也随之扩大，举办时间也有所延长，并不断引进国内外各类啤酒。举办地点也从国内拓展到国外。2020年创新节庆模式，采取线上线下相结合的模式，并与优酷、淘宝、飞猪等平台进行合作。2021年青岛啤酒节的啤酒款式达到了1600余种，与德国慕尼黑啤酒节比肩成为世界有名的啤酒节之一。

2. 国内茶酒文化和旅游发展经验

一是坚持政策导向，把握发展时机。政府政策对茶酒文化和旅游发展具有导向性作用，是茶酒文化和旅游发展的指南针。近些年来，我国政府对民族文化极其重视，茶酒文化特别是茶文化早已作为中国名片展示给世界。乡村振兴的提出更是极大地推动了茶酒文化和乡村旅游的发展，政府也出台了众多资金和技术方面的政策推动茶酒文化和旅游发展，把握好政策红利，必将带来茶酒文化和旅游发展的高峰。

二是关注产品品质，创新发展模式。在新时代背景下，我国经济已由高速增长阶段转向高质量发展阶段，茶酒文化和旅游发展也应高质量发展。在茶酒文化发展中，不应该只注重产量的提升，茶酒品质的保障才是产品制胜的关键，且要在此基础上打造品牌，形成品牌效应，发挥品牌优势。与此同时，茶酒旅游产品要不断创新发展模式，比如与各大网络平台合作，创新销售和宣传模式，利用好淘宝、优酷、抖音等平台。

三是学习国外经验，拓展国际市场。中国作为茶文化的发源地，茶文化和旅游发展的经验和技术较为成熟，而酒文化与旅游发展的经验和技术则相对较弱，国外有众多酒文化与旅游发展的案例值得我们借鉴。虽然中国人口众多，但茶酒文化和旅游的发展绝对不能仅限于国内市场。外国有众多的爱茶人士，也有十分浓厚的酒文化情怀，茶酒文化和旅游发展是一个充满机遇的市场，这就要求旅游产品在设计开发时要考虑到国外游客的体验感，要有适合国外游客的各项旅游产品及服务，如外语标识、外语讲解人员等。特别是可以举办国际性的节事活动、会议等，做好国际性的宣传工作，做到有针对性和特色化地宣传和推广。

综上所述，茶酒文化和旅游发展并不是茶酒文化与旅游的简单相加，更不是仅仅依靠茶酒文化就能够做好一个国家或地区的旅游。"茶产业与旅游业的融合是未来茶产业发展的趋势，将茶产业、旅游产业相融合需要根据茶园经济区本地的资源进行合理开发，只有将保护自然、顺应自然作为产业融合的前提和基础，以市场和消费者的需求为导向，以国家政策方针为指导，并在此基础上适度开发和创新，寻找不同产业之间的融合点，才可以达到茶产业全面振兴的真正目的。"① 茶产业与旅游融合发展如此，酒产业与旅游业融合发展也是如此。一个国家或地区茶酒文化和旅游发展背后往往与当地的地理、历史、文化、政策等因素息息相关。要做好茶酒文化和旅游发展，需要在挖掘茶酒文化的基础上，保证好茶酒产品质量，综合各类相关文化和产业，丰富旅游产品内容，保持发掘产品特色，加强品牌建设，创新发展模式，注重旅游者的体验感，企业要抓住

---

① 宋慧琪，陈佑成.乡村振兴背景下茶旅产业融合发展探析——以福建省安溪县为例[J].农业展望，2019(04)：132.

政策红利，政府要做好引导，增强企业和当地居民参与感，吸取国内国外发展经验，拓展茶酒文化和旅游发展的国际国内市场。

七、推进茶酒文化和旅游发展的建议

旅游业的竞争，归根结底是文化的竞争。"文化是旅游的灵魂，旅游是文化的载体。旅游是一种经济活动，更是一种文化活动。文化需求是旅游的根本动因，文化资源是旅游的核心资源，文化环境是旅游的基础条件，文化交流是旅游的重要功能。"[①]所以茶文化旅游、酒文化旅游归根结底是以茶文化、酒文化为旅游核心，突出茶酒文化内涵，以旅游为手段进行文化交流。

（一）茶文化和旅游发展对策建议

1. 建立品质优良的旅游设施设备

好茶对茶源的要求非常高，所以茶厂一般都建在自然资源比较好的地方，而这样的地方往往旅游基础设施相对不完善。因此要结合茶文化资源，在相应的地方完善旅游设施设备，提高旅游接待能力。

2. 提升茶的品质，拓宽茶的销售渠道

茶的种类很多，品质有高有低，应该设立标准化生产模式，提高茶的品质。同时，也应该拓宽茶的销售渠道，改变销售方式，与互联网结合，从而提高茶的知名度与销售量，进而更方便发展茶文化旅游。

3. 建设茶旅小镇

茶旅小镇是发展茶文化旅游的重要基地。茶旅小镇可以完美地把茶文化和旅游相结合，开发一些特色的茶文化旅游产品，发展一些特色的茶文化旅游业态，设计一些特色的茶文化旅游体验。

4. 在旅游过程中，提高游客的参与感

在旅游过程中，游客的参与感是非常重要的，有了参与感才能真正了解旅游目的地。茶文化旅游的参与不只是简单地品尝茶，还可以尝试体验采茶、制茶，研究茶的功效，设计茶的包装，全流程体验茶的生产，等等。

5. 与研学旅行相结合

茶文化旅游可以与中小学生研学旅行相结合，让青少年从小能够了解茶文化。这不仅能够从小培养青少年对茶文化的兴趣，为培养茶产业人才做准备，还能够让青少年在旅游体验中学到很多知识。

---

① 刘云山. 文化是旅游的灵魂[N]. 光明日报，2010-03-24.

6. 培养茶产业专业人才

茶旅对人才的专业性要求比较高，应加大茶旅专业人才的培养力度，加强从业人员的专业培训和继续教育，不断夯实茶旅高质量发展的人才基础。

（二）酒文化和旅游发展对策建议

1. 创新酒文化旅游产品多元发展

目前酒文化旅游产品开发还比较单一。应在深入挖掘酒文化资源的基础上，创新酒文化旅游产品形式、宣传形式，拓宽酒文化旅游产品销售渠道，还要完善相匹配的基础设施。不仅要把酒业与旅游业深度结合，还要与其他相关行业联合创新，实现"酒＋旅游＋其他"的发展模式，推动酒文化旅游创新多元发展。

2. 推动酒业数字转型

现在很多名酒企业都开始进行数字化转型，酒类产业的数字化发展并不仅是单一的产品数字化，还是生产的数字化、市场的数字化和消费的数字化，最终会贯通整个酒类产业。因此，推动酒业数字化转型，实现生产、市场、消费的数字化，也是酒文化旅游发展的重要基础。

3. 打造酒文化博物馆和体验馆

系统研究传承中国各种佳酿如茅台酒、五粮液、杏花村等品牌，打造酒文化博物馆。建设酒文化体验馆，让游客体验生产流程和观摩生产工艺。

4. 举办酒文化旅游节事活动

酒业的供货会，也可打造成旅游节，让游客玩好吃好饮好，取得旅游与市场的双赢。

☞ 拓展链接

第十一章　戏曲文化与旅游发展

戏曲艺术博大精深，是一种非常重要的文化旅游资源，促进文化和旅游融合发展，应进一步挖掘利用戏曲文化资源。

一、戏曲文化概述

戏曲是中国的一种传统表演艺术形式，其起源可以追溯到先秦时期的歌舞表演。戏曲经历了汉代百戏、唐代歌舞戏、宋代杂剧等多个阶段，逐渐形成了独特的表演风格和艺术特点。戏曲主要有民间歌舞、说唱和滑稽戏，由文学、音乐、舞蹈、美术、武术、杂技以及表演艺术综合而成，有三百六十多个种类。戏曲在中国文化中有着重要的地位，是中华民族的文化瑰宝之一。

与此相关的一个概念是"戏剧"。戏剧是从古希腊悲剧和喜剧发展而来的，其起源可以追溯到古代的祭祀活动和宗教仪式。主要包括话剧、歌剧、舞剧、音乐剧、木偶戏等。戏剧在西方文化中有着悠久的历史，经历了古希腊悲剧、中世纪神秘剧、文艺复兴时期的田园剧等多个阶段。随着时间的推移，戏剧逐渐发展成为一种独立的艺术形式，具有更广泛的社会和文化背景。

与此相关的另一个概念是"曲艺"。曲艺艺术作为中华民族传统说唱艺术的统称，是由民间口头文学和歌唱艺术经过长期发展演变形成的一种独特的艺术形式。其历史源远流长，内涵丰富多彩，是中华民族传统艺术宝库中的一朵奇葩。曲艺的形式从俳优表演、乐府民歌，到相声、评书、评话、弹词……数量达500余种，蔚为大观。

还有一个比较现代的产业经济概念是"演艺"。演艺产业是以演艺产品的创作、生产、表演、销售、消费及经纪代理、艺术表演场所等配套服务机构共同构成的产业体系。演艺产品具体形态包括音乐、歌舞、戏剧、戏曲、芭蕾、曲艺、杂技等各类型演出。

也有一种观点，将"戏曲"视为"戏"和"曲"的统称，戏指戏剧，曲泛指曲艺，二者分别代表不同的艺术表现形式，在文化种类上戏曲二字并称且归于一类，是我国具有民族和地方特色的传统文化代表之一。为方便论述戏曲文化与旅游发展问题，也与前述篇章标题保持风格一致，本章论述"戏曲文化"概念包含戏曲、戏剧和曲艺。

以曲艺为例。战国时期，荀子曾经写下过《成相》篇，被后人称为"即后世弹词之祖"，说明"成相"被认定为说唱艺术的源头。这是2300多年前的事。清代，"变文"在敦煌被发现，这是一批唐、五代俗文学的写卷。一开始，人们不知道这是干什么用的，后经研究才知道，这是佛教传入中国以后，为了让大众接受讲经、传教、布道，僧人们所使用的一种在民间讲故事的方法来完成自己宣传佛教目的的文本，抑恶扬善、因果报应、伦理道德尽在其中。

从时间上看，曲艺作为我国说唱艺术的统称，是由民间口头文学和歌唱艺术经过长期发展、演变形成的一种表演艺术形式。其实，在说说唱唱中讲故事并不是中国独有的，世界各民族都有这种介于民间口头文学与戏剧文学之间的表演形态，比如荷马史诗等。它的主要特点有："一人多角"的叙述体而非代言体；文本的通俗性、口语化；"跳进跳出"等模拟性的程式化表演；依字行腔、托腔保调的音乐特征等。"曲艺"一词出自《礼记·文王世子》的"曲艺皆誓之"，郑玄注为"曲艺谓小技能也"，这些小技能的范围很广，从"医卜之属"到话本传奇等，其用于专门表示说唱类表演艺术的概念生发于20世纪初，在民国时期的报刊媒体上有一定的存在感。曲艺之所以给人1949年以后才出现的印象，是因为它正式定名于1949年7月文代会期间成立的"中华全国曲艺改进会筹备委员会"。从词源学上讲，曲艺属于古词今用，由于人们误以为"曲艺"是晚近才出现的词，故使用上有明显的"厚今薄古"色彩。

那么，到底什么是"曲艺"？

"曲艺，即说唱艺术。"有一种解释为："曲艺是说唱艺术的总称。"这种解释在逻辑上是不通的，因为"曲艺"是所有"曲种"的总称，或者说是所有说唱形式的总称。而"说唱艺术"也是所有曲种或说唱形式的总称。怎么能将同样的总称区分级别呢？这种解释对"曲艺"及"说唱艺术"这两个概念没有搞清楚。

"曲种，是说唱艺术具体的表现形式。"曲种，也跟"曲艺"或"说唱艺术"一样，是一个抽象的概念。"曲种"具体表现为各地区、各民族的说明形式，如"二人转""单弦""清音""评弹""嘎百福"，等等。

"曲艺音乐"，即"说唱音乐"，对于一般其他音乐，它具有"说唱音乐"的个性特征，这种特性存在于所有曲种音乐之中，是各地区、各民族、各曲种音乐的共性特征。"曲艺音乐"不是一般音乐，也不是民歌、戏剧音乐或歌舞音乐。它一方面具有一般音乐的共同性：通过有组织的音乐的运动，表达音乐思想，反映思想感情与社会生活。音乐属于听觉艺术，它没有视觉艺术那种具象性，也没有诉诸思维的文学语言那种明确性，它的主要功能是抒情的。但"曲艺音乐"又有它的特殊性，上述一般音乐的共性是存在于"曲艺音乐"的个性之中的。不了解一种事物的特殊性，便无从认识该事物的本质，从而也无从认识"曲艺音乐"同其他音乐的区别。有些研究曲艺音乐的文章，往往是就一般音乐理论的观点、方法，去说明某一曲种音乐的调式、音阶、结构、旋法等音乐形态，而没有去研究它的特殊本质方面，没有研究它为什么形成"这样的"调式、音阶、结构、旋法等等，以及它特殊的艺术规律。我们研究曲艺音乐，不仅要研究它同一般音乐之间的共性，更重要的是要研究它的特殊性。

"曲种音乐"，是"曲艺音乐"的具体存在和表现形态。各地区、各民族、各个曲种的音乐，在具有"曲艺音乐"共性特征的同时，无不具有该曲种的个性特征。而"曲艺音乐"的共性特征，存在于各曲种音乐的个性特征之中，从而形成"曲艺音乐"千姿百态的风格特色。

"曲艺音乐"和"曲种音乐"特征，是辩证统一的。例如贵州黔东南地区苗族的"嘎百福"音乐，一方面具有"曲艺音乐"的共性特征；同时，又具有该地区苗族民间音乐的共性特征。另一方面，它具有的"曲艺音乐"的共性特征，对于该地区苗族音乐如山歌、情歌、酒歌、飞歌等来说，便成为它的个性特征，而它具有的苗族音乐的共性特征，对于其他若干"曲种音乐"来说，则又是它的个性特征。

如永州的零陵花鼓戏。作为湖南的非物质文化遗产之一，零陵花鼓戏已经成为湖南戏曲特色文化中的瑰宝。其主要分布在湖南永州一带。零陵花鼓来源于湖南古老的歌舞演唱方式，具有十分浓厚的本地地域特征，是永州人民从生活中积累的劳动成果，现已被列为湖南省花鼓戏中的重要派别。作为永州的特色艺术文化，不单单具有深厚的音乐价值，还具有重要的审美意义和艺术文化价值。目前国内对湖南花鼓戏的研究是比较丰富的，但对湖南零陵花鼓戏的研究还不多。零陵花鼓戏作为湖南花鼓戏的六大流派之一，风格大同小异。零陵花鼓戏的最大特点是，其戏剧路子、音乐唱腔、表演手法等，都由两种不同的风格组成。但是随着时代的发展，我们还要在发展其特色的同时，注意扬长避短，各方面都要得到发展。因为单单依靠过去的传统曲调已经无法跟上时代的潮流。在湖南省花鼓戏剧院建设之后，各个地区的花鼓戏不断扬长避短，借时代的发展不断壮大，但曲调上，补充了各地曲调的不足。

二、戏曲文化的特征

（一）戏曲文化的历史性

在中国，戏曲是一种包罗万象的艺术形式。它以来自民间的、口耳相传的文学作品作为流传媒体，以应用于演出的、富有动作性的说、唱、舞、演为表达方式。曲艺作为中华传统文化中璀璨亮丽的瑰宝之一，自然有着悠久的历史，早在《礼记》中就有所记载："凡语于郊者，必取贤敛才焉。或以德进，或以事举，或以言扬。曲艺皆誓之，以待又语。"从乡学到学士的考课评议中可以看出对技艺学习的重视，将技艺学习作为考核评议的标准，自那时开始，戏曲登上历史的舞台，加之我国地域辽阔，民族众多，因此我国各个少数民族都有属于自己的戏曲文化。

（二）戏曲文化的民族性

各个民族的文化不同，自身的发展历程也不同，但他们都以叙述民间故事为主，以大众的生活为背景，有共同的艺术特征，这体现了他们的共性，同时，这些戏曲有各自的风格，是有自己的个性的，同一戏曲的表演者不同，各自所擅长的内容也不同，效果也会不同。百花齐放，百家争鸣，形成了不同的艺术流派，也形成了戏曲界百花争艳的繁荣景象。比如藏族有"《格萨尔王传》说唱"和"折嘎"，蒙古族有"好来宝"和"乌力格尔"，壮族有"蜂鼓"和"末伦"，维吾尔族有"热瓦甫苛夏克"和"达斯坦"，白族有"大本曲"，苗族有"嘎百福"，水族有"旭早"，傣族有"赞哈"，等等。

（三）戏曲文化的阶段性

戏曲发展有各个时代的特征。以曲艺为例。唐代兴起的大曲和民调，是早期说唱文化的雏形，自那开始，说话技艺手法以及歌唱的技艺手法便凸显出来。随着宋代商品经济的发展，曲艺有了独立的演出场所，职业的艺人利用这种文化作为演出获取利润，一方面丰富了市民的生活，另一方面也促进了商业活动的繁荣。明清两代，随着资本主义萌芽的产生，城市数量和规模迅速壮大，为曲艺文化的发展提供了契机，有着地域气息的民间说唱纷纷走出去，到城市中进行推广，在演出中不断成熟进步，促进了曲艺文化的交融发展，同时，也对传统的曲艺文化产生了一定的冲击。曲艺文化影响力壮大，也促使不少的表演家加入。表演家也更能迎合群众的口味，创造出一批优良作品。曲艺演员规模的发展壮大，也促进着表演家们的表演能力以及唱功等，使其更加生动形象，为群众所叫好。直到今天，曲艺不仅在城市与城市之间、南方与北方之间传递，还积极走出去，面向世界。"2001年昆曲收录进联合国教科文组织公布的第一批'人类口头和非物质遗产代表作'名录中，至今，中国传统戏曲中越来越多剧种被列入非遗名录。"[①]

（四）戏曲文化的创新性

随着互联网技术的不断进步，戏曲工作者为了让戏曲实现继承发展，提出了符合新

---

① 张安迪. 从非遗角度探寻中国传统戏曲在现代发展［J］. 戏剧之家，2014（13）：13，21.

时代下的创新发展路径，让戏曲文化"活"起来，激发戏曲文化背后的动力。最为典型的莫过于相声了。郭德纲从众多佼佼者中脱颖而出，拜师学艺，把相声事业作为自己一生的追求。他建立德云社，培养相声人才，由传统的相声到现在与脱口秀相结合基础上形成的新相声，迎合了大众的口味。相声能回归老百姓的生活，重新成为大家喜闻乐见的艺术形式，郭德纲功不可没。他对当今互联网文化很有研究，为当今时代"沉睡"的戏曲探索出了一条新的发展道路。

三、戏曲文化旅游资源基础和趋势

我国是一个曲艺大国，也是一个戏剧大国，同时也是一个能歌善舞的国家，戏曲文化旅游资源有着天然的基础和优势。

（一）戏曲文化和旅游发展基础

1. 地域性强，风格迥异

我国是一个地大物博的多民族国家。戏曲由诞生、演变到今天，经历了几千年的历史。从古至今，中国的戏曲文化就有品目繁多、地域性强的特点。

戏曲：中国共有348个剧种，有京剧、昆剧、评剧、豫剧、越剧、秦腔、二人转、川剧、粤剧等，其中有较强地域性的占80%左右。除此之外，还有一些少数民族特有的剧目。

曲艺：我国现存有400多个曲艺文化种类，比较有代表性的曲艺种类分别是苏州评话、评书、相声、数来宝、山东快书、京韵大鼓、河南坠子、陕北道情、单弦以及二人转等。

音乐歌舞：我国民族音乐一般分为5大类，包括歌曲、歌舞音乐、说唱音乐、戏曲音乐和器乐。我国舞蹈也多种多样，有秧歌、龙舞、跑旱船、多朗舞、掌上舞、霓裳羽衣舞，以及各种民族舞蹈等。

2. 大众性

中国戏曲文化实际上是一种依靠于人民群众的具有大众性的文化。只有真正被人民群众所接受的文化才能够永久留存下来。从戏曲文化的表现和内容以及传递方式都可以看出这一点。美国传教士曾用这样一句话来描述中国戏剧的大众性："戏曲可以说是中国独一无二的公共娱乐，戏剧之于中国人，好比运动之于英国人，或斗牛之于西班牙人。"[1] 这确实是比较中肯的结论。

---

[1] 潘光旦. 中国伶人血缘关系之研究.［M］.上海：上海书店，1991：13.

3. 娱乐性

戏曲文化和旅游实际都有着一定的娱乐性。中国传统文化不断发展，人们生活水平不断提高，戏曲文化的娱乐性也逐渐增强。异地旅行的游客，会被当地别具风味的戏曲文化所吸引，戏曲的娱乐性和游客的精神需求是相吻合的。

（二）戏曲文化和旅游发展趋势

"戏曲艺术是古代各种艺术的综合，这种综合一个最主要的特点就是，整个中国艺术的原则在这里得到了一种形式美的定型。这种形式美的定型用理论术语来表达，就是程式化和虚拟化。"①

1. 综合性

"戏曲以其本身的综合性质把各门艺术（音乐、舞蹈、文学、雕塑、绘画）结合在一起并使之精致化了。"②综合性不仅表现在它将各个方面结合在一起，而且还表现在它精湛深厚的艺术表演上。例如，零陵花鼓戏的音乐和表演各有各的特点，两者结合在一起，使它的念白、歌舞、声腔、伴奏等都极具地方特色，受大众所喜爱。

2. 程式化

程式化是一种形式化美的定型。而与其对应的则是脸谱的划分、穿戴的区别以及唱法的分类。这些都是由戏曲的程式化分类而来的。如永州的祁阳小调，唱词的结构多为七节字，四句一节，有时也有五字句和长短句的唱词，但是并无其他字句的唱词。它的程式性源于在一个个小小戏台上所展示出来的大千世界。中国戏曲没有布景的空白，赋予了表演一种流转行动的自由，它的美学意趣是向程式化发展。

3. 虚拟化

另一种形式美的定性则是虚拟化。演员在台上做出一些特定的动作，就可以实现空间的转换，让观众充满想象，从而幻想出戏台上没有出现的东西或场景，这就是虚拟化。比如有些戏曲通过搬重物、骑马等一系列常见的虚拟化动作，调动观众想象，创造出最具特色的形式美。

四、戏曲文化旅游开发的成效和不足

（一）戏曲文化旅游开发的成效

戏曲是我国优秀传统文化的重要组成部分，随着文化旅游产业的发展，戏曲受越来越多的人所喜爱，在文化旅游产业中也发挥着越来越重要的作用。湖南省永州市拥有着

---

① 方克立，张岱年. 中国文化概论.［M］. 北京：北京师范大学出版社，2004：1.
② 方克立，张岱年. 中国文化概论.［M］. 北京：北京师范大学出版社，2004：1.

丰富多样的戏曲文化旅游资源，如祁剧、祁阳小调、零陵花鼓戏、道州调子戏等。这些戏曲资源在永州旅游产业中发挥了重要作用。以永州零陵古城为例，在零陵古城内，我们可以看到包括祁剧、祁阳小调等非物质文化遗产在内的表演。值得一提的是，"祁剧作为一门扎根于永州的地方性戏曲艺术，明确了自身的区域定位，在零陵古城文旅项目中，祁剧通过表演的形式对永州区域文化的活态化起到了不可替代的作用"[①]。这些文化资源以零陵古城为依托，既发展了永州的特色旅游，又传播了优秀的永州特色文化资源，吸引了大量的消费者前来欣赏，丰富了旅游形式，增强了旅游行业的文化属性。

文化旅游产业的蓬勃发展说明了一个道理：文化与旅游二者相结合是互利共赢、共同发展的。戏曲与旅游的结合既有内在规律，又有一定的时代价值。戏曲文化是借助舞台，集音乐、表演、语言、美术于一体的综合艺术，是需要通过观众欣赏来实现它的价值的。通过与旅游相结合，为消费者提供精神和物质的双重服务，在一定程度上能够满足消费者的精神、情感需求。这既有利于戏曲文化的传播，又有利于旅游业的经济创收。永州祁阳县白水镇的竹山村是祁剧发源地之一，它在未开发前仅是风景秀丽的小乡村，在开发乡村旅游业的同时，着重打造"生态休闲旅游牌、民俗风情文化牌、最早科班祁剧牌"的品牌，充分挖掘当地祁剧文化资源，以祁剧演艺、祁剧行头加工与博览交易、祁剧教育培训等文化产业为依托，以旅游和文化创意产业为基础，通过资源整合和空间聚合打造祁剧文化有传承、旅游产业有支撑、生态环境优美、适宜居住、戏曲文化氛围浓郁的特色小镇。现在已建设成为全国文明示范村，跻身湖南省特色旅游名村前列。[②]祁剧与乡村旅游相结合，不仅推动了永州地方旅游经济发展，还使旅游者充当了传播者和传承者的角色，扩大了祁剧的影响力，使戏曲文化与旅游都朝着更高层次发展。

（二）戏曲文化旅游开发的不足

1. 戏曲文化旅游缺乏政府统筹，产业链不完整

当前戏曲文化旅游发展多以局部旅游、区域旅游为主。各区域发展差距较大，各区域之间未形成真正的产业链，全域发展滞后。例如，在吸引游客方面，各行业配合不协调，宣传不到位，旅客以短途游、自驾游等一日游形式居多，留不住消费者；文旅产品方面，很多戏曲资源没有被合理利用，没有开发出能吸引消费者的文创产品和旅游产品；在文旅产业要素方面，戏曲文化旅游的产业链短，一般只停留在"观光经济"的层面上，消费者无法参与进来，且二次消费的概率较小。

---

① 黄绮.文化旅游视角下永州祁剧文化的产业化思考［J］.大观（论坛），2020（08）：76-77.
② 黄绮.文化旅游视角下永州祁剧文化的产业化思考［J］.大观（论坛），2020（08）：76-77.

2. 缺乏文旅融合复合型人才及戏曲表演型人才

人才资源才是第一资源，新的旅游业态对从业者提出了更高的要求，需要更多理念超前、敢于创新、经验丰富的人才投入到戏曲文化旅游当中来。现在的戏曲表演从业人员越来越趋于老龄化，有些表演不符合当代年轻人的审美。想要更好地发展戏曲文化旅游，需要更多新时代复合型人才加入，提供一些新鲜血液、一些新的时代元素，实现传统戏曲的创新，满足当代年轻人的需求。

3. 缺乏精准市场研判，市场供需失衡

随着信息技术、互联网技术的发展，人们的审美朝着多元化和个性化发展，传统戏曲艺术凭借着历史沉淀和吸引力在当前形势中仍大有可为。但是，如果缺乏精准的市场研判，不能准确地捕捉市场需求，不能提供切实满足市场需求的产品，便会导致市场对现有的戏曲文化旅游产品认可度有限。

4. 戏曲文化旅游"表面化"，缺乏深度体验产品

当前戏曲文化资源与旅游结合还处于初级阶段，一些景区只停留在简单的观光阶段，没有形成以戏曲资源为核心的餐饮、住宿等一条龙服务，无法满足消费者的多元需求。有些景区戏曲资源众多，但没有突出特色主题，打造标杆，导致消费者的注意力分散。戏曲文化旅游产品也比较单一，没有深度体验产品，无法满足消费者的个性化需求。

5. 传统剧目受众面趋于狭窄

由于时代的变化，一些传统戏曲艺术往往会受到年轻人的忽视。以祁剧为例。祁剧等传统剧目缺少年轻一代的创作主体的继承和发展，并且，祁剧、祁阳小调等剧目以当地方言为主要语言，外地游客可能会在理解上有障碍，这也在一定程度上影响祁剧等传统剧目的受众面。

五、国内外戏曲文化和旅游发展的典型案例

（一）伦敦西区

伦敦西区是英国戏剧界的代名词。伦敦有100多家剧院，剧院区就集中了40多个，每天上演的剧目加起来就可能超过一些小地方全年表演的数量。伦敦西区面积不到1平方英里，但它却是世界两大戏剧中心之一，是推动英国旅游发展的重要力量。英国戏剧的发展历史悠久，16世纪末出现了第一家露天剧院。莎士比亚创作的许多深入人心的作品被搬上戏台，戏剧开始由寻找观众变为在固定场所演出吸引观众，这一时期是戏剧发展的黄金时期。

现如今，伦敦西区剧目数量非常庞大，但音乐剧《悲惨世界》《歌剧魅影》仍经久不衰。不可否认，好的内容是作品延续下去的根本，但也需要跟随时代发展而进步。有学者曾从融合、创新、保真三个方面来谈及伦敦西区戏剧创作，"融合主要是从表演艺术方法的结合运用、多种舞台艺术形式的相互走近两个方面进行讲述；创新则是从经典剧目的现代化创作以及新剧目主题和表现形式的选择两方面进行思考；保真即保持真实依然是戏剧演员表演的基本要求。"[①] 可以说，好的舞台、内容、演员能够让一部剧目流传下去，继承发扬。因此要以精美的舞台、丰富精湛的内容、优秀的演员来吸引全世界的观众。

伦敦西区位于伦敦市中心，剧院密集，人流量大，形成了一个高度聚集的艺术园区。西区上演的剧目种类众多，有音乐剧、话剧、喜剧、歌剧等，甚至是多种类型混合的剧目，这些上演的剧目满足了许多人的爱好。伦敦西区充分发挥了"表演艺术产业的聚集效应"。"有调查数据显示，三分之二的外地游客将看戏剧演出列为到伦敦的重要因素；有四分之三的海外游客将观赏戏剧演出列为伦敦旅游的重要项目。在伦敦剧院区看戏的观众里，外国游客约占四成，其中，美国游客占了近一半。"[②] 可见，伦敦西区戏剧的发展大大带动了当地旅游业的发展，它用有限的空间为观众提供了多样的选择，以集体的优势吸引庞大的观众群。

（二）美国百老汇

百老汇原意为"宽阔的街"，是美国纽约市重要的道路——百老汇大道。百老汇大道贯穿曼哈顿岛，道路两旁林立许多剧院，历史悠久，艺术氛围浓厚，是美国戏剧和音乐剧的重要发扬地，因此，"百老汇"也成了音乐剧的代名词，成为世界两大戏剧中心之一。

百老汇分为内百老汇、外百老汇、外外百老汇。一般情况下，我们所熟知的百老汇是指内百老汇。百老汇每天上演的剧目很多，但是在表演艺术上却没有条框拘束，凡是能让人感觉到耳目一新的作品就是好作品，这需要团队在多方面进行改变与创新。"内百老汇演艺产业的成功，也与其高科技的应用与大量资金投入有着不可分割的关系。结合高科技的舞台机械、灯光音响及其他舞台专用设备的应用，大制作可以创作出新颖独特，华丽壮观的舞台布景和气势磅礴、震撼人心的舞台效果，和剧情融为一体，展现出极其诱惑的魅力，吸引观众观看演出。"[③] 内百老汇结合时代科技发展，用高科技呈现出

---

① 陈宁.伦敦西区戏剧创作考察——融合 创新 保真[J].艺海，2020（11）：21-24.
② 秦沣.从英国伦敦戏剧产业发展看西安打造梨园之都[J].新西部，2018（22）：52-55.
③ 黄河清.美国百老汇运作模式及其启示[D].中南大学，2011.

独特的舞台，给予观众最好的视觉体验。百老汇有许多剧目并不是原创剧目，但这些剧目却是通过百老汇演出才走红，比较著名的如《猫》《歌剧魅影》等舞台剧，由伦敦西区原创演出，美国百老汇买下其版权，加以精心修改，赋予其独特的风格，最终获得巨大成功。

"美国百老汇与美国旅游业的走势紧密相连，形成了自己的产业结构，完整的产业链，有很好的经营运作模式和工作团队。"① 如今，百老汇歌剧已经成为纽约产业中的支柱产业，观看百老汇歌剧成为每一个来美国纽约旅游、访问的游客的必不可少的节目。

（三）巴西桑巴

巴西向来热情，其奔放的舞蹈、美妙的音乐，无不吸引着慕名前往的人们，它的音乐文化受到世界人民的喜爱。提到巴西音乐舞蹈，人们会想到桑巴，但是，巴西音乐舞蹈中不只有桑巴。"巴西拥有丰富的音乐财富，它们是传统的巴西文化和其他异国文化共同塑造的结果，具有鲜明的特点。巴西音乐受非洲、欧洲和美国印第安音乐的共同影响，经过了500多年的历史发展，产生了一系列像高雅奔放的桑巴、极具特色的兰巴达、委婉柔美的波萨诺瓦、风情变幻的巴西摇滚以及绍罗、弗莱欧、马拉卡图等或传统、或现代的体裁。"② 不过，桑巴的热情奔放却是最能代表巴西人们性格、最具吸引力的音乐舞蹈。

桑巴一般由数人至十几人组成的乐队演奏，鼓是必不可少的，其音乐节奏非常强烈。在巴西最大的城市——里约热内卢，有着世界上最大的音乐节，也是狂欢节，它吸引了成千上万的人聚集在一起庆祝和欣赏无数多彩的音乐。每年三月间在巴西里约热内卢等城市举行的狂欢节上，桑巴的旋律就会响彻大街小巷。巴西的狂欢节离不开桑巴，巴西人说：没有桑巴舞，就不存在狂欢节。

（四）新疆音乐舞蹈

人们提起新疆就会想到他们的羊肉串、哈密瓜、新疆美女帅哥还有扭脖子的新疆舞蹈，新疆从古至今就有"歌舞之乡"的美称。新疆有很多少数民族，如维吾尔族、哈萨克族、回族、塔吉克族、乌孜别克族、蒙古族、俄罗斯族等，他们都是能歌善舞的少数民族。当然，我们所熟知的维吾尔族舞蹈，是新疆最具代表性的舞蹈之一。

维吾尔族舞蹈分为4个种类——赛乃姆舞、萨玛舞、刀郎舞、纳孜尔库姆舞，这些舞蹈有着浓厚的西域风格，让人们不禁联想到千年前的西域风光。"舞蹈的审美功能和社交功能能够更多地给游客提供参与舞蹈活动的机会。通常，游客到各地旅游区都能观

---

① 朱笑乐. 从美国百老汇看中国戏剧应如何创新 [J]. 青春岁月, 2012（04）: 33.
② 谢佳音. 混血种文化孕育的混血音乐——热情巴西 [J]. 音乐生活, 2013（12）: 34-35.

赏到当地民族的节日活动或本民族集体舞蹈活动。当地人民一边跳舞，一边邀请游客参与具有特色的舞蹈活动，人们不仅能够感受到舞蹈带来的审美愉悦还能通过亲身参与的形式很快融入到舞蹈与生活所带来的肢体和情感体验，增强对当地文化的理解和感受性。"①

（五）陕西《仿唐乐舞》

20 世纪 80 年代，为解决外宾"白天看庙，晚上睡觉"的困扰，陕西歌舞团精心打造了我国最早仿古乐舞精品《仿唐乐舞》，表演内容包括唐代西安鼓乐、敦煌曲谱等著名舞蹈和乐曲，编舞和配乐都具有最大程度的真实性，充分展现了唐代舞蹈、乐曲的艺术风格，得到国内外观众的普遍赞誉。直至今日，《仿唐乐舞》仍然是陕西旅游节目中不可缺少的一部分。"历年来该团共创编系列节目五台。在省内各演出点共演出 2 万多场，创收过数十亿元；仿唐乐舞的原创和版权拥有者的陕西省歌舞剧院与演出经营者旅游部门合作长达 12 年，双方根据市场的需要及时进行产品调节，每年对演出节目进行加工、修改、补充新创作节目，引进良好的舞美设施进行包装，保持了'长演长新，经久不衰'产销两旺的势头，历年间演出 5000 余场，接待过 100 多个国家和地区的政府首脑和 100 多万名外宾，使'仿唐乐舞'成为陕西旅游产业中的著名文化品牌。据统计，近年观看仿唐乐舞的境外客人约占总量的 1/3，按 2001 年我省接待境外客人 76 万人次计，仅唐乐宫一处的演出年收入就可达 7500 万元，在传扬中国文化的同时，取得了可观的经济效益，为陕西省旅游业做出了卓著贡献。"②

（六）川剧

川剧是中国传统戏曲剧种之一，在四川、重庆、贵州以及云南部分地区都有分布，由昆腔、高腔、胡琴、弹戏、灯调 5 种声腔组成。川剧分为 5 个行当——小生、须生、旦、花脸、丑角。川剧在戏剧的表现手法、表演技法方面上有许多卓越创造。2006 年 5 月 20 日，川剧经国务院批准，被列入第一批国家级非物质文化遗产名录。

川剧作为地方文化品牌，对于推广旅游具有非常大的价值。现在，川剧欣赏成为旅游活动的一个重要环节，很多国内旅游团队甚至境外旅游团队都把川剧欣赏纳入了他们的旅游线路。川剧成了广大游客了解四川的一个重要媒介。"感受旅游目的地的地域文化特色是人文旅游的重要动机和目的之一，需要东道主通过对特色旅游产品的开发来引

---

① 马欣，冯庭民.新疆舞蹈在旅游产业中的价值与发展[J].新疆师范大学学报（自然科学版），2011，30(03)：47-50.

② 于立新.从仿唐乐舞说到旅游文化[J].西部大开发，2003（04）：16-17.

导。"① 四川有许多川剧院,诞生了许多戏剧节目,2022年,四川卫视推出了《中国有川剧》,这为观众感受川剧的魅力提供了一个公开的平台。川剧在发展中衍生了许多细分的周边产品,川剧的道具、服装、文化演出等均有自己的文化产业,在发展中,扩大了消费群体,吸引了更多的旅游观众。川剧脸谱作为川剧的一个重要符号,在川剧的传承和发展中起着重要作用,在一些川剧情景体验活动中,游客会穿着戏服,戴上脸谱,来感受川剧传统的文化内涵,有游客表示,除了看大熊猫,观看川剧表演成了到四川旅游的另一重要内容。

综上所述,英国伦敦西区凭借其悠久的历史,积累了大量的内容题材,在保证戏剧内容丰富的同时,其"表演艺术产业的聚集效应"给伦敦西区带来了巨大的生命力,有限的空间,无限的创作,满足了不同年龄段的消费者的需求。美国科技一直引领产业前沿发展,高新科技的运用延伸到了每一个领域,在美国百老汇戏剧演艺事业上也发挥了重要作用,给观众带来不一样的沉浸体验。巴西本土音乐不断发展,融合了多种音乐风格,充满了浓郁的欢乐气息,全民参与度高,让桑巴舞、狂欢节同足球一样,成为巴西的象征。新疆的音乐舞蹈充满了少数民族的风情,在新疆这片多民族聚居的土地上,许多少数民族的节日活动都很有特色,参加这些活动,游客可以充分体验到当地的舞蹈特色和音乐氛围。陕西的《仿唐乐舞》是新时期打造的精品节目,融合了古代许多舞蹈乐曲,在满足游客观看的需求上,充分展示了唐代舞蹈、乐曲的艺术风格,且现在仍在不断改进创新。川剧衍生产品很多,许多商品都含有戏剧元素,且川剧的表演形式也在不断创新,如脸谱变脸、喷火等,都让人印象深刻。

六、推动戏曲文化及旅游发展的对策建议

戏剧、戏曲、曲艺艺术是人类生活的重要内容,也是旅游发展的重要资源基础,在新时期,戏曲文化和旅游融合发展仍有较大的提升空间。

(一)进一步构建和完善相关体制机制

戏曲资源种类丰富,分布广泛,历史悠久,具有较高的文化价值。对戏曲文化资源进行开发利用能够更好地激发旅游开发中的文化活力,增强文化吸引力,展示地域文化。完善的体制机制是戏曲文化旅游开发利用逐步走向正轨的保证,首先政府应注重文艺方面体制建设,通过文艺体制建设提高人们对戏曲文化资源的认识,从而进一步推进戏曲文化体制改革。要加大对地方戏曲的扶持力度、不断拓展戏曲的发展空间,从而形

---

① 陈实.戏剧产业与旅游产业的嫁接模式初探——以川剧为例分析[J].旅游纵览(行业版),2012(04):28,30.

成浓厚的戏曲文化旅游氛围；其次政府应注重保护机制建设，加强立法，在对戏曲文化资源开发利用的同时，更注重保护戏曲文化资源。

（二）大力培养戏曲艺术表演型、复合型人才

人才缺乏是当代传统戏曲文化传承面临的最大困境，大力培养表演型人才以及文旅融合复合型人才是戏曲文化与旅游融合发展的基础性、长期性工程。

在培养表演型人才方面，应注重以演代训。表演艺术展现的最好途径是舞台演出，演员的生命在于舞台，只有给予年轻一代演员展示才艺的机会，鼓励他们参加各种戏曲展演，才能使其不断在舞台上突破自我；其次要注重师资队伍建设。传统戏曲艺术表演家的缺乏是培养新兴人才的一大痛点，因此，除了培育传统艺术家之外，还要加大民间人才普查力度，聘请民间优秀戏曲艺人，开设传统戏曲艺术培训班，培养新一代传承人，建设一支完备化、现代化、制度化的优质师资队伍；最后政府应该提供相应的政策保障。促进传统戏曲文化传承、培养传统戏曲接班人是政府的本职工作，政府通过不断完善激励政策、减免学费政策、就业保障政策等，吸引有天赋、有潜力的人才走上戏曲工作岗位，为戏曲文化传承夯实基础。

在培养戏曲与旅游融合的复合型人才方面，要让戏曲骨干人才学习了解戏曲文化和旅游融合发展的相关理论和实践知识，打破原来的传统思维定式，充分发挥传统戏曲与现代旅游业融合发展的经济文化价值。要积极推动地方戏曲队伍与各大高校旅游研究人才之间的合作，通过旅游人才与曲艺人才联合，不断完善复合型人才培养机制。

（三）实现戏曲文化"生活化"

将戏曲、戏剧、曲艺艺术融入民众的日常生活，是实现戏曲文化"生活化"的重要途径。可适当将戏曲与传统节日相融合，在春节、中秋节等传统节日安排地方戏曲表演、举办戏曲文化旅游节等文旅融合相关活动，一方面促进地方旅游业发展，增加当地民众收入，另一方面促进对传统戏曲的宣传，让民众在不经意间领略传统戏曲的魅力。

（四）信息技术与传统戏曲结合，精准判断市场需求

随着互联网、5G技术的深度发展，利用大数据信息技术精准获取旅游市场用户需求无疑是进行戏曲旅游开发的重要手段。一方面，互联网用户通过移动端可实现在线交流，戏曲文化与旅游融合发展首先应通过大数据分析，获取相关信息，了解旅游产业时代需求。通过大数据提供的有效信息对现有的传统戏曲类文化资源进行创新升级，用喜闻乐见的方式向大众普及，通过沉浸式戏曲、戏曲文化主题酒店、戏曲文化主题餐馆等多种形式促进文旅产业融合，进而达到戏曲文化与旅游的深度融合。另一方面，可利用互联网建立戏曲资源数据库、戏曲文化交流平台，让戏曲文化在广大互联网用户中渗

透,市场主体企业可以低成本、高效率地加强戏曲艺术影响力。同时,企业可以根据大数据进行个人偏好分析,进行私人定制戏曲推荐,设计精品戏曲旅游方案,不断丰富戏曲、戏剧、曲艺旅游产品种类和旅游方式。可以通过互联网信息技术多维度展示戏曲文化内容,通过全息投影和VR技术打破时间与空间的界限,通过现代科技与传统戏曲结合更好地向观众全面、多样地展现戏曲艺术,满足多样化消费需求。

(五)创新传统戏曲内容,促进戏曲与旅游融合

"文化本质上是创造,而旅游本质上是消费。文化和旅游结合,就是要把创造和消费结合,形成有内容的产品。而内容最重要的就是创新,创新最重要的就是创意。"① 戏曲文化要打造品牌,创造有内容有意义的高质量产品,最重要的就是创新。除了传统的戏曲现场演出,还可以将戏曲内容制作成电影、纪录片、动画片等,丰富创作内容,创新传播方式,多维度展示传统戏曲文化。在互联网经济如此发达的今天,只有打破传统传播方式的局限,才能实现传播效益最大化。以传统戏剧为原型打造的电影、动漫人物不仅仅是普通民众的戏曲通识课,更是传统戏曲国际传播的重要物质载体。只有高质量的戏曲文化创造,才能带动旅游产业的发展,加快戏曲与旅游的融合进程。现代化的进程逐渐加快,传统戏曲艺术已经不能满足当代年轻人的需要,大部分青年群体不愿意对传统戏曲进行消费,更不愿意花钱体验戏曲旅游,其中最重要的原因是传统戏曲创新力度不够,对当代年轻人的吸引力太低。只有不断创新传统曲艺内容,增强其艺术感染力,才能实现戏曲文化旅游的大众化。

☞ 拓展链接

---

① 周晓薇.生活、场景、内容:苏州地方戏曲、曲艺与旅游融合发展的理论逻辑与实践探索[J].艺术百家,2020,36(01):78-84,129.

第十二章 书画雕塑文化与旅游发展

书画雕塑艺术文化是一个国家文化的重要组成部分,是现代旅游珍贵的文化资源和旅游吸引物。合理利用书画雕塑艺术文化,释放书画雕塑艺术文化所蕴含的宝贵价值,将是旅游发展重要的推动力。优秀的书画雕塑艺术文化能够为旅游发展注入新鲜血液,应不断挖掘和创新书画雕塑艺术文化的丰富内涵,推进其与旅游业深度融合发展。

一、书画雕塑文化概述

书画雕塑艺术是用一定的物质材料,如纸张、画布、色彩、石头、金属等来塑造平面或立体的视觉形象,以用来反映现实自然或者社会生活并表达艺术家思想和感情的艺术形式。人们通过书画雕塑艺术的视觉和想象能够感知具体的物象。书画雕塑艺术都是人类通过长期实践活动而总结出来的,它折射着人们思想及书画雕塑技术的演化。人们通过书画雕塑艺术作品可以重新认识客观世界,得到与其他人不同的全新体会。现代人可以通过以前的书画雕塑艺术作品了解那一时期的历史,也可以通过现代的书画雕塑艺术作品理解和欣赏不一样的世界。书画雕塑艺术有利于培养人的审美,让人们更好地感受身边的事物,学会欣赏和创造美的能力,促进自身个性化发展。

鉴于笔者要探讨的"书画雕塑文化与旅游发展"主题的需要,本章所涉及的书画雕塑文化概念内涵较丰富,包括书法、碑刻(石刻)、绘画、雕塑等。

关于书法文化,在中国古代书法理论中,第一个给书法下定义的是东汉时期的书法家蔡邕,他在《笔论》中将书法的定义为:"为书之体,须入其形,若坐若行,若飞若动,若往若来,若卧若起,若愁若喜,若虫食木叶,若利剑长戈,若强弓硬矢,若水火,若云雾,若日月,纵横有可象者,方得谓之书矣。"[1]笔者认为,书法是将心中的情感用手中的笔墨书写出来,展示出作者的意境以及所要表达的思想。相传创造中国汉字的祖先是仓颉,其说法来源于大家耳熟能详的神话故事"仓颉造字",虽缺少现实依据,但也能从一方面说明我国文字创造距今久远。我国目前为止发现的最早文字是商朝时期

---

[1] 蔡邕. 笔论 [C] // 历代书法论文选. 上海:上海书画出版社,2014:5-6.

的甲骨文，是在出土的龟甲上发现的较为完整的文字。中国书法从字体上可以分为篆、隶、楷、草、行五大类。随着人们生活水平不断提高，文化思想越来越丰富，文字不再是单纯传递交流信息或是与天对话的工具，许多有闲情雅趣的人士开始将书法作为一种表达自己思想境界和追求的方法与途径。在书法艺术发展势头较猛的魏晋时期，即使社会动荡不安，书法艺术也得到了极大程度的发展，"书圣"王羲之以及其子王献之，楷书的鼻祖钟繇等都是对书法艺术的发展起到极其重要作用的人物，这些书法大家所流传下来的作品至今都有很高的价值。

关于碑刻、石刻文化，黄永年先生认为："言'碑'可以概其余墓志、造像之属，言'刻'则明其必石刻而不得为文集中物也。"[1] 笔者以为可将碑刻文化定义为泛指刻在石与碑上的文字与图案形状，也可进一步认为是刻在石上的书法，是一种不同类型的文化载体。古人将记载事物事件的方法从竹帛和纸张上转移，想要将它长期保留，便使用碑刻，使得它能少受外界因素干扰，从而能够尽可能完整地保存下来。早期的碑刻用途主要是记载祭祀画面、描述事件，以及作为标记和指引等一系列的作用。例如我国湖南省永州市境内，就有约50处摩崖石刻景观，其中被列为国家重点文物保护的单位的有7处，在国内是少有的研究摩崖石刻的丰富资源胜地。较有代表性的浯溪摩崖石刻以"大唐中兴颂"碑的文绝、字绝、石绝著称于世，该碑文不仅描述了美景，同时也记载了安史之乱、玄宗逃蜀、肃宗即位等史实事件，兼具观赏价值和高质量文学、史学研究价值。

关于绘画艺术，"是指对客观事物的物质形态进行某种描述，注重捕捉所描绘对象的精神，加强其形式特点，使其结构得到简化。事实上，作为一种艺术文化的表现形式，它是静止的，而这种静止的文化表达方式也是一种造型艺术。根据不同的标准，绘画艺术可以有多种类别，如根据所描绘对象定的非人物画可以分为：动物、植物、山水；根据所用材质，可以分为油画、水墨画等；根据图像的表现方式，也常常把油画分为连环画、漫画等。从这一点可以看出，绘画的种类确实是千差万别的"[2]。绘画艺术的发展经历了一个漫长的历史时期。在半坡文化时期，我国就已经出现在彩陶上面绘制图案，可以算作是最初的绘画开端。半坡人利用对天然材料的颜色变化规律的了解，经过自己的调试将颜色用于彩陶的装饰，这种装饰既是早期不成熟体系绘画的开端，也是半坡人对原始生活的记录以及对美好生活的向往，在具有艺术情趣的同时也蕴含价值情感取向，可算作是早期不完善的绘画艺术文化。"正所谓中国绘画艺术的开端，可谓是到

---

[1] 黄永年. 古文献学四讲[M]. 厦门：鹭江出版社，2003：212.
[2] 张佩琦. 绘画艺术与群众文化[J]. 三角洲，2022（17）：164-166.

了魏晋南北朝时期，这一时期北方政治局面动乱，开始出现晋室南迁，这种现象也很大程度上促进了南北方文化的交流，推动了南方经济的发展。"[1]中西方的绘画差异不仅仅体现在绘画用具上，也体现在不同的审美观念中：中国绘画极富古韵内涵，还反映当时人们的精神内涵，而西方的绘画则是强调写实为主，运用不同的色彩搭配与光影搭配技巧将所见的自然景色与人物神态表现出来。绘画艺术发展至今，结合当今时代的科学技术，并融合西方艺术，已经出现了多种表现形式，如素描、AI绘画、水彩、铅笔画、色粉画等，画画的载体也不再局限于纸张，涂鸦艺术的承载物变成了公共、私有设施或墙壁。

关于雕塑，王林先生曾这样描述其概念："艺术家通过木材、矿石、金属等可雕的硬性材料，或黏土、石膏、树脂等可塑材料创造出占有三维空间的可观看和可触摸的艺术形象，以此来表达审美情感和反映社会生活"[2]。德国哲学家黑格尔从艺术家的角度和雕塑的内在意义上对其下了这样的定义："大致说来，雕塑家捕获一种惊奇感，精神把自己灌注到物质性的材料中，再通过这种物质材料塑造一种外在形状，使自己从中看出自己就摆在面前，并认出这种形状就是符合自己内在生活的形象时所感受到的那种惊奇感。"[3]雕塑文化最早起源于制作使用磨制石器的新石器早期，人们在打磨石器中慢慢磨炼了雕刻技术。与西方雕塑的注重形体、强调个人美的写实不同，中国的雕塑多以写意为主，雕塑的类型对象范围广泛、样式多种多样，雕刻方式主要是观察加想象，以体现情感与内在含蕴为主，带有个人的主观情感。雕塑发展较为成熟的阶段是秦汉和魏晋南北朝时期，例如"世界八大奇迹"之一的秦始皇兵马俑，让全世界人民真切地感受到中国雕塑艺术的技术水平。秦始皇兵马俑以写实为主，兵、马、将、武器、战车、御者，等等，都栩栩如生，让世界人民为之震撼。在明代铸成的秦桧夫妇的跪像很好地融合了设计者浓烈的情感色彩，二人反剪双手，面目而跪，面容沮丧，先人铸造此雕像的意义是为了警醒后人，万不可做奸佞、卖国之人，具有较高的教育意义与情感色彩。西方著名雕塑《大卫》是意大利文艺复兴时期雕塑家米开朗琪罗·博那罗蒂的大理石雕塑，该雕塑不管是在性别特征上还是人物特征上都十分写实，给人强烈的逼真感，并且在人物的刻画展现上十分大胆，注重形体展现，与中国雕塑的含蓄内敛截然不同。

---

[1] 王艳敏.分析中国绘画艺术发展中的"立意"之美[J].艺术品鉴，2022（21）：24-26，41.
[2] 王林.当代雕塑八论[M].重庆：重庆大学出版社，2016.
[3] 黑格尔.美学[M].寇成鹏，译.重庆：重庆出版集团，2016.

二、书画雕塑文化和旅游发展概况

充分挖掘利用书法文化的旅游价值推动旅游发展,成为现今文化旅游发展的一种新模式,在吸引游客的同时,又推动着书法文化的传播和传承。中国书法在对外传播、促进入境旅游方面也起到独特作用。早在唐代,中国书法就受到高丽、日本等国人民的追崇。《新唐书·欧阳询传》记载:"询初仿王羲之书,后险劲过之,因自名其体。尺牍所传,人以为法。高丽尝遣使求之。"《柳公权传》亦载:"外夷入贡者,皆别署货贝曰'此购柳书。'"当时周边诸国纷纷来朝,各国遣唐使在学习中国文化的过程中格外关注中国书法,纷纷购买名家作品,中国书法从那时起就对朝鲜半岛、日本产生了很大影响,甚至影响到他们的文字。进入新世纪以来,"中国书法在全球'汉语热'浪潮和孔子学院建设下,其传播之路已经涉及韩国、日本、新加坡、马来西亚、泰国等众多东南亚国家,和英国、德国、法国、意大利、美国、加拿大、澳大利亚等众多西方国家,以及众多非洲国家,可以说,中国书法传播之路已经蔓延世界各地,书法已经成为中国在国际社会中树立国家形象的象征性符号"。[①] 正是由于书法的魅力,越来越多的国外游客来到中国参观学习游览。在当今经济全球化、文化多元化的背景下,中国书法吸引着越来越多渴望新奇、追求艺术美的国际游客慕名前来。国际交流,思想的碰撞,也激发了书法的进步,使之呈现出一片欣欣向荣的局面。发展到今日,书法已不再只依赖于笔墨纸砚的抒发,不仅仅是曾经只能呈现在纸上的符号,借助当代高科技和互联网的进步,它开始衍生出"字体"的形式,像黑体、圆体、综艺体、霹雳体、琥珀体、彩云体等,也创造出了种类繁多的含有书法元素的旅游商品。

绘画艺术文化推动旅游发展,从全球美术馆的发展即可见一斑。就拿中国来说,截至2021年底,全国美术馆的展览数量更是达到了7526个,参观人数3515.84万人次。通过这些年的不断发展,全国美术馆硬件设施情况不断改善,服务水平进一步提升,展览内容更加丰富,参观人数稳步增长。美术馆的增加,表明人们对于艺术的追求在增长,当然也有一部分原因是中国绘画文化历史悠久,人们愿意为如此美丽的画卷买单,雄厚磅礴的山水画、空灵潋滟的花鸟画、沉稳内敛的人物画,各有千秋,各自以自己的特色吸引着无数观众。从全球来看,欧洲国家如荷兰、法国、西班牙等的油画,日本的漫画以及素描、版画和水彩画等,这些都是各个国家推进旅游发展强有力的软实力。

随着旅游市场需求不断变化,大众对于旅游的需求越来越强调个性化,迫切需要留

---

① 高媛媛.新世纪中国书法艺术西向传播的路径研究[D].南京师范大学,2020.

下当地的一些特色旅游商品作为纪念，在绘画艺术浓厚的旅游城市，装饰绘画是一个很好的选择，将艺术气息融入生活，绘画当中蕴含的文化元素装饰并充盈游客未来的生活，这既是游客对美好旅游经历的收藏和回忆，又是对当地特色文化的支持和传播。

三、书画雕塑文化和旅游发展基础和优势

随着世界经济的飞速发展和人们生活水平的大幅提高，旅游业的需求不断增加，人们旅游也不再是单纯地游山玩水，而是开始注重旅游体验。"人民的旅游需求将从'有没有'转向'好不好'，从'缺不缺'转向'精不精'，对旅游产品多样化、特色化和品质化提出了新的更高要求。"[①] 依托书画雕塑艺术文化发展旅游产业也越来越受到人们的关注，因此我们要抢抓机遇，不断推动书画雕塑艺术与旅游业融合发展。

（一）书画雕塑艺术文化与旅游发展的基础

1. 文旅深度融合，释放发展潜能

文化是旅游的灵魂，旅游是文化的载体，"旅游的核心问题是文化问题，文化是旅游的精髓和灵魂，是推动旅游发展的原动力。"[②] 二者相辅相成、相互促进。通过文旅融合，能够赋予旅游产业文化的属性，使其具有持久的吸引力、竞争力和生命力。

从全球范围来看，文旅融合已然成为必然趋势。在全球一体化的背景下，不同国家和地区的文旅产业都迎来了新一轮发展机遇，国际旅游需求不断增加。

从国内来看，"《中共中央关于制定国民经济和社会发展第十四个五年规划和2035年远景目标的建议》提出，'推动文化和旅游融合发展，建设一批富有文化底蕴的世界级旅游景区和度假区，打造一批文化特色鲜明的国家级旅游休闲城市和街区……'标志着文化和旅游业进入了高度融合发展的新时代"[③]。这为文化和旅游的改革发展指明了前进的方向。以文塑旅，以旅彰文，进一步激发新动能，形成新优势，实现新发展，让人们在领略自然之美的同时也能感悟文化的魅力。

2. 政府多措并举，助推文旅发展

文化艺术的传承和发展是推动一个地区经济发展的重要手段，也是促进一个区域旅游业发展的一项重要举措，文化艺术和旅游的有机结合能够促进政治、经济、文化、社会、生态等各方面的协调发展。

文化旅游是一个国家依托文化资源开展商业旅游活动，进而促进就业、繁荣经济、

---

① 戴斌.构建主客共享文旅融合的新空间[J].中国国情国力，2021（06）：1.
② 沈祖祥.旅游文化学（第3版）[M].福州：福建人民出版社，2011：1.
③ 张冠群，阿荣娜，宋河有.民族旅游场域中文旅融合的逻辑分析——基于旅游本质的再思考[J].资源开发与市场，2022，38（12）：1505-1512.

传播特色文化和扩大国际影响力的重要途径和方式。全球范围内的各个国家都通过加大财政投入、文化遗产挖掘、改善服务等综合措施，推动文旅产业繁荣和经济社会发展，增强自身文化软实力和国际竞争力。

3. 群众需求增加，旅游蓬勃发展

当前，人们对生活品质的要求越来越高，休闲娱乐的时间不断增加。旅游作为人们生活的重要组成部分，是当下必不可少的休闲方式。书画雕塑艺术是一种独特的艺术形式，它集高雅、艺术、休闲、放松于一身，通过绘画、书法、雕刻等艺术手段展现其内在精神与外在形象，是人们对于美好生活向往和追求的一种方式，被越来越多的普通人所追崇，市场需求不断扩大。

（二）书画雕塑艺术文化与旅游发展的优势

1. 书画雕塑艺术资源种类多样

书画雕塑艺术资源大致分为书法、绘画、雕塑、碑刻四大类。

书画雕塑艺术是中国文化的独特表现艺术，中国历史上书体各具特色，涌现出很多著名的书法家。有"书圣"王羲之，他的代表作《兰亭集序》被称为"天下第一行书"；有著名的楷书四大家欧颜柳赵；有以"狂草"名世，史称"草圣"的怀素等。

绘画在宏观上可以分为两类，即中国画和西洋画。中国画按技法分类可分为写实、写意和工笔，按题材分类可分为山水画、人物画和花鸟画，按规格分类可分为轴、卷、册页、扇面。著名的中国画作品有东晋顾恺之的《洛神赋图》、北宋张择端的《清明上河图》、元代黄公望的《富春山居图》等。西洋画种类繁多，包括油画、水彩画、水粉画、漫画、素描、速写等。著名的作品有《蒙娜丽莎》《拿破仑穿越阿尔卑斯山》《拾穗者》《最后的晚餐》等。

西方雕塑以人为主要创作题材，大都采用写实手法，著名的雕塑有掷铁饼者、持矛者、断臂的维纳斯、思想者等。中国雕塑涉及各个方面，主要可以分为陵墓雕塑、宗族雕塑和劳动生活及民俗雕塑。雕塑运用的材料也是丰富多彩的，不仅有青铜、石、泥、陶等材料，还有玉雕、牙雕、木雕、竹雕等。著名的雕塑作品有秦兵马俑、四川乐山大佛、曲阜孔子像、三亚南海观音像、橘子洲头毛主席雕像等。

碑刻也有着悠久的历史，承载了文化艺术和历史信息，是具有独特内涵的文化符号。从世界上来看，古埃及、古巴比伦等文明在公元前都出现了碑刻，例如北非罗赛塔埃及线形文希腊文双语石碑。但是无论是从数量的多少还是时代的延续，中国的碑刻文化都是独一无二的。"我国古代的碑刻不仅出现很早，而且由于在社会生活中被广泛应用，于是衍生出繁多的种类。仅以刻有文字的碑来论，常见的就有功德碑、纪事碑、墓碑、造像题记碑、题名碑、宗教碑、诗文碑、书画碑等。"① 著名的碑刻有《曹全碑》《颜勤礼碑》《唐蕃会盟碑》《人民英雄纪念碑》等。

2. 书画雕塑艺术丰富旅游内容

随着经济社会的发展和人民生活水平提高，全球进入了大众旅游新时代，单纯以观光看景为主的旅游已经不能满足游客"求新、求奇、求知、求乐"的旅游愿望。所以必须为旅游注入新的动能，这就需要用文化来提升旅游的品位，为广大人民群众提供更优更好的服务，丰富人民精神世界，增强人民精神力量，满足人民精神需要，提升人民获得感、幸福感。

书画雕塑艺术作为人类文化传承的重要载体，能够在旅游的发展中丰富旅游内容，为游客提供更多具有文化内涵与特色的产品和服务。首先，书画雕塑艺术文化旅游中对于历史典故、文物古迹、神话传说等的介绍有利于游客了解当地风土人情，从而促进当地传统文化的传承与发展，提高游客的民族自豪感和民族自信心。其次，通过对历史典故以及文物古迹等进行描述，能够为游客提供更多了解该地区的窗口，提高游客对该地区人文历史与经济社会发展状况的认知和了解，可以让游客更好地感受该地区的民俗风情魅力。再次，通过对一些书画雕塑作品进行艺术展示能够进一步促进其历史文化内涵与价值意识的提升。最后，书画雕塑艺术文化和旅游开发结合起来能够促进该地区经济和社会发展水平提升。

3. 书画雕塑艺术市场活跃

在当代社会，人们的审美取向更加多元化，思想理念和行为方式也发生了改变，消费心理和购买行为也在不断变化。

随着国际艺术品市场的不断发展，我国艺术品市场与国际市场逐渐接轨。2021年，美国在全球艺术品市场交易中位列第一，占市场总成交额的43%；中国位列第二，占比20%；英国排在第三位，占比17%。

在拍卖品类方面，我国书画艺术品占据最大的市场份额。书画艺术欣赏与收藏具有怡情养性、装饰环境、营造氛围等功能，因此其关注度越来越高，喜欢和涉足书画艺术的人越来越多，人们对书画艺术的需求量不断增大，影响不断扩大，产生了"书画热"现象。2021年书画艺术成交额占艺术品总成交额比重的46.3%。

活跃的书画雕塑艺术市场为书画雕塑文化旅游的发展提供了基础，游客群体得到壮大。书画雕塑交易的大幅提升带动了书画雕塑艺术品博览会的发展，各种形式的书画雕

---

① 李岩，顾涛.碑刻文化与历史记忆［N］.中国社会科学报，2020-08-21（4）.

塑艺术展会、画廊、美术馆逐渐成为书画雕塑旅游发展的潜在平台。发挥书画雕塑艺术产业的辐射带动作用，旅游景区与书画雕塑艺术市场联动发展，让大众的书画雕塑艺术品成为时尚的旅游纪念品，不断促进文化旅游产业的发展。

书画雕塑艺术因其丰富的文化内涵，无疑会成为旅游业发展中一个不可忽视的亮点。走书画雕塑艺术与旅游协调发展的道路，开展多种形式的书画雕塑旅游，不仅可以促进文化旅游产业发展，还可以使旅游者对博大精深的书画雕塑艺术有更加全面深入的了解，领悟书画雕塑艺术的独特魅力，从而激发他们对书画雕塑艺术的热爱之情。

四、当前书画雕塑艺术文化与旅游发展存在的不足

书画雕塑艺术存在已有上千年历史，现代书画雕塑旅游发展让人们知道许多著名的旅游景点与知名绘画作品，如我国东晋著名书法家王羲之所书《兰亭集序》、齐白石的《虾》、敦煌莫高窟、云冈石窟、泰山的摩崖石刻等，国外如巴黎圣母院，达·芬奇的绘画作品《蒙娜丽莎》、米开朗琪罗雕塑作品《大卫》、美国总统山摩崖石刻雕像等。但当前书画雕塑艺术文化与旅游发展仍然存在一些不足。

1. 交通不便，旅游资源难以保护和开发

交通是影响人们出行，影响经济发展、资源开发的重要因素，尤其像碑刻、雕塑这些文化产品，体型庞大，分布散，没有便捷的交通将使开发与保护难度增大。同时，交通也会影响开发商选择是否在此地修建旅游设施，游客也会因为交通因素决定是否前往一个旅游目的地。例如湖南永州鬼崽岭石像群，爱尔兰远海海域古老的如尼石刻等，即使举世罕见，文化内涵丰富，但因处于偏远地区，交通闭塞，这些旅游资源的开发利用，旅游经济的规模化与长久发展就难以实现，即使潜力再大，没有快捷便利的交通做后盾，也将无法发挥其优势。

2. 政府政策不完善，经费不足，文物保护与创新难度大

政府政策是影响景区发展的重要因素，若没有政策支持，景区就很难发展下去，同时文物保护经费短缺是制约碑刻等文化资源保护开发利用的最大因素。有些碑刻常年经受风雨侵蚀，许多都存在缺损、裂缝、堆积物沉淀、生物侵害等现象，一些碑刻遭到破坏，文字已看不清楚。碑刻文字一旦消失，将造成无可挽回的损失，其文物价值、文化内涵也将大打折扣。

3. 工业化致使生活节奏加快，游客注意力转移

随着工业化的发展，人们的生活节奏越来越快，对于观众而言，音乐、舞蹈这些动态的艺术就比书画雕塑这些静态的艺术更加吸引人，如何通过科技让书画雕塑艺术更加

地吸引人是开发者需要思考的问题。目前，主动了解和学习书画雕塑文化的游客不占多数，大部分游客是以观光性游览为主，主要目的放松、缓解压力。书画雕塑艺术旅游景区应思考如何利用科学技术在游客游玩的地方建立相关设施，能对游客进行潜移默化的文化渗透，从而达到游玩学习两不误的目的，还能起到一定的宣传作用。

4. 旅游资源开发空间不足，配套设施弱，整合不够

国内外大多数书画雕塑旅游的游客群体以本国游客为主，游客群体结构较为单一，主要集中于书画雕塑爱好者，受特定的游客群体限制，会导致书画雕塑旅游难以蓬勃发展。有些景区只有景点本身有吸引力，配套服务性设施相对不足，像高山景区缆车设施不全，文化景区要付费讲解等，这些都会在一定程度上影响客流量。还有大多数文化古城，虽文化内涵相当丰富，但开发与书画雕塑旅游相关产品还是结构单一，资源整合还需拓展。

5. 旅游品牌宣传力度不够，宣传平台和渠道不够完善

互联网的发展让地球成为一个"地球村"，如何在互联网中让旅游宣传成为一道独特的风景线，是每一个景区都需要认真思考的问题。景区宣传不应只局限在几个人流量比较高的平台，其他小众平台也可以涉足，再根据平台人群年龄、喜好制作适宜的宣传广告，可以获得更多的游客关注。

6. 旅游知识产权保护不健全，抄袭模仿同质化较严重

景区往往只有具有自己独特的风格才会被大众广为流传并可持续发展。但是，当前旅游知识产权保护体系并不完善，旅游知识产权保护意识较为薄弱，体制机制滞后，导致景区间抄袭模仿同质化较严重。某个地方的发展火爆，游客纷纷前往，其他地区就会争相模仿，还会抄袭商标、旅游路线、文化产品等。完好的知识产权保护体系才能促进行业健康发展，激发旅游行业的创新能力。

五、国内外书画雕塑文化和旅游发展典型案例及经验

书画雕塑艺术文化对提高旅游品位和增强旅游景区吸引力有着重要作用，国内外一些书画雕塑艺术文化在旅游中运用的典型案例，能给予我们一些启示。

（一）国外典型案例及经验

1. 加拿大彻梅纳斯——壁画小镇[①]

加拿大有一座以壁画著名的传奇小镇——彻梅纳斯小镇，小镇东临佐治亚海峡，岛上林木茂盛。自诞生起，居民们就依靠着森林工业和铁路运输发展经济，在20世纪70

[①] 加拿大绿镜头. 彻梅纳斯——世界最大的壁画镇[J]. 旅游纵览，2014（09）：36-39.

年代后期,由于钢厂行业与时代脱轨,伐木场倒闭,小镇也几近破产。此时,社会企业家卡尔·舒茨受到一座古修道院墙上壁画的启发,提出了壁画的复兴计划,于是请大量艺术家到这里居住,在建筑物的墙上以"小镇的历史和现状"为主题进行壁画的创作。壁画复兴计划完成之后,彻梅纳斯小镇一举摆脱了衰败的局面。1982年,在彻梅纳斯小镇举行的"壁画节"大放异彩,从而吸引了许多来自世界各地的画家在小镇建筑的外墙上作画,促使这里成为超大型的户外艺廊。无疑,小镇也受到了世界的广泛好评,此后还把"1983年纽约市区振兴奖"和"1994年世界旅游奖"收入囊中。到目前为止小镇共有39幅大型户外壁画,小型壁画大概有3000幅左右,以及多件户外雕刻和塑像,享有"户外艺术画廊"之美称,是当之无愧的世界最大的壁画小镇。

经验:

(1)书画雕塑艺术文化是改变传统产业发展旅游产业的方法之一,利用独特的书画雕塑艺术文化来改造景区或城市可以吸引世界各地的游客慕名前往;

(2)景区或城市书画雕塑艺术文化旅游的发展离不开政府的主导和支持,政府通过一些措施,增加艺术与生活的贴近度,从而引导书画雕塑艺术文化的良好发展;

(3)对书画雕塑艺术文化人才的重视是发展书画艺术文化旅游的关键,拥有优秀的书画艺术文化人才,是创造出高质量的书画雕塑艺术文化作品的重要条件之一,如此才能获得人们的好评及关注,推动书画雕塑艺术文化旅游产业可持续发展。

2. 俄罗斯——勒热夫战役士兵雕塑

在俄罗斯,纪念勒热夫战役的苏联卫国战争士兵雕塑,如今已成为俄罗斯打卡胜地。雕塑选址于勒热夫市中心西南8千米处,靠近莫斯科至里加的高速公路,因为这里视野开阔,人们从很远的地方都能看到高大的士兵形象。雕塑的上半身清晰明朗,意味着光荣的历史永不磨灭,而下半身逐渐消散,似乎在告诉大家亲历这段历史的人已陆续消逝,士兵手中紧握的枪代表着时刻捍卫祖国的决心,低垂的双眸则热切地注视着脚下这片深爱的土地。其中下半身飞翔的鹤群灵感来源于俄语歌曲《鹤群》,象征着牺牲的苏联战士,雕塑旁镂空、锈蚀的钢材上雕刻着17 181位战士的名字。这种纪念类型的雕像不同于我们司空见惯的奋战场面,它带有宏大和落寞的感觉,具有极强的视觉冲击力和压迫感。在距离雕塑的不远处,便是勒热夫战役纪念馆,里面展示着战争期间拍摄的图片、士兵们在前线写下的信件以及勒热夫战役幸存者们亲属的回忆录。

经验:

(1)书画雕塑艺术文化景观的构建需符合景区文化氛围,只有与景区文化氛围相一致才能更好地促进书画艺术文化与景区的融合,而不会显得突兀;

（2）优秀的书画雕塑艺术文化景观不仅能增进游客的感官体验，更能增加游客的精神感受，引起游客的精神共鸣，从而提升景区文化质量；

（3）书画雕塑艺术文化景观在一定范围内可以突破常规设计，通过特殊的展现形式，带给人以震撼的效果，促进景区的宣传，吸引游客进行参观。

3. 加拿大温哥华——"口香糖"雕塑

在加拿大温哥华的一座主题公园内，最为有名的便是一个头像雕塑，这个雕塑名为"Gumhead"，是由温哥华艺术家道格设计。它是以头像制作成的树脂雕塑作品，并且这个独特的艺术行为是艺术家自己主动提出的，他希望过往行人能够把口香糖贴到雕塑上，这种大胆的倡导使得雕塑的表面最后全都是黏糊糊、五颜六色的口香糖，虽然远远看上去觉得非常漂亮，但近看就会发现口香糖让雕像变了样子，十分难看，被游客们称为最"恶心"的雕塑。设计师设计这件艺术品的初衷，就是为了告诫人们要保护环境。这个雕像换言之就像我们的生活环境，警示着人们不要将口香糖随处乱扔，污染人们赖以生存的地方，否则就会像这个雕塑一样，污秽不堪，难以入眼。尽管后面也出现了反对的声音，但加拿大政府和一部分人认为这个雕塑具有警示和教育作用，所以选择保留了下来并定期清理，每隔一段时间口香糖都会在雕塑头上组成一组不同的图案。

经验：

（1）对书画雕塑艺术景观的创造可以不局限于传统，通过想表达的寓意加以创新，以独特的魅力吸引游客；

（2）政府需明晰书画雕塑艺术景观创作的项目寓意，通过理性判断确定其可行性，并对一些可能造成误解的项目进行必要的宣传解释；

（3）对书画雕塑艺术景观应当定期检查，维持其状态，确保游客参观的舒适感。

4. 德国柏林——"涂鸦世界"

德国首都柏林，这座城市有着独一无二的历史和文化。每个到过柏林的人，除了感慨一番德意志的历史，还可以从另一个角度——涂鸦来看柏林。每一个艺术爱好者来到柏林都会很忙。除了街头随处可见的涂鸦艺术，还能集中性地去参观一些历史遗迹中的涂鸦作品展示，比如柏林墙的残迹、魔鬼山的前军事基地等。同时柏林还拥有世界上最著名的一幅涂鸦作品"兄弟之吻"，这幅画作绘制在极具划时代意义的柏林墙上，已成为柏林的标志之一。涂鸦文化在这座城市的兴起并不是偶然，柏林的这股涂鸦风潮缘起于人们对 1961 年柏林墙修筑的反对，通过涂鸦，当时的人们表达了对民主的诉求和对强行割裂城市的种种复杂情绪。如今，这些涂鸦吸引了世界各地的游客前来参观。这些涂鸦作品颜色鲜艳，风格独特鲜明，随手一拍就是一张艺术作品，不同人的视角会有不一样的美，这一点足以媲美任何著名的艺术博物馆。涂鸦这种独特的绘画艺术已经成为柏林的一部分，是这座城市文化旅游最重要的元素之一。

经验：

（1）书画雕塑艺术景观可以结合所在地的历史文化，展现所在地文化特质，吸引游客前来参观；

（2）政府可为当代艺术家提供指定地点进行艺术创作，树立包容的城市形象，展现城市风格，创造旅游资源；

（3）对于书画雕塑艺术景观的创造，政府可加以引导，理性判断，对不符合相关要求的予以处理，而非"一刀切"。

（二）国内典型案例及经验

1. 浙江绍兴——兰亭风景区[①]

位于浙江省绍兴市西南兰亭镇的兰亭风景区，属国家4A级旅游区。兰亭因"天下第一行书"《兰亭集序》名胜天下，以"景幽、事雅、文妙、书绝"四大特色而享誉海内外，是中国书法文化的一处重要的名胜古迹。景区中以与王羲之有关的故事为原型设立有鹅池、临池十八缸、曲水流觞等景观，同时以历史遗迹设立王右军祠、御碑亭、流觞亭、兰亭碑亭等亭院建筑景观。其中还建有兰亭书法博物馆，馆中会不定时举办各类书法展览，而且在每年三月举办"兰亭书法节"活动吸引大量国内外游客的光临。在旅游商品的创新上，开发了《兰亭集序》的小型仿刻品以及《兰亭集》的小册子等，这些会作为文创产品推荐给游客。现在兰亭已成为绍兴书法旅游著名目的地。

经验：

（1）书画雕塑艺术类景区可挖掘利用当地历史文化名人，不断加强自身特色景观建设，包括建设相关博物馆，增强内容的丰富性、特殊性；

（2）可通过各类书法展览或设立相关定期的活动，来营造书法文化氛围，推动书法文化传播，并塑造书画雕塑艺术景区形象，促进书法与旅游的融合发展；

（3）书画雕塑艺术类景区需加强书画雕塑艺术旅游产品的开发，可联合高校和民间设计创造书画雕塑艺术文创产品，在各方面深度挖掘书画雕塑艺术的文化内涵和市场价值。

2. 湖南长沙——橘子洲毛主席像

橘子洲风景区位于湖南省长沙市，属国家5A级旅游景区。其创意以毛泽东宏伟词

---

① 丁云，傅建祥，李佳佳.绍兴书法文化与旅游［J］.合作经济与科技，2012（20）：18-19.

章《沁园春·长沙》为基调，以橘园为主用地，布局了一个占地超百亩的"万橘竞秀园"。洲头立一青年毛泽东塑像，再现毛泽东"指点江山、激扬文字"的勃发英姿，突出表现伟人青年时代胸怀大志、风华正茂的气概。雕塑总高度为32米、长83米、宽41米，这些数字背后有深刻的含义，是以毛主席在1925年，32岁时的形象，新中国成立后，毛主席身边的警卫部队番号8341。这里已成为很多人到长沙旅游的必去打卡地。

经验：

（1）雕塑在书画雕塑艺术景区布局上可处在主要位置，凸显雕塑的重要性，让游客进入到景区时能提前感受所营造的氛围；

（2）雕塑具有传播文化的作用，雕像应结合所处的书画雕塑艺术景区的文化进行塑造，使游客更多地了解和学习景区文化；

（3）雕塑设计可运用特定的文化符号，赋予相关的寓意，增加观赏者对书画雕塑艺术景区的感官认知。

3. 湖南永州——浯溪碑林

浯溪碑林，位于湖南省永州市祁阳市的浯溪公园内，属于国家4A级旅游景区。浯溪碑林不仅是一处游览胜地，更是一处诗文摩崖石刻的宝库。唐代杰出的散文家、诗人元结舟经祁阳曾暂寓于此，因爱此地山水胜异，故来此隐居，并自创"浯、峿、㦤"三字，命溪曰"浯溪"，山曰"峿台"，亭曰"㦤亭"，合称"三吾"。自此，浯溪始为人重，文人雅士汇聚，诗文碑刻盛行，逐渐发展成为我国现存最大的露天碑林。这里自古以来便是历代文人雅士题诗作赋的地方，元结在此撰文，大书法家颜真卿书写镌刻江岸崖的《大唐中兴颂》碑，历经千百年，弥足珍贵。元文、颜字，加上天工峭壁，构成了碑林的"摩崖三绝"。

经验：

（1）书画雕塑艺术景区需重视对石刻碑林文化资源的保护，石刻碑林是最重要的旅游资源之一，正确处理好保护与开发的关系，才能更好地促进景区的持续发展；

（2）书画雕塑艺术景区需重视旅游服务及延伸产品的开发，结合好地方特色，旅游六要素吃住行游购娱缺一不可，不能单靠书画雕塑旅游资源吸引游客；

（3）书画雕塑艺术景区需重视文化建设和人才队伍的建设，让真正热爱并了解书画雕塑艺术的人来宣传和服务。

4. 新疆昌吉——"画家村"艺术村庄

在20世纪90年代末，一些画家就已开始到新疆昌吉小分子村周边写生，"画家村"因此得名。近年来，小村进行了诸多基础设施建设，如道路修建以及绿化亮化等，并且规划建成石器美术馆、画廊步道、太阳部落等以绘画为主题的景观，吸引了大量画家以及学校师生，他们用绘画描述美景的同时也对其进行了宣传，为小分子村"代言"引流。截至目前，该村已建成农家画院6家，画家、作家等艺术家工作室30家，成规模的游客接待经营户27家，年接待超过3万人次，有力带动了当地旅游产业迅速发展。许多外地务工的村民返回家乡创业，开设充满艺术气息的农家乐，接待画家、学生和老师，还开设特色"羊圈酒吧"，成为当地的网红"打卡点"。如今全村村民人均纯收入已达2万元，昔日的土路、土房早已不复存在，偏僻落后的小山村，已然蜕变。一些村民受绘画艺术氛围的影响，也开始学习绘画，村民综合素质也得到了提升。

经验：

（1）乡村可以利用自身旅游资源宣传推广艺术旅游，通过吸引对绘画艺术感兴趣的游客发展旅游产业；

（2）政府可以提供对乡村基础设施以及艺术景观等项目的支持，促进乡村旅游发展并激发旅游潜能；

（3）乡村可号召村民在家乡创业，建设"乡村艺术游"主题场所，为游客提供服务，同时提高自身收入。

5. 甘肃敦煌——壁画＋科技

甘肃敦煌通过数字技术，将洞内部分内容展示于洞外，让游客先了解敦煌壁画的一些历史资料，然后再进行实地参观。同时，景区利用各种数字化技术进行洞窟探索，让游客不进洞窟也可以感受了解敦煌壁画，并清晰地欣赏敦煌壁画的细节。敦煌洞窟游览向导和虚拟实景漫游为了改善洞窟游览的条件，有规划地发展了各种多功能的多媒体展示设备、电子触摸屏以及电子化向导等，大大方便了游客。通过虚拟技术等数字技术手段，向游客生动展现石窟的全貌和洞窟精美的壁画，使得游客在参观的同时，充分享受高科技带来的乐趣。敦煌莫高窟还推出"飞天"专题游览线路，观众只需借助手机就可以在欣赏8个实体洞窟的同时，和飞天"同框"合影，体验3个虚拟飞天场景和2个虚拟全景洞窟。

经验：

（1）对书画雕塑艺术旅游资源的开发利用可依托现代科学技术，同时减轻因旅游导致的艺术旅游资源的损坏，促进景区旅游可持续发展；

（2）书画雕塑艺术旅游可借助数字技术开发特色旅游项目，提高游客对景区景点的互动频率，增强游客体验感，提高景区评价，树立良好的文化形象；

（3）景区可开发有关书画雕塑艺术旅游的专题旅游路线吸引游客。

六、进一步推进书画雕塑艺术文化与旅游发展的对策建议

"书画文化是中国文化的重要组成部分,是现代旅游的文化资源和旅游吸引物,也是提高旅游主体文化、客体文化和媒体文化含量的主要内因。"[①] 进一步推动书画雕塑艺术文化与旅游深度融合发展,应做好以下几点。

(一)完善交通,整合书画雕塑艺术文化资源

应将书法资源、碑刻资源、雕塑资源、绘画资源等书画雕塑艺术文化资源进行整合,同时不断完善交通等基础设施。书画雕塑艺术资源大多分散在各地,如碑刻资源与雕塑资源,不宜随意搬动,很受交通限制,因此改善交通与整合资源是很有必要的。

(二)强化政府的扶持与保护,传承创新

书法艺术、雕塑艺术等书画雕塑艺术资源是见证了历史变迁的文化资源,不仅具有观赏价值,还具有文化研究价值。将书画雕塑艺术资源开发成旅游资源,难免在游客观赏或者是环境暴露中造成文物损失,这就要求政府加强扶持和保护,尽量避免文化资源造成不可逆的损失。在保护的同时还需要进行创新,要适应时代发展,与新时代旅游发展联系起来,推动其现代转化和传承。

(三)开创特色旅游,打造独特文化品牌

将书画雕塑艺术资源开发成旅游产品,可进行特色文化内容提取,二次加工创作,打造特色旅游产品,形成文化品牌。例如书法与绘画等资源可以进行内容升华创作,提取具有特点的内容,将其融入旅游开发之中,也可以进行跨区域文化交流与合作,打造独具特色的文化品牌,或是打造文化衍生产品。而对于雕塑、碑刻等文化资源则可以二次创作,进行文创产品开发,还可在景区设置深度体验区。

(四)利用互联网进行宣传,契合当代青年审美意向

充分利用互联网,契合当代人们的审美意向进行宣传推广。书画雕塑艺术文化与旅游融合发展要注重文化资源的全面性、独特性、时代性、故事性、世界性。例如碑刻文化,可以加大其独特性的宣传,书法、绘画文化则可以着重宣传故事性,雕塑文化则可以主要宣传时代性。

(五)结合VR,打造实景旅游

打造VR实景旅游,让景物可以自己"开口说话",使旅游不再是走马观花。文化是属于世界人民的,见证历史变迁,利用VR打造实景,让游客身临其境,获得不同的

---

① 厉世训.书画文化和杭州旅游[J].今日浙江,2005(24):45.

旅游体验感,打造不一样的旅游模式。书画雕塑艺术文化都可以采用 VR 实景演绎,让沉睡的历史故事生动形象地展示在世界人民面前。

(六)打造书画雕塑文化 IP

利用当地特有的书画雕塑文化资源,打造优质"文化+旅游+IP"。满足当代游客日益增长的体验消费以及精神消费需求,利用文化 IP 丰富和完善旅游地的内涵和价值,例如书法艺术,利用书法大家打造文化 IP,增强旅游地的故事性、趣味性,升华文化价值,增强旅游目的地的吸引力。

书画雕塑艺术资源是书画艺术旅游的核心,书画雕塑艺术文化赋予书画雕塑资源内涵意义,为推动旅游的发展提供动力。"书画艺术作为中国文化艺术的典型和艺术审美的象征,与旅游景观共同构成旅游式样美的双璧。书画艺术提升景观品位,使景观富有灵性与人文气息;景观彰显书画价值,使书画的艺术魅力得到充分体现。景观与书画艺术相映成趣,二者之间自然美、形式美、艺术美的完美结合,堪称旅游名胜区的一大特色与亮点。"① 书画雕塑艺术文化流传至今,经过时间的沉淀和艺术人才的继承与创新,不断地向着更好的方向发展,对当代旅游的影响会越来越大。合理利用书画雕塑艺术文化这一优秀的文化资源推进旅游发展,不仅可以弘扬一个民族的优秀文化,还可以巩固国家的文化底蕴,让世界各地的人们都了解书画艺术的文化厚度。同时,对于拥有书画雕塑艺术文化资源的旅游地来说,这些资源在提高城市形象、促进经济发展等方面都有帮助。书画雕塑文化艺术与旅游发展二者之间是相互依存、相互促进的关系。我们要发挥好二者的作用,使得书画雕塑艺术文化能够推动旅游的发展,旅游也能推动书画雕塑艺术文化的传播和传承。

☞ 拓展链接

---

① 祝国红,邢建玲.浅谈牡丹之乡菏泽书画艺术与旅游景观的协调发展[J].菏泽学院学报,2011,33(04):132-136.

第十三章 武术文化与旅游发展

随着武术成为青奥会正式比赛项目,武术文化为更多人所了解,武术文化和旅游的融合发展,迎来新的历史机遇。

一、武术文化概述

1. 武术定义

《说文解字》沿用了《左传》中的说法,对"武术"二字进行解释:"武"为"止戈",意即以武力制止对方的武力;"术",为"邑中之道也"。段玉裁注引申为"技艺",即方法、技术之谓,犹如道路是通达目的的手段。① "武术"大到可以指军事谋略、排兵布阵、运筹帷幄、安国安邦,小到可以指个人的对抗战斗能力、拳棒技艺。广义的武术是指以身体能力为基础,以技击为内容、以在对抗中夺取胜利为目的而形成的理论方法;狭义的武术,即武术运动(也可以称为新武术),是以竞赛为主要特征,以创造优异运动成绩,夺取比赛优胜为主要目标,以传统武术为载体,创编的体育运动。中国武术则是指在中国文化下产生于中国民族的武术,主要指中国古代形成的各自拥有自己独特而又完整的理论指导思想的拳术、拳种套路。②

2. 中国武术起源

武术文化源远流长、博大精深。中国是武术的发源地,中国武术起源于原始社会。原始社会时期,由于生产力并不先进,人们缺乏工具劳作,获取食物的主要方式是狩猎。人们在狩猎的过程中,产生了指抓掌击、拳打脚踢、跳跃翻滚等攻防手段,所使用的器械和徒手的搏斗捕杀技能就是武术的萌芽。

3. 中国武术发展简史

中国武术的发展经历了一个长久的过程。在原始社会时,由于部落之间的矛盾,冲突争斗时有发生,但这一阶段还称不上武术。三皇五帝时期,"蚩尤戏"的出现对后世

---

① 《中国武术百科全书》编撰委员会.中国武术百科全书[M].北京:中国大百科全书出版社,1998:324.
② 彭广锋.武术概念浅析[J].当代体育科技,2017,7(14):222-223.

对抗性项目的发展产生了一定影响。商周时期，铜的出现以及冶炼铜的技术发展，使兵器有了巨大的进步。汉代在我国武术发展史上是一个十分重要的时期，武术开始成为一种表演形式，用以取悦统治者以及王公贵族。这一时期的武术著作也明显增多。两宋时期，政治局势不稳导致百姓人心惶惶，大家都纷纷学习武术以求自保。此时武术多分为两类，一类更偏重于实用性，为了上战场；而另一类则演化为表演内容，作为养家糊口的一技之长。"十八般武艺"一词也出现于宋代的典籍之中。元代统治者为了稳定社会秩序，采取重文的政策，武术在此时期受到轻视。明代在我国武术发展史上画下了浓墨重彩的一笔，对武术发展有着里程碑式的意义。不同风格、不同流派的拳派大量涌现，丰富了我国武术的门类。明代不但拳法众多，而且器械套路也更加丰富多彩，开始有势有法，有拳谱歌诀。这说明脱胎于军事格斗技术的武术，到明代已逐步形成以套路为主的运动形式，并远远超过对抗性运动的发展。明代武术的发展取得如此巨大的成就与统治者的支持是密切相关的。明朝时期统治者推行文武全面发展，于是许多武术家对于武书写作的热情达到巅峰，写下了许多武学著作，有力推动了武术发展。清朝时期，大量反清复明组织的存在使统治者不得不为了镇压叛乱，限制民间习武。但是由于武术经过长久的发展已经有了坚实的群众基础，清朝统治者难以完全遏制武术的发展。民国时期，由于社会生产力的提高，热武器的普遍使用，人们难以凭借肉身去对抗火器，武术开始向强身健体的方向发展。"新中国成立后，新的社会环境使武术得到了前所未有的发展，作为社会主义体育事业的一部分，其性质、地位、目的和作用也发生了很大的变化。首先，武术被正式列入了现代体育范畴，沿现代体育的方向前进。其次，受特殊的政治环境影响，武术发展的主体经过一个从量变到质变的过程，逐渐由历来一直强调的技击功能，转向艺术表现、健身等功能，从而促使了武术的多元化发展。再次，武术逐渐冲出亚洲，走向世界，作为中国传统文化的一种表现形式受到越来越多的外国朋友青睐，它不仅仅是中国的，而且更是整个世界的。"①

4. 中国武术对世界的影响

中国武术（Chinese martial art）在国外亦被称为中国功夫（Chinese kongfu）。究其原因还得说到一个人，这个人就是中国著名的武术学家——李小龙。李小龙是中国著名的武术电影演员，他拍摄的电影具有划时代的意义，在海外有着巨大的影响，推动了世界武术电影的发展。他提出的中国功夫这个词也快速在国外流传，因此国外常用中国功夫指代中国武术。

---

① 马小龙，任山常. 中国武术发展的历史与未来［J］. 搏击（武术科学），2009，6（11）：12-14.

中国武术对世界体育文化产生了重要影响。据记载,明代拳师陈元赟东渡日本,传授少林拳法,奠定了日本柔道的基础。除柔道外,菲律宾的棍术、朝鲜的跆拳道、泰国的泰拳等都不同程度上地受到中国武术的影响。

5. 中西方武术的异同

(1)西方"武术"手上只有握拳,而中国武术则大为不同,除了基本的拳法以外,还有掌法、指法以及一系列从动物中学习借鉴而来的招数如螳螂拳等。

(2)西方"武术"与中国武术相比重点放在上半身,在切磋过程中容易导致下盘不稳,这点我们从拳击比赛中可见一斑。而中国武术更注重下盘,基础训练中常进行的一项就是扎马步。

(3)西方"武术"更注重肌肉的训练,出拳的力度以及速度,而中国则不然,常年在儒家思想浸润下的中国人将这种思想融于武术中,在训练中更偏向巧劲,所以中国武术中常常发生以弱胜强、以柔克刚的案例。

(4)西方"武术"训练的对象多是沙包,而中国武术训练的对象偏向更轻更巧、看不见摸不着的东西。例如:树叶、蜡烛、水、风等。

(5)中国武术练五感,训练时各种场景、各种情况都会模拟,并不局限于四肢健全的正常人在标准场地的训练,因此中国武术能应对的情况更多,而西方"武术"显而易见局限性更大。

(6)中国武术是一个集大成,融入了中国的传统文化、传统思想,糅合了除武术以外的其他知识,西方"武术"在这方面相较而言就逊色一些。

6. 武术分类

关于武术的分类,从历史上传统的按照地域、门派、开创者姓氏的分类,到如今按照武术的功能、价值进行的概念性分类,各种分类方式数不胜数。因此关于武术到底应该如何分类,按照什么标准分类,如何全面完整地分类仍然是一道难题。由于武术涉及范围广泛,分类方式众多,本书列举部分武术分类仅供参考。

世界武术按地域划分:中国武术、截拳道、泰国拳、日本空手道、忍者格斗术、合气道、柔道、大东流合气柔术法式拳击、英国拳、菲律宾自卫术、格雷西柔术、巴西柔术、以色列搏斗术、韩国锁控术、利物浦自卫术、马其顿人的臀部攻击术等。

中国传统武术分类:按姓氏划分、按拳术特点划分、按内外家划分、按地域划分、按流域划分、按山脉划分、按门派划分等。

中国武术现代分类:按运动形式可划分为套路运动和搏斗运动,按时间概念可划分为传统武术和竞技武术,按价值功能可划分为健身武术、实用武术和学校武术。

中国武术虚拟武术分类：文学武术、影视武术、动漫武术。

中国武术价值形态分类：技击武术、技艺武术、养生武术。

源远流长、博大精深的武术文化，凝聚了中华民族几千年来的智慧。在不断发展的过程中，武术文化糅合了多种文化的精华，其价值不可估量。武术长期在中华大地上流传，使其具有了独特的民族风格和特点，吸收了中华民族深邃的哲学思想和道德观念。如今，武术文化不仅属于中国，也属于世界。

二、武术文化对旅游的影响

1. 创造新的就业岗位，改变地方产业结构，带动经济发展

武术爱好者为旅游产业提供了极具潜力的旅游主体。武术产业发展主要在武术物质文化层面。有学者认为，"在市场经济条件下，一定量的武术消费支出是人们参与武术活动的前提条件，也是武术运动得以存在和发展的保证，同时也是武术产业得以开拓和发展壮大的经济基础"。[①] 武术消费市场巨大，为旅游行业提供了大量潜力消费主体。武术旅游活动的开展及武术校馆的运作都需要大量人才，因而能产生大量就业岗位，例如武术演员、武术教练、接待人员等。武术旅游目的地因此而获益，也帮助当地吸引更多的资金加强建设，改善基础旅游设施，以便提供更好的旅游服务。

2. 促进国家间文化交流

泰拳、柔术、跆拳道等拳术与武术有着很深的历史渊源，这是国内外基本认可的事实。武术到清末时期别称为"功夫"，功夫以少林功夫最为出名。早在20世纪80年代，凭借影片《少林寺》以及功夫武打明星李小龙的一些作品，中国功夫顿时走红，不仅激发了国人内心深处的尚武精神，也吸引了大批外国人越洋来华学习武术。以日本为例，1947年成立的"少林南拳法联盟"现已有150万会员，日本曾先后11次派代表团来中国访问，并邀请中国武术协会访问日本。武术文化带动了国际文化交流，用时下较为热门的一个词来概括这种跨国学习，应该可以称之为"研学旅游"。

3. 带动相关产业发展

自1992年起，上海已成功举办十一届上海国际武术博览会，吸引了来自加拿大、法国、日本、韩国等20多个国家和地区的无数观众。不管是体育比赛还是参观游玩，有游客就能带动交通运输业、餐饮业、酒店业等其他行业发展。"峨眉武术申遗后，2007年举行的第一届国际峨眉武术节就吸引来自国内外50支代表队，达600余名运动员的积极参与，发展至今已经成功举办6届国际峨眉武术节；同年峨眉山旅游业也得到

---

① 王晓晨. 现阶段我国武术产业的发展策略[D]. 江西师范大学，2007.

迅速发展，全年接待海外旅游者 194 208 人次，旅游创汇 4191.18 万美元。"① 由此可见，武术文化旅游能带来很好的社会效益和经济效益。

三、中国武术文化和旅游发展现状

（一）武术保护与发展政策支持力度大

1. 加入青年奥林匹克运动，列入非遗保护体系

"2020 年 1 月 8 日，在瑞士洛桑举行的国际奥委会执委会会议上，武术被列为第四届青年奥林匹克运动会正式比赛项目。"② 武术成为青年奥运会正式比赛项目，是武术登上奥运舞台的第一步，这有利于提升中国体育影响力，对我国武术的发展传播、加强与国外拳术文化交流有着极为重要的促进作用。

截至 2021 年，全国范围内已有 46 项武术项目被录入国家非遗，包含各种拳术、掌法、剑术、枪术、棍术等。大家更注重对武术文化的保护传承，众多武术项目列入非物质文化遗产是加强武术文化保护传承的重要举措。

2. 促进全民健身，促进文旅融合

2016 年国务院印发了《"健康中国 2030"规划纲要》。《纲要》指出："大力发展群众喜闻乐见的运动项目，鼓励开发适合不同人群、不同地域特点的特色运动项目，扶持推广太极拳、健身气功等民族民俗民间传统运动项目。"国家有计划、有针对性地提出全民健身计划，有利于提高民众的身心素质。在保护发展传统武术文化与促进全民健身的同时，国家还非常重视促进武术文化和旅游融合发展，满足消费者追求健康消费的需求。因此，"体育经济""武术经济""武术市场"等应运而生，逐渐向武术产业迈进。有学者认为，"从宏观认识范畴上，武术产业不仅包括进入市场实行商业化经营的武术活动，还包括与武术有关的一切经营和生产活动"。③ 因此，武术产业化势必带动其他生产经营活动，带动经济增长。

3. 分析发展不足，规划部署发展

国家体育总局和文化和旅游部等 14 部门为促进武术产业发展，联合印发《武术产业发展规划（2019—2025 年）》，分析了当前我国武术现存问题，例如我国的武术产业仍处于起步阶段、发展水平暂时满足不了人民的消费需求、武术文化质量良莠不齐等，同时部署了下一阶段武术产业发展的主要方向：需要建立融合发展机制，大力促进武术

---

① 王一秀."文旅融合"视域下峨眉武术旅游的优化路径与推进策略研究［D］.南京体育学院，2021.
② 北京晚报.武术成为第四届青奥会正式比赛项目［EB/OL］.（2020-01-09）［2022-11-30］. https://sports.cctv.com/2020/01/09/ARTIBkHB6yiXXdrCt4WQOxET200109.shtml.
③ 王晓晨.现阶段我国武术产业的发展策略［D］.江西师范大学，2007.

与养生、旅游、教育等融合；鼓励武术适应当前消费需求，开发会展、研学、康复等新型特色旅游。

4. 整顿武术乱象，保证健康传承

2021年2月1日，为清理整治国内"假大师""假掌门""拜师收徒"等恶意捆绑中国武术进行虚假宣传的行为和为商业牟利而玷污武术形象等武术乱象，国家体育总局武术运动管理中心和中国武术协会共同印发《清理整治武术乱象规范整治赛事活动管理办法》，明确指出十类重点清理整治的武术乱象，提出了监管责任和要求，为清理武术乱象提供依据，保证武术的健康传承发展，使其能够更好地适应社会发展需求。

（二）武术文化与旅游发展相互契合

武术最早源于武艺。作为我国民族传统文化的一种形式，早期由于军事斗争，其价值主要体现在防御外敌、保护自我上，大部分人习武是为了防身。明清时期人们发现了武术强身健体的价值，曹竹斋云："拳棒，古先舞蹈之遗也。君子习之，可以调血脉，养寿命。"华佗创编的养生五禽戏也属武术范畴。到民国时期，武术的健身价值进一步凸显出来。

1. 满足消费者消费心理

当今社会，人们面临各种压力，需要休闲娱乐活动和旅游活动释放压力；同时老龄化趋势加快，老年群体更乐于选择能够保养身体、改善心境的旅游，体育旅游、康养旅游、养生旅游等成为潮流。虽然武术和旅游分属两种不同的社会范畴，但它们存在许多共同的特性。武术旅游资源包含于旅游资源之内，因此，旅游资源具有的无形性特性武术旅游资源也同样具有，二者都属于服务型产业，满足精神消费需求。有学者解释道："这一特性决定了武术旅游是以文化服务为载体或凭借物，通过参与者所得到的经历、感受或者值得回忆的亲身体验获得身心的满足，这种满足形成的印象是无形的。"[1]

2. 武术文化产业与旅游业相互协调促进

近年来，武术文化产业与旅游业都在保持着较快的增长速度，在政府的主导和支持下，武术文化与旅游相互融合、促进，取得了一定的经济社会效益。武术要可持续发展，就必须实现社会化、产业化，武术文化和旅游结合发展就是很好的途径。例如，"登封市政府、市外事局强调以武术文化产业拉动其他产业，相继修建了少林寺武术城、嵩山少林寺武术馆和中国嵩山少林武术文化博览中心，开发了'禅宗少林·音乐大典'等景点，专门开辟旅游观光线路，把它们建设成为集武术教学（培训）、武术旅游、武

---

[1] 蒲李周.武术文化旅游资源开发的理论依据及原则[J].湖北体育科技，2014，33（11）：967-969.

术影视表演、餐饮、科研为一体的综合文化基地"。①武术文化产业发展，除了为旅游产业注入了新的活力，也为教育、传媒等产业带来了新的发展动能。

四、武术文化和旅游发展基础和优势

（一）武术文化与旅游发展的基础

1. 天时基础

"天时"是历史和时代赋予的机遇。伴随着国家经济的发展和国民整体素质的不断提升，旅游市场呈现出一种新的发展态势，个性旅游与文化精神享受成为人们追逐的新热点②，最好的途径就是文化旅游。前法国文化部部长杜斯特·布拉齐提出要"将文化享有权视为一种公民意识，并将文化普及作为一种社会项目来进行"。③中国现代旅游起步较晚，但拥有丰富的历史文化资源，武术文化在中国有着很大的发展潜力。

武术文化旅游属文化旅游的范畴，但其本质却并非简单地叠加。武术文化旅游不仅是一种旅游活动，还是一种将多种独特的历史资源与自然资源和其他资源结合起来的旅游方式。中国武术中，有很多与自然山水相融的武术门类，比如嵩山少林派、武当山武当派等。这些地方具有非常丰富的自然与人文景观资源，有的本身还属于世界文化遗产。日本柔道的发展除了日本本国的文化外，也离不开太极文化和搏击术等资源的融合。所以如果要把武术文化旅游发展好，就不能只停留在传统的武术文化观念上，而是要将其和其他的旅游资源整合起来，为以后的旅游发展创造更多的开发空间。

旅游的发展是与时俱进的，需要不断地添加新的特色来实现可持续发展。武术文化就是旅游发展的新的特色之一，纳入文化旅游的链条能够为旅游增加新的活力。旅游是文化传播的媒介，在现代市场经济的作用下，武术文化旅游的产业化发展不仅能够带动消费，刺激和推动经济增长，还能在旅游的过程中促进不同文化之间的保护和传播，实现两者融合发展的目标。因此，武术文化旅游天时已俱。

2. 地利基础

武术可以是本土生长出来的文化，也可以是在历史发展过程中借鉴吸收外来文化形成的文化，这是武术文化旅游的地利基础之一。此外还有两方面因素。

一是武术能创造性发展为现代特色的旅游项目。武术文化具有哲理性、教育性、健身保健、社交等社会功能，在促进人的身心健康方面颇有益处，可以有效地提升人们的

---

① 吉灿忠.河南省武术旅游资源开发现状及优势分析［J］.河北体育学院学报，2009，23（06）：12-15.
② 胡幸福.论武术文化旅游开发的天时地利人和［J］.湖南师范大学社会科学学报，2006（01）：80-84.
③ 夏建国.略论西方旅游文化开发对中国旅游的启示［J］.广州大学学报（社会科学版），2005（6）：18.

整体素质，满足现代旅游发展的需要，拓展武术文化旅游的社交空间。现代旅游者不再满足于单一的传统旅游方式，而是想要更多地体验具有特色的文化活动。武术文化旅游的参与性正好可以很好地满足游客这一需求。游客不但可以欣赏到精彩的武术表演，还可以亲身体验武术的魅力。

二是武术具备较大的市场空间。在中国，武术是国粹，拥有广泛的群众基础。尤其是现代武术，在古代武术的基础上发展出了更多的表现形式。目前中国有140多所武校，在校人数有大概二十万人，少林寺武校的在校人数达到18 000多人，还有许多在公园或者广场上健身、锻炼的中老年人。武术形式多样，内容丰富，适用各个阶层和年龄段的人群。泰国的国粹泰拳，在泰国受欢迎的程度不亚于乒乓球之于中国、足球之于英国，全国每年有超3万名职业儿童拳手，最小的选手可能还不满7岁。对世界体育文化产生深远影响的武术还包括日本的柔道、空手道，蒙古的搏克，韩国的跆拳道，菲律宾的卡利，等等。中国的太极拳已经流传到150多个国家和地区，有50多个国家和地区建立了太极拳组织，欧洲各地也有许多不同种类的太极拳组织，拥有超40 000名会员。可见，不论在国内还是国际市场，武术文化旅游是占有优势的。因此，当前武术文化本身的特征和市场发展空间与旅游资源结合发展的地利优势是具备的，是能够促进武术文化旅游发展的。

3. 人和基础

旅游是注重经济效益的，文化则更注重社会效益。在发展武术文化旅游时，经济效益是一个不容忽视的目标，但是社会效益往往能带来更长期的效益。因此，文化旅游发展过程中，社会效益和经济效益是相辅相成的。

武当山有一年国际旅游节吸引了超过10万名国内外游客，实现了近五千万元的旅游收入。近年来，武当山以武术为载体，吸引了众多的旅游消费者，并以每年20%的速度稳定地增加着。① 目前，武当山来自全国各地的游客数量每年已超一百万，每年可实现10亿元以上的旅游收入，其中武术项目收入则占据了34%。2020年"与爱同行，惠游湖北"活动启动以来，武当山景区积极丰富完善旅游产品，实施部分景区免门票活动，累计接待游客78.45万人次。武当山各大旅行社、宾馆、饭店等复工复产率达到100%，餐饮、住宿等市场消费得到了有力拉动，给广大旅游消费者带来了更好的体验，大大助推了旅游经济发展。此外，佛山市西樵镇于2004年推出的"南狮之祖、黄飞鸿之家"品牌，吸引了256万名游客，实现了当地6.1亿元的旅游收入。

韩国从20世纪60年代初期开始，把跆拳道的普及与经济发展相结合，并派遣跆拳

---

① 廖兆光.加快发展武当山旅游业的思路及对策[J].湖北社会科学，2002（12）：80-82.

道示范团到多个国家进行国际交流。①2013年8月,韩国全罗北道在茂朱市白云山脚下投资2475亿韩元(约15亿元人民币)建设跆拳道园区,园区内拥有设备先进的跆拳道竞技场、跆拳道博物馆以及研究院等宣传跆拳道文化的场所,采用韩国造景技法建造的主题空间,每年有700多万游客来此旅游。

可见,拥有"人和"的武术文化旅游可以为目的地带来巨大的经济利益和深远的社会影响,既有利于旅游经济发展,也有利于武术文化传承,达到双赢的效果。

(二)武术文化与旅游发展的优势

1. 武术文化旅游资源优势

武术旅游资源丰富多彩,类别多样,大致可分为人文旅游资源(文娱表演等)、自然旅游资源(三山五岳等)、社会旅游资源(竞技赛事等)三大类。郑春先等认为,"从武术文化资源结构的层面上看,它可分为三个组成部分,即表层(物质文化层面),中层(制度文化层面),深层(内涵文化层面)"(见表13-1)②。

表13-1 武术文化资源结构

依据	分类	主要内容
文化学	武术物质文化(表层)	竞技竞赛、服装器材、武术景点、武术纪念品、武术演员、武打设计、劳务输出、文艺演出、教拳等
	武术制度文化(中层)	高中级教练员岗位培训制度、武术管理干部培训制度、武术人员出国审批制度、全国武术之乡评比制度、武术馆校管理与评比制度、武术市场管理制度、申报武术等级运动员制度、武术裁判员考核制度、武术段位制度等
	武术内涵文化(深层)	武术与古代哲学、伦理学、兵学、中医学、史学、宗教、美学等

当下与旅游经济产业发展相关度较为密切的主要在武术物质文化与内涵文化层面,物质文化层包括了武术景点(寺庙、山川、建筑等)的参观、竞技竞赛、文艺演出、武术纪念品、斋食等方面的活动;而武术内涵文化层与古代哲学、伦理学、美学等有着密切关联,大多是通过表层的那些活动或事物体现出来的一种内在精神文化,以实物为依托。可见,我国现有武术文化资源,不论是在休闲旅游观光方面,还是康养健身方面都有着独特的魅力。

2. 武术文化旅游政策优势

为推动武术与旅游业的深度融合,国家体育总局等14个部委共同印发《武术产业发展规划(2019—2025年)》,各省市区也相继出台了各省的武术产业发展规划,如河南省体育局出台了《河南省武术产业发展规划(2021—2025年)》(简称《规划》),目

---

① 瓮俊燕. 从韩国跆拳道的发展看中华武术国际推广[J]. 体育风尚,2019(03):77-79.
② 郑春先,惠振宇. 中国武术的资源结构及开发策略研究[J]. 西安体育学院学报,2005(05):39-42.

的是提升河南武术在国际上的知名度和影响力，促进河南武术"走出去"。《规划》提出，在武术协会和国外武馆的基础上，在国外设立中国武术海外宣传中心，打好"功夫"牌，加强武术文化的对外宣传，提升国内武术在世界上的影响力。

韩国于2008年颁布《传统武艺振兴法》，2011年韩国跆跟被列为教科文组织非物质文化遗产的传统武术，2016年首届世界武术大师赛在韩国忠清北道举办，2019年忠州迎来了来自106个国家的3200多位武术大师和官员，有两千多名运动员参加20个比赛项目，组委会主席李始钟在开幕时表示，要积极推广武术价值，让武艺传承下去并不断发扬光大。

3. 武术文化旅游人文优势

每个国家的武术都源自本国的历史积淀，扎根于本国的沃土，包含着大量的历史故事和民间传说，以及传统哲学和宗教思想。近年来，河南武术旅游节、中国焦作国际太极拳年会、全国少林拳大赛、中国嵩山少林国际旅游节及中国郑州少林节等，这一系列重大活动，在全国乃至全球范围内掀起武术风，吸引了国内外众多的武术爱好者和旅游者。

武术基本功中的医疗保健功能对有颈肩、腰背或脏腑等问题的人群具有很大的旅游吸引力[1]，即便不是旅游活动也会带来其他方面的消费，且可能会带来新的旅游消费者。有实验结果表明，太极拳当作运动时的辅助性练习，可以提高运动员心率、肺活量，改善心脏舒张压和收缩压；在心理方面，成就动机、自我情绪调节能力、注意力、自信心都得到了明显的改善[2]。武术的教育功能是不仅可以增强体质、磨炼意志，还能够提高综合素质、增加生存能力，对渴望探险、增加历练的人具有很大的吸引力。武术的功能多种多样，针对不同需求群体也会有不同的实现方式，因此能够满足不同群体多样化的旅游需求。

4. 武术文化旅游人员优势

人才对每个行业来说都至关重要，以往的武术传承与发展，大多是依赖一些记录书籍或者"拳脚师傅"的经验以及各种类型武馆的传授，如旧金山的刘氏鹰爪拳馆、芝加哥的张氏太极拳馆等[3]，武术国际传播的人才十分匮乏。如今武术越来越走向国际化，武术文化旅游专业人才需求日益旺盛。

1992年成立于圣保罗的巴西武术总会，2012年在册的职业武术运动员有5000多名。2020年，中国国家体育总局武术运动管理中心与北京体育大学为"大力培养武术人才，

---

[1] 岳贤锋.武术文化旅游资源开发对策研究［J］.人民论坛，2010（14）：146-147.
[2] 刘韬光，郭玉成.国外武术研究进展（2008-2011）［J］.搏击（武术科学），2012，9（05）：14-17.
[3] 杨啸原.国外武术市场的现状及其成因探究［J］.武汉体育学院学报，1998（02）：12-14.

推动武术国际化"签订合作协议,共同助力国家武术事业的发展,培养国际武术推广人才,并拍摄制作系列武术课程放到中国武协官网上,供全世界武术习练者学习。2020年1月,武术首次成为青奥会正式比赛项目,全球有48名相关国家和地区的运动员参加,未来会有更多的人参与到武术活动中来。2021年,全球约有1.2亿武术运动从业人员。在欧洲,有超过6000家咏春拳馆,学员人数超过100万。2022年,作为全球武术运动的领导者,国际武联在全球五大洲拥有的会员协会数量增至158个。根据不完全统计,全世界大约有一亿两千万人在练习武术,其中50%以上是年轻人。武术运动爱好者数量逐年上升,从事武术行业的人才也不断增加。

五、武术文化与旅游发展存在的问题和不足

(一)对武术文化旅游认识不足,发展方向存在偏差

近年来,武术旅游这一概念逐步进入人们的视野,国内无论是学术层面的研究还是实践层面的运行,都取得了一定的成果,但总体来说还不够深入和完善。王虎认为,现在对武术旅游的研究"没有真正涉及武术旅游活动的主体——武术旅游消费者上来。目前人们对于武术所存在的旅游价值认识相对不足,对于武术旅游的认识存在着偏差,相当大一部分人对于武术旅游的理解仅仅停留在观看武术表演上"[①]。人们通常认为武术表演是武术旅游的重点,但这种认识是不全面的,中国武术文化博大精深,其内涵并不是简单的武术表演就能表征的。现在大部分武术文化旅游的主体还是以武术表演为主,没有真正从旅游者强身健体的迫切需求出发进行开发设计。武术表演需要较强的专业性,这样消费者得到的信息就是武术难度过高,武术活动仅适合专业运动员,不适合自己去参与。这不利于武术推广。如何将武术表演带给旅游消费者"不敢尝试"的固有观念转变成"想尝试"的新观念,什么样的武术旅游产品更能够满足武术旅游消费者更深层次的需求,是我们不可忽视的问题。

(二)专业习武人数减少,传承人缺乏

"武术是我国优秀的民族传统体育项目之一,具有渊博的文化内涵及丰富的外在表现形式,集健身、防身、表演、娱乐于一体,在我国有着广泛的群众基础。武术人口是衡量一个国家或地区在一定时期武术发展状况的重要指标,它反映了人们对武术的亲和程度。改革开放后随着市场经济的深入发展、契约精神的影响、大众文化的渗透、休闲体育的普及、社会化程度的提高,习练武术的人群正在逐渐减少。[②] 快餐时代,人们更

[①] 王虎.北京涉外武术旅游产业发展现状与推广策略研究[D].首都体育学院,2013.
[②] 李双铭.湖南省"全国武术之乡"群众武术发展现状调查与分析[D].湖南师范大学,2010.

热衷于简单好学、高效有用的健身项目，一些传统武术专业性强，学习过程烦琐冗长，难度较大，因而专业习武人数减少，传承人缺乏。

（三）武术旅游资源未充分开发

"现有的武术资源还局限在武术技术的开发层面，正处于开发不全面，缺乏重点的时期，同时大部分地区规模小，没有整体地对旅游资源进行规划。在开发过程中没有很好地将武术文化和旅游资源融合，导致本意是开发武术资源，结果却变成了单纯的开发旅游资源，没有深度挖掘武术文化的深刻含义。"① 以湖南永州为例，永州历史文化底蕴丰厚，三国时期的峨眉拳传入东安，演变成"东安拳"至今，已有1800余年的历史。在湘南一带，历来就有"打不过东安"的美誉。1992年，东安县被国家体委命名为第一批全国武术之乡。2012年，东安武术被列为湖南省非物质文化遗产。但永州市并没有建立武术馆、展览馆等基础设施以及建立与武术有关的旅游区，只是将旅游景区与武术表演相串联形成组合旅游产品，但这样的旅游产品是单一的，并没有将武术文化与旅游有机融合。这种浅层次的旅游资源开发不仅不利于永州武术旅游的发展，还是对资源的浪费。

（四）高素质复合型专业人才不足

武术旅游的特殊性决定了其从业人员专业素养必须高，"在开设本专业的课程中，涉及武术产业与旅游经济等课程的学校很少，不能满足当前武术旅游经济对此专业人才的需求"②。武术文化旅游专业人才"不仅要求有旅游服务方面的专业知识、具备相当的组织协调能力，更要求从业人员具有一定的武术基础知识与武术运动技能水平，能够完成旅游活动中指导与讲解的重要任务。目前我国武术旅游的管理和服务人员，尤其是对旅游活动至关重要的导游人员这一方面，存在着武术专业人才转型的导游在旅游知识和服务能力上比较欠缺的问题，而专业的导游人员则仅有较少的武术知识甚至完全不懂武术，在武术竞赛和武术娱乐活动方面的组织能力欠缺，无法在武术旅游活动中特别是学习体验活动中对旅游者进行详细的讲解和指导"③。湖南永州东安即是如此。作为处于永州这个四线城市的一个小县城，人才引进一直都是老大难问题，人才供给跟不上的直接后果就是武术旅游的服务质量得不到保证，从而打击了旅游者对武术旅游的积极性和参与性，二次旅游者减少，对于武术旅游的宣传和推广都造成的消极影响，不仅不能很好地发展旅游，甚至会造成武术文化传承的停滞。因此培养和引进高素质复合型专业武

---

① 蒲泓静.武术文化旅游资源现状研究［J］.武术研究，2018，3（04）：39-41.
② 蒋丽君，王辉.中国武术旅游产业发展研究［J］.合作经济与科技，2011（10）：10-12.
③ 王虎.北京涉外武术旅游产业发展现状与推广策略研究［D］.首都体育学院，2013.

人才迫在眉睫。

六、国内外武术文化和旅游发展典型案例与经验

武术不仅是中华传统优秀文化中独具魅力的文化瑰宝，还具有文化、教育、审美和经济等多种价值。不少地区抢抓文旅融合发展机遇，深入挖掘武术文化内涵，实现"武术＋旅游"有机结合，少林武术、峨眉武术、太极拳、崆峒武术等在文化与旅游融合大背景下结合现有资源的独特性，走出了适合自身发展的旅游模式，打造出一系列武术文创产品，推动武术文化旅游向品牌化迈进。

（一）国内典型案例

1. 少林功夫：武术文化＋体育精神——推动品牌建设

"1982年电影《少林寺》的热播，全国立刻掀起了一股疯狂的武术热潮，河南嵩山少林武术市场随之蓬勃发展起来，并形成了一个以嵩山少林武术文化为核心的文化产业链。"[1]2021年7月，河南省体育局等13部门联合印发《河南省武术产业发展规划（2021—2025年）》，明确提出河南省武术产业发展要突破现阶段的瓶颈期，提高总体发展质量。强调要突出优势资源、打造特色品牌，构筑新业态、开拓新市场，活态化传承创、激发内生动力。总体要求以精品赛事为核心，以健康培训为主体，以文化传承为支撑，推动武术产业高质量发展。[2]2022年9月，特步潮流厂牌XTEP-XDNA于上海时装周发布2022秋冬系列，其产品以传承传统文化为宗旨，将少林功夫文化与特步品牌定位即"体育时尚"相结合，开发出系列运动潮流产品。在此之前，2020年6月双方联合打造了一场"开门见山"情景秀活动，2021年5月特步首次展示"特步少林"产品系列，并在特步上演以"潮拜少林"为主题的国潮功夫秀，让中国传统文化与中国体育精神相碰撞，打造国潮运动产品，切合年轻人的需求。这不仅仅是一场不同领域文化相碰撞的活动，更是一种文化创意，让运动时尚融入少林功夫的文化标签，实现文化输出，让中国乃至世界了解少林武术文化，推动武术品牌化建设，吸引更多消费者。

2. 峨眉武术：抓住契机＋乘势而为——宣传成效显著

峨眉武术是"四川本土拳种和与巴蜀文化碰撞、融汇而形成独具四川地方特色的外来拳种的总称[3]"。峨眉武术主要由民间口传、正宗单传，文献记载少，加上门规戒律、社会环境动乱等多种因素的影响，现已失传不少。为进一步抢救、保护和传承峨眉

---

[1] 杜金安.嵩山少林武术文化产业市场发展及营销对策研究［D］.郑州大学，2016.
[2] 河南省体育局等13部门联合印发《河南省武术产业发展规划（2021—2025年）》［J］.少林与太极，2021（07）：73.
[3] 吴保占.峨眉盘破门武术研究［J］.体育文化导刊，2016（08）：65-70.

武术，当地政府成立四川省武术馆，开设武术学校，推广武术操，推出峨眉武术主题酒店和餐饮，积极举办"峨眉武术节""四川国际峨眉武术节""峨眉武林风"等重大武术赛事和活动，以宣传和弘扬峨眉武术文化。2020年在第22届峨眉山冰雪温泉节开幕式上的一场主题为"全民迎冬奥 中华武术魂"的活动，不仅为2022年北京冬奥会宣传造势，更将奥运文化与武术文化融合，借助冬奥平台，向世界展示峨眉武术的文化魅力。2022年借助成都大运会平台，在"迎大运·游四川"主题宣传活动中，推广峨眉武术文化。如今，乐山结合现有旅游资源，挖掘武术文化内涵，打造"武旅融合，行走自己的江湖"主题武术研学游、"峨眉山武术寻根之旅"研学游，并在"网络研学，云游乐山"主题视频中推出"峨眉武术"篇，吸引更多爱好武术者认识峨眉武术、体验峨眉武术、传承峨眉武术。峨眉武术文化抓住奥运会、大运会及研学旅行的发展契机，不仅做好了宣传工作，还推出了一系列体验性好、互动性强的研学活动满足市场需求。

3. 太极拳：政策引导＋业态融合——打造旅游精品

2019年国家体育总局等部委联合发布《武术产业发展规划（2019—2025年）》，提倡推广适合大众的各式太极拳项目，实施太极拳健康工程，为太极拳文化发展提供了良好的政策支持。太极拳作为一项修身养性、强筋健骨、预防疾病等多种功能于一体的运动，在2020年申请世界非物质文化遗产成功后越来越受到国内外广泛关注。在文旅融合发展背景下，不少地区开始探索太极拳旅游如何高质量发展。河南省焦作市作为太极拳的发源地，以太极拳文化旅游产业作为发展重点，不断将太极拳文化和本土旅游资源相融合，成立太极拳文化旅游产业园区、太极拳影视区，不断延伸高附加值的旅游产品，激发产业内生动能。宁夏石嘴山高度重视"文化＋旅游＋"多种产业融合发展，2022年9月推出了首届太极文化旅游节，以太极拳文化为主题，将"文旅体＋葡萄酒产业"等多种产业融合于一体，打造新业态、新模式，充分彰显了宁夏石嘴山地域特色文化，同时也促进了石嘴山文化旅游产业高质量发展，为推广太极文化提供了一个良好的平台。

4. 东安武术：群众基础＋党建领航——提升服务水平

湖南湘南一带素有"打不过东安"之说。这是因为东安有东安武术。东安武术是吸取峨眉、少林、武当等众多武术流派精华于一体的武术，其内涵丰富、风格独特。东安民间素有习武的传统，拥有较好的群众基础，当地人民爱好打斗，经常相互切磋，互斗逐步成为该地方人民劳作过后放松身心的一种休闲娱乐体育方式。[①] 早年，该县就将东

---

① 龙伟. 湖南武术文化活态传承研究——以东安拳为例［J］. 搏击（体育论坛），2015，7（11）：87-89.

安武术作为乡村文化建设的一项重要内容，将其列入中小学生体育教学必修课，且推动武术与微旅游深度融合，承办各类武术比赛、展演活动。为推动全民健身事业，该县坚持"体育＋旅游＋文化"，将健身活动与本地特色文化相结合，坚持小型活动经常化、大型活动品牌化，进一步激起东安人民习武健身的热情，推动了当地精神文明建设。东安县水岭乡冷山村更是深入挖掘武术非遗文化赋能乡村振兴的作用，创新工作方式方法，专门成立武协党支部，紧跟时代，与时俱进，注重发挥党支部的战斗堡垒作用、党员的先锋模范作用，从党史中汲取智慧和力量来指导协会党建工作，以脱贫攻坚、乡村振兴为中心任务，打造村级网格化管理模式、建立定期活动、考核评价等制度，实现将协会党建与东安武术非遗文化有机结合，从而助力乡村振兴、弘扬中华武术精神，扩大东安武术的知名度和影响力，助力全县旅游基础设施建设，提高旅游服务水平，推动全域旅游发展。

（二）国外典型案例

1. 韩国跆拳道：善借经验＋对接需求——爆点引流消费

"跆拳道起源于历史悠久的朝鲜半岛，是韩国人民在长期的生产实践中发展起来的一项民族传统体育，现已成为韩国国民体育事业发展的杰出代表。"[①]1994年国际奥委会将跆拳道列入2000年悉尼奥运会的正式项目，此后跆拳道发展迅速，越来越受到世界各地人民的接受和推崇。"跆拳道项目的成功一方面源于项目本身所蕴含的价值和魅力；另一方面则源于其成功的推广措施。"[②]韩国将跆拳道与旅游产业紧密结合，借鉴他国优秀经验，创新发展模式。首尔市借鉴美国纽约演出巴士"THE RIDE"案例的形式，2019年成功推出乘坐首尔城市观光巴士观看演出活动，串联多个旅游景点，在每个景点开展独具特色的表演，跆拳道武艺在巴士途经景福宫时展示。这种形式不仅能让旅游者方便快捷地观光游览首尔市的主要旅游景点，还可以让更多游客看到跆拳道武艺的精彩演出，吸引广大游客前来了解、体验跆拳道项目。在新冠疫情期间，为满足广大人民群众对文化旅游的需求，首尔市推出不见面式跆拳道演出，以代表性旅游景点为背景，制作跆拳道文化与不同领域有机结合的视频，运用名人效应、电视宣传以及视频本身的创意亮点来广泛宣传跆拳道的魅力，吸引更多民众的关注。可见，韩国跆拳道旅游的成功主要源于有目的性、创新性、可操作性的推广策略。

2. 日本柔道：整合资源＋创新产品——引起文化共鸣

"随着文化经济在全球的勃兴和凸显，文化产业不仅成为一种新的重要的经济形态

---

① 李彬彬. 中国武术与韩国跆拳道国际化发展的对比研究［D］. 湖南科技大学，2015.
② 刘琪. 韩国跆拳道项目的推广特点及其启示［J］. 当代体育科技，2015，5（13）：209-210.

和发展方式,而且也成为当今世界文化的重要形态,组成部分和传播方式。"① 如何利用文化资源发展文化产业成为各国都想解决的问题。柔道作为日本的传统武道,在推广时非常注重其文化的影响和渗透,充分挖掘其教育功能,形成了以"道文化""礼文化""禅文化"为核心的价值体系。②1911 年,日本教育部将柔道列入中等学校体育的必修课程。此后,日本通过以年龄细分市场,针对不同年龄段学生的特点开发相应的课程和活动;加强对教练员的培训,构建师资队伍建设保障体系;大力支持场馆建设,完善基础设施体系等多方举措推动柔道文化推广。日本还特别注重整合资源,如将柔道文化与动漫文化整合。动漫作为日本当之无愧的文化招牌,对推广柔道文化也起到了重要作用。《柔道少女》《无敌柔道王》《再来一本》等多部动漫都以柔道文化为题材,借助国外创作技巧和运营模式,创新故事情节,宣传柔道文化。

3. 泰国泰拳:文化认同 + 现代元素——激发内生动力

泰拳享有"五百年天下无敌手"美誉,攻击威力猛,抗击能力强,以强悍凶狠闻名于世。"由于泰拳的攻击性和暴力性与西方文化中的暴力美学相近,使其在欧美西方等国家获得了推崇,被西方文化认同,得到了较大的推广。"③ 如今泰拳风靡全球,已成为全世界格斗爱好者喜爱并追捧的项目之一。泰拳采用"政府引导、市场化运作、大众化参与"的推广模式,将其发展成为加强文化软实力建设的重要内容之一,主要以赛事、课程、培训、影视等形式拉动经济发展,带动相关行业发展和推广泰国文化。2003 年一部泰国动作电影《泰霸》上映,使泰国动作片异军突起,收割大量票房,借助这股热潮,泰国相继制作了一系列泰拳动作电影,将泰拳与泰国民族传统文化元素融合,受到越来越多的关注。2017 年泰国旅游与体育部提出要积极推进泰拳等具有泰国本土文化特色的文化产业的发展,并将其作为未来的主要政策。为使年轻人喜爱并参与泰拳运动,泰国政府通过"武术 + 舞蹈"的创意,在泰国曼谷及世界多个国家举办"泰拳快闪舞"活动,让广大年轻人体会到武术跟舞蹈结合的魅力,吸引游客体验和学习泰国泰拳运动。

七、进一步推进武术文化和旅游发展的对策建议

随着经济全球化及传播技术的快速发展,全球范围内不同文化碰撞与融合的趋势更加明显,文化间的影响也在逐步加深。在全球文化交融中,难免会对原生态文化的认识存在偏差,武术也不例外,原本丰富多彩的武术逐渐失去"色彩",失去其重要的"生

---

① 李义杰. 媒介与文化资本 [D]. 浙江大学,2012.
② 李若洋,冼东妹,钟亚平. 日本柔道推广经验与启示 [J]. 体育文化导刊,2020(08):14-20.
③ 徐立宏,郑昊,熊亚兵. 中泰武术文化比较研究——以武术泰拳国际市场化为例 [J]. 武术研究,2016,1(03):29-31.

命力"——原生态。当然,"向传统武术回归"的声音也不断在武术界传播。周伟良认为:"文化学意义上的'回归',简单讲是对某一文化价值系统的重新认同。体现在武术上,其实质就是接续其自身的文化之根。"[①] 传承与创新是一体的,武术文化和旅游发展,既要坚定武术文化自信和文化自觉,也要结合时代特色进行创新,实现武术文化旅游的"欣欣向荣"。

1. 加大政策支持,规范管理制度

充分利用各级政府的行政优势,发挥政府的主导作用,"调动社会方方面面的积极性,鼓励社会各行业广泛参与,带动相关行业的发展,如酒店、航空等服务业"[②]。首先,加大对武术发展的政策支持,让武术发展走可持续道路;其次为武术服务和管理工作搭建和提供好的平台,在资金等方面给予引导和扶持,建立投融资体制;最后加大对武术文化传承的政策支持以及武术文化遗产各类资源的保护,使武术传承回归民间,增强武术文化可持续发展的动力。要进一步完善武术文化与旅游发展的体制机制,营造良好的发展环境,为武术文化旅游发展保驾护航。

2. 培养传承人和专业人才队伍

"没有人,再好的文本也只会成为死态的文化,直至湮没在历史的风尘之中。"[③] 文明是由人创造的,是在人类的发展中继承与延续的,因此武术文化保护传承必须从传承人入手。要高度重视传承人的作用,努力挖掘传承人、培养传承人、使用传承人;要联合各方力量共同对武术文化进行保护,给予传承人支持,如发挥社会组织的作用,设立各类基金会,为武术文化发展提供资金支持;解决传承人的后顾之忧;要充分发挥各类学校和培训机构的育才作用,在有条件的学校开设武术课程,增强青少年对武术的了解和兴趣,同时加强武术培训,让更多感兴趣的人加入武术运动。

同时,"传统武术发展的动力与依靠是各型专业科研人才,第一要倡导以人为本的人才培养模式,第二是建立多专多能的人才培养体制和模式"[④]。应该积极打造能推动武术发展的高质量人才队伍,学校和社会武术组织都要加强对基层武术专业人才的培育。

3. 结合地域特色打造特色旅游

"区域旅游文化是旅游文化的重要内容之一,既能使旅游者领略到个性的永恒,又

---

① 周伟良.文化安全视野下中华武术的继承与发展——试论当代武术的文化迷失与重构[J].学术界,2007(01):59-78.
② 马敏卿,张艳霞.地域文化对武术拳种产生和发展的影响——以齐鲁文化为例[J].北京体育大学学报,2006(10):1340-1342.
③ 王岗.关注武术传承的主体:人[J].搏击(武术科学),2006(12):1.
④ 栗胜夫.中国武术发展战略研究[M].北京:人民体育出版社,2003:272-275.

能体验其间无穷的乐趣。"① 应注重依托地方特色资源结合武术文化开展特色主题旅游，打造具有地域特色的旅游品牌，发展地方旅游经济，推动当地武术文化旅游发展。"中国武术的所有流派，都是以地域文化为底蕴，从地域文化中孕育出来的。"② 现实中，武山县城关镇何沟村的武术表演、古老的安阳殷都武术文化、沧州武术节、湖南省东安县武术文化旅游周等，都是结合地域特色打造特色武术文化旅游的好案例。"用地域武术文化这一特色吸引域外的目光，大力推进地方体育旅游快速健康发展，使体育旅游产业逐步成为地方体育产业和国民经济新的增长点和新的亮点。"③

4. 挖掘利用武术文化资源，推动"武术 + 旅游 +N"融合发展

"武术文化作为中国传统文化中最独特的、最具魅力的内容之一，要想发扬光大，在当今环境下，最理想的选择就是与旅游业结合起来，联手打出一片双赢的天地。而这一套联手攻略套路，就是'武术文化旅游'。"④ 挖掘武术资源，做好武术产业延伸，需要一个载体，这个最主要的载体就是"旅游"。武术旅游有文化性、艺术性、体育性等特点，是独特的文化旅游资源，应合理挖掘当地特色武术文化旅游资源，推动武术资源与旅游融合发展，让武术旅游资源进行产业化开发利用。"对于武术旅游而言，只有武术和文化的复合交融才能准确地表达武术旅游资源概念的完整性，因此其核心吸引力是武术和文化的叠加，这也是武术旅游满足旅游者消费利益的核心产品。"⑤ 从国内旅游业发展的环境来看，中国旅游发展已开启"旅游 4.0 新时代"，旅游基本实现了三化：休闲化、大众化以及社会化。这就需要我们不断深入挖掘武术的文化内涵，结合旅游行业对武术的发展形式进行创新，使武术文化旅游往休闲化、大众化和社会化方向发展。在保持武术文化的个性化发展的基础上，打造"武术 + 旅游 +N"发展模式，例如结合乡村振兴，提出"武术 + 旅游 + 乡村振兴"，形成三方共赢的模式。

5. 拓展传播渠道，扩大传播范围

"中国武术是大文化，大文化需要大空间。"⑥ 要推动武术文化旅游发展，首先要对武术文化进行精准定位，充分认识武术文化的内涵，深刻分析武术文化的发展方向，才能不断拓宽武术文化传播的新形式和新路径，让武术文化旅游不禁锢于某一种形式的传播、不

---

① 沈祖祥.旅游文化学（第 3 版）[M].福建人民出版社，2011：112-112.
② 陆草.论中原武术文化[J].中州学刊，2007（01）：154-160，261.
③ 马敏卿，张艳霞.地域文化对武术拳种产生和发展的影响——以齐鲁文化为例[J].北京体育大学学报，2006（10）：1340-1342.
④ 胡幸福.论武术文化旅游开发的天时地利人和[J].湖南师范大学社会科学学报，2006（01）：80-84.
⑤ 陈勇.我国武术旅游资源深度开发路径研究[J].武汉体育学院学报，2012，46（02）：36-42.
⑥ 王岗，张大志.从"体育"走向"文化"：中国武术当代发展的必然选择[J].成都体育学院学报，2013，39（06）：1-7.

拘于某一种方式的宣传。"传播是文化的本质。没有传播，就没有文化，传播就是文化的实现。"① 拓宽武术文化旅游多元化传播渠道是武术文化发展的必然路径之一。应充分利用"互联网+"和大众媒体的优势，如短视频等对武术文化进行传播推广。可打造一些武术舞台剧、武术研学主题活动等，使武术让更多人所知。"当前，在全球经济迅猛发展、人民精神需求提升且借助武术自身的艺术特性的推动下，《风中少林》《太极秀》《禅武不二》《神拳大龙》等众多武术舞台剧纷纷呈现。"② 这就是很好的案例。要利用好、发挥好社会组织及其他民间团体的作用，发挥社会组织的资本优势和民间团体的"后备军"力量。在社会上设立推动武术发展的基金会，积极举办相关活动和赛事，进行武术的宣传普及；积极举办与武术相关的活动，开展"武术进地方"等特色主题表演，不断增强武术的影响力。"应尽快成立各地方拳种协会、地方拳种武术学校，进而成立景区专业功夫表演团，使游客能在当地感受到浓厚的武术氛围。"③ 真正使武术走进大众生活。还要注重武术文化的国际宣传，"改革开放二十多年来，中国武术有了长足发展，已成为跨国界、跨民族，甚至跨信仰的文化现象，并在世界范围内形成了独特的中国武术文化圈，影响深远"④。

6. 推动武术文化创造性转化和创新性发展

在文化传承发展中，最关键的就是创新。要在保持武术文化自身独特性的同时，推动其形式创新、技术创新、平台创新，实现可持续发展。"武术在现代化的今天，要想得到大众的青睐，首先要真正认识世界，掌握世人的生活规律，更新观念，解放思想，对传统武术进行创新改造，没有创新的武术是跟不上时代发展步伐的。"⑤ 武术文化发展应改革创新，与时俱进，应贴近实际，通俗易懂，走进群众生活。要将现代内涵融入武术文化之中，重塑当代中国精神，形成全民族奋发向上的精神力量和团结和睦的精神纽带，凝聚和激励中华民族为实现国家富强、民族复兴而团结奋斗。

7. 创新武术文化发展路径，推动武术文化旅游高质量发展

贯彻落实国家《武术产业发展规划（2019—2025年）》，打造"武术+N"的产业形态，推进武术文化产业化开发，推动武术文化产业与相关产业融合发展。"武术文化

---

① 李金珠.健身俱乐部市场体系之构建——基于上海市商业健身俱乐部现状调研的思考［J］.现代企业教育，2014（10）：538-539.
② 王会儒.中国武术的产业化发展和文化传播路径寻绎——以瑜伽市场演变为借鉴［J］.体育研究与教育，2017，32（04）：20-24，44.
③ 丁传伟.武术文化与旅游资源开发研究——以水泊梁山为例［J］.运动，2016（03）：13-15.
④ 华博.中国世界武术文化［M］.北京：时事出版社，2007：1-2.
⑤ 栗胜夫.论我国传统武术的传承与发展［J］.武汉体育学院学报，2007（04）：40-44.

产业化发展正是武术文化在现代国际社会实现跨文化传播的途径。"① 应积极让武术往体育化、教育化、大众化方向发展，创新武术文化发展路径，推动武术文化旅游高质量发展。第一，打造具有地域特色的武术竞技赛事，联合多方一起推动武术向竞技体育化方向发展，在统一的比赛准则下适当创新传统的武术体育比赛模式与规则；第二，发挥学校教育的主体作用，让武术作为一种体育活动出现在校园中，借助现代教育手段，让武术文化进课堂、进教材、进校园，从教材、武术兴趣班、活动展现形式、教育方式等方面入手，为维持武术健康可持续发展培养专业型或兴趣型的人才；第三，从人民群众入手，发展人民大众喜闻乐见的武术文化形式，开展大众化的武术健身形式，让大众在潜移默化中了解武术以及共同构建、普及武术文化。"时代的语境呼唤着传统武术需要沿着大众健身化路径发展，开拓着传统武术发展的新领域和新走向。"② 武术的体育化有其独特的武术竞技形式，武术的教育化有其独特的武术教育形式，而"大众要有适合自己生活的武术，大众的武术要真正走进他们的生活之中，喜闻乐见，成为生活中必不可少的一部分"。③ 因此，武术文化更要全面融入体育、学校、大众中，不断取得新的发展。应对武术未来发展方向进行精准定位，从武术产业化发展的角度，以融合为路径，拓宽武术产业发展空间，延伸其产业链，进行武术的产业化开发；要利用高新科技来维护其高质量发展的水准，使武术产业化发展得到相应的技术保障；要把握好武术产业化的市场脉络，不断推进武术文化旅游高质量发展。

"武术源于中国，属于世界。④" 未来还要继续在武术文化的国际传播上下功夫。"中国武术历史悠久，源远流长，是我国具有独特民族风格特点的优秀传统文化。中国武术作为一种传统文化已受到世界各国朋友的喜爱与欢迎，它作为一种中国优秀传统文化奉献给世界人民的是健康，是幸福，是欢乐，所以，它具有强大的生命力。"⑤ 要创新路径推动武术文化的国际交流，推动国际的武术文化旅游合作。

拓展链接

---

① 崔英敏，黄聪.跨文化传播：武术文化传播发展的新视角［J］.北京体育大学学报，2013，36（07）：36-40，46.
② 李龙.论中国传统武术的当代发展路径［J］.体育与科学，2012，33（01）：35-39.
③ 邱丕相，吉灿忠.对北京奥运会后中国武术发展的思考［J］.首都体育学院学报，2009，21（02）：134-137.
④ 李龙.论中国传统武术的当代发展路径［J］.体育与科学，2012，33（01）：35-39.
⑤ 李成银.山东传统武术文化研究［M］.北京：北京体育大学出版社，2009：1-2.

第十四章　民俗文化与旅游发展

只要有人类群体居住的地方，就会有民俗文化。民俗文化是民间民众的风俗生活文化的统称。人类社会发展的历程中，形成过许多民俗文化现象，不断影响着人们的生活方式和生活习惯。民俗旅游作为一种重要的文化旅游形式，近年来得到较快发展，深受旅游者喜爱。在文化和旅游深度融合的大背景下，未来民俗文化旅游还会持续快速发展。

一、何谓民俗文化

民俗文化诞生于民间，流行于民间。民俗的发展与变化和物质、文化息息相关。"和世界上一切民族的文化创造一样，民俗不是凭空产生的，也不由哪一位天才个人杜撰。民俗是随着人类社会的产生而产生，随着人类社会的发展而发展的。它和人类的社会生活保持着最为密切的联系，作为文化创造，它是民众集体劳动和智慧的结晶。"[①] 民俗文化常被称作社会风俗文化，是在历史发展过程中由民间民众自发形成的民间风俗生活习惯的统称。"民俗是人民大众创造、享用和传承的生活文化。它既包括农村民俗，也包括城镇和都市民俗；既包括古代民俗传统，也包括新产生的民俗现象；既包括口语传承的民间文学，也包括以物质形式、行为和心理等方式传承的物质、精神及社会组织等民俗。"[②] 人类有不同的族群，每个族群都有自身独特的民俗文化。"民俗文化是人类历史的发展过程中，一定的群体为适应生产实践和社会生活而逐渐形成的一种城市化的行为模式和生活惯例，是广大民众在人类历史发展过程中所创造、享用和传承的不同类型和模式的生活文化。"[③] 从具体内容和主要特征来看，"民俗文化主要包括建筑、饮食、服饰、生活方式、传统节日、婚丧嫁娶、礼仪、节庆活动，以及需要细心观察、体会的心理特征、审美情趣、思维方式、价值观念和道德观念等。民俗具有群体性、地域性、

[①] 陶立璠.民俗学：修订版［M］.北京：学苑出版社，2018：26.
[②] 钟敬文.民俗学概论［M］.上海：上海文艺出版社，2009：4.
[③] 徐新林.中国旅游文化［M］.北京：清华大学出版社，2016：152-153.

民族性、传承性、变异性、模式性等特征"。①

全球有200多个不同的国家和地区，由于文化的差异，各个国家都拥有自己独具特色的民俗文化。如欧洲这样一个旅游非常发达的地区，拥有许多旅游资源，其中不乏民俗文化旅游资源，如法国的埃菲尔铁塔、卢浮宫、罗马斗兽场，瑞士的圣彼得大教堂，等等，这些都是典型的代表。北美洲也有很多独特的节日民俗，比如墨西哥每年11月1日到2日的亡灵日，类似于我国的中元节。再如美国的感恩节，它是每年11月份的最后一个星期四，是美国人独创的一个节日，也是美国人全家欢聚的节日。西方国家的圣诞节，原本是基督教为了庆祝耶稣诞生而设立的，但随着不同教派的沿袭和传承，逐渐演变成为现在以互赠礼物、举办欢宴以及通过装扮圣诞老人，制作圣诞树等形式增添节日气氛的普通民俗节日。正是这些丰富多彩的民俗文化给民俗文化旅游的发展提供了资源基础。

中国不仅有丰富多样的自然景观，也有各种各样的文化资源，其中民俗文化是各个地区文化资源的重要代表。中国的民俗文化资源种类数不胜数，有我们大家所熟知的春节、清明节和劳动节等传统节日，也有不同地区自己的风俗文化，如广东民间所信奉的海上之神妈祖文化，是广东渔民的出海信仰；鱼米之乡江苏金坛柚山有放灯节等形式独特的民俗活动。中国的春节，以往都是全家围坐在火炉前听老一辈讲故事，在欢声笑语中品尝年夜饭，亲朋好友间互相走访拜年，后来，过年民俗增加了全家人围坐在电视机前看春晚、发送祝福信息、制作拜年表情包等多种形式，虽然春节民俗内容发生了变化，但其文化内涵永远不会改变。

二、民俗文化的历史发展

在中国古代，民俗一般与其他学科一起被记录，如历史、地理、哲学等，部分还有风俗志、谚语集等。汉代以后，史学、哲学评注民俗渐成风气。到了近现代，受到世界潮流的影响，民俗学越来越受到重视。当时的部分知识分子把民俗视为变革的一个重点，这在客观上推动了民俗学的发展。我国民俗文化的起源可以追溯到夏商周三代，主要以农耕文化为主体，民族的风俗文化交流圈基本形成。在农业发展早期，各式各样的风俗活动也开始形成，比如在农业生产风俗方面，由于夏历的发明和使用，逐渐出现了与农业生产密切相关的二十四节气和时令，在此过程中也产生了一些相关的民俗。春秋战国时期不仅是中国历史上第一次民族大融合，同时也是各民族民俗文化同化的关键时期。在民族大融合的基础上，通过不断地吸收、融合各族民俗文化，华夏文化发展成独

---

① 徐新林.中国旅游文化[M].北京：清华大学出版社，2016：153.

具特色的民族文化。在秦朝，大部分节日已初步形成，最开始的节日风俗活动和祭祀、纪念有一定关系，如为了纪念一些历史人物。到汉代，我国主要的传统节日都已经发展成熟，如春节、中秋节、端午节这些节日都在汉代定型。唐朝，经济的繁荣给人们的精神文化生活提供了坚实的物质基础，节日活动逐渐从祭祀、纪念中拓展，节日内容变得丰富多彩，节日氛围更加浓厚，成为真正的"良辰佳节"。此后，民俗文化随着时代的发展不断发展。新中国成立后，随着经济社会快速发展，人们精神层面的需求不断增长，民俗文化发展迎来了新的机遇。我国目前对民俗文化资源的开发主要以旅游为主，以"旅游+民俗"为发展模式，对有特色民俗的地区进行系统的、有针对性的开发。有些地方的特色民俗在开发旅游的时候作为表演项目得到了一定的保护，但也带来了另外的问题，就是文化过度商业化，进而导致文化的异化。

在18世纪和19世纪交替之际，浪漫主义和民族主义席卷欧洲大陆。知识界开始关注民间文化。各种传说、风俗习惯等得到了重视，并且在之后不断发展，促进了民俗学的出现。北欧诸国特别重视民俗的发展，民俗学在芬兰争取独立时发挥了重要作用。民俗学的地位在北欧国家的学术地位较高，政府也大力支持。在民俗学者的努力之下，芬兰在几所重点大学设立了民俗学专业。俄罗斯民俗学的建立经历了一个漫长的时期，到18世纪才真正开始形成。特别是几次大规模的民俗考察工作，对俄罗斯民俗的发展起到了重要作用。"现在法、英、日、韩等亚洲国家政府普遍开始重视发掘本国特有的优秀民俗文化，为民俗及文化遗产的整体保护和发展都提供了充足的经济支持和技术支持，并且积极广泛宣传发动社会民间力量，有很多国际性的社会民间组织在致力于研究保护本土民俗文化，积极配合政府。"[①] 以法国为例，其历史文化遗产的保护可谓历史悠久，民众认同度高，早在1984年就设立了文化遗产日。《历史街区保护法》《城市规划法》和《文物保护法》等多项地方法律为文化遗产保护提供了法律依据，有力地保护了这些文化遗产。法国政府把文化作为促进经济发展的有效途径，每年会拿出相当一部分资金用以资助保护文化遗产，法国文化投资的绝对数额逐年增加，在国家经费预算中所占比例也逐年提高，2000年前后达到1%左右，之后便稳定在1%左右。明治维新后的日本，在积极学习西方文化的过程中，也吸纳了英国人类学的成果，之后其研究由"乡土"一步步走到"研究所"阶段。日本在1966年就制定了国家法规《古都保护法》，京都、奈良、镰仓等共计九处国家"古都"标志先后被联合国教科文组织列入世界遗产保护范围，这在一定程度上避免了经济和城市发展过快挤压这些古都、古建筑的空间。

---

① 冉文伟.国外保护和发展民俗文化的经验与启示[J].中共青岛市委党校.青岛行政学院学报，2013（03）：96-101.

1955 年，日本开始实施对掌握民间重要或无形经济文化资源的重要民间艺人资格的评审登记工作，即"人间国宝"民间艺术登记认定，一旦得到认定，政府部门就会定期拨出专项奖励资金，录制保护他世代相传的民俗艺术，保存收藏他传世的代表性作品，资助他无偿传习精湛技艺、培养下一代传承人，改善提高他自身的生活品质和从艺条件。日本各地还分布着大大小小致力于保护民俗文化的民间组织。日本从上至下形成了一个系统、完整、科学的历史文化保护管理体系，政府高度重视，人们积极配合。日本许多富有特色的民俗还保存至今，成为吸引游客的重要资源，如和服、特色乐器演奏、古建筑等都吸引着来自世界各地的游客。

三、民俗文化与旅游的关系

"民俗是一种活着的文化，是一定地域内民众社会生活的真实而直观的写照，由于它满足了游客'求新、求异、求乐、求知'的心理需求，因而成为旅游开发的重要内容，民俗旅游也因此成为游客的新宠。从广义上来讲，旅游实际上就是民俗文化旅游。"① "国内抽样调查表明，来华美国游客对风土人情感兴趣的达 56.7%。事实证明，民俗风情文化旅游不仅仅成为政府部门发展经济、吸引外资的重要资源，满足国外游客渴望了解和认识中国人生活方式的一种途径，而且有助于中华民族文化的发掘与传承，有利于提高人民的收入和人口素质，减少对自然生态资源的破坏。"②

从民俗文化与旅游的辩证关系来看，一方面，民俗文化是重要的旅游资源。民俗文化是一种宝贵的文化旅游资源，以其丰富的文化内涵吸引游客。民俗文化旅游可以让游客感受人类社会生活的丰富多彩和新奇趣味。充分挖掘利用民俗文化发展旅游，能增加旅游的吸引力、体验感和满意度，从而带动当地旅游产业和经济社会发展。另一方面，旅游有助于民俗文化的交流。外来游客到民俗文化旅游目的地旅游，也会或多或少地把其居住地的风俗风情、文化传统等带去目的地，无形中充当了文明交流的使者。一般情况下，一个比较保守的地区，其民俗的稳定性会强一些，但发展亦会是较缓慢的；而一个开明的地方，其民俗较易受到外来文化的影响，稳定性相对会弱一些，但发展会快一些。

从民俗文化对旅游发展的作用来看，一是提升旅游体验。由于民俗文化具有原创性和原真性的特点，对体验的要求比较高，易拉近与游客的距离，让游客深入体验，适

---

① 徐新林.中国旅游文化［M］.北京：清华大学出版社，2016：167.
② 樊舒.建设美丽中国需要发展民俗文化旅游——中国民俗文化旅游发展思考［J］.经济问题探索，2013（06）：166-170.

合开发体验式、互动式的旅游产品。例如时下比较火的乡村旅游，如果旅游目的地没有民俗文化，乡村旅游可能就只剩下观光了，这肯定是不利于乡村旅游可持续发展的。如果将当地民俗文化融入乡村旅游，即可拓宽旅游的领域和内容。二是丰富旅游活动。民俗文化旅游内容丰富多彩，可利用的资源广泛存在于民间物质文化、精神文化、行为文化和制度文化中，包括生活习惯、生产方式、生活环境、节庆仪式、传统服饰、民间艺术、手艺工艺、音乐舞蹈等。在传统旅游中融入民俗文化，可以让游客沉浸式体验当地民俗，通过一系列的民俗活动，可以大大丰富旅游产品。"民俗旅游的开发，不但可以带动饮食、住宿、购物、交通等第三产业的发展，产生良好的经济效益，而且还会给当地带来巨大的社会效益和文化效益，促进该地区经济、社会、文化的全面发展。"①

四、民俗文化旅游发展典型案例和经验

"民俗是一种活着的文化，民俗文化与旅游融合发展成为旅游界发展的热点和趋势，从广义上讲，旅游实际上就是民俗文化旅游。"②从发展模式来看，国内外目前比较多见的发展模式主要包括有集中体验式、还原体验式、现场浓缩体验式、原始自然体验式、结合主题式、传承展演式等。这些模式都各具特点。从相关案例经验来看，选择适合目的地的、吸取不同模式优点的景区，发展情况是比较好的。

（一）集中体验式

比较典型的是深圳中国民俗文化村。深圳中国民俗文化村是中国第一个集合各民族民间艺术、民俗风情和民居建筑于一园的大型文化旅游景区。中国民俗文化村以"二十七个村寨，五十六族风情"的丰厚意蕴赢得了"中国民俗博物馆"的美誉，是我国民俗旅游文化的代表地。民俗村会定期举办大型民间节庆活动、民族风情表演、民间手工艺展示等活动和表演，让从世界各地来此地游玩的旅客能更好地了解各民族的民俗文化。例如华夏民族春节大庙会、泼水节、火把节、西双版纳风情月、内蒙古风情、民族嘉年华等，多角度、多方面地展示出我国各民族多姿多彩、各具特色、原汁原味的民风民情和民俗文化。深圳中国民俗文化村将散布在一定地域范围内的典型民俗集中于一个主题公园内表现出来，让游客得以集中游览和观赏，这就是典型的集中体验式。运用此类开发模式进行民俗旅游开发的还有河南开封的"清明上河园"、北京中华民族园、湖南益阳安化云台山夏家湾民俗文化村、云南民族文化村、昆明民族村等。国外比较典型的有美国佛罗里达州的锦绣中华、泰国的"东巴文化村"、南非开普敦的"原始丛

---

① 徐新林.中国旅游文化［M］.北京：清华大学出版社，2016：167.
② 徐新林.中国旅游文化［M］.北京：清华大学出版社，2016：167-168.

林"，这些都属于集中体验式开发模式。这一开发模式的优点是各民俗旅游资源集中统一在一个限定的区域范围内，游客不用花费很长的时间、路程便能了解和领略到多种民俗文化，缺点是在还原加工的过程中可能会丢失一些原有的民俗文化信息内涵，若建设态度不够严谨，甚至会使民俗文化变味。

（二）还原体验式

运用这类民俗旅游资源开发模式的有香港宋城、杭州宋城、吴文化公园、无锡唐城、云台山茶旅集团的《梅山茶油香》舞台表演等。香港宋城坐落于九龙荔枝角荔园游乐场旁，于1979年建成开放，它的宣传口号是"给我一天，还你千年"。宋城里面的建筑风景都是仿造宋朝建筑风景所建造，显得十分古朴淡雅。宋城将《清明上河图》中大宋繁华的生活风貌及民俗风情景象投射到当代生活中，让人仿佛置身于一千五百多年前的宋朝一般。宋城定期举办的《宋城千古情》大型舞台表演，让前来参观游览的游客感到震撼和惊叹！云台山茶旅集团的《梅山茶油香》《梅山民歌》舞台表演中，员工身穿古梅山民族服装，通过诙谐有趣的歌舞展现古代梅山人民榨油茶的生活情景，并且巧妙地将爱情场景穿插其中。这类开发模式可以使一些在历史上非常出彩的民俗文化再现到游客眼前。国外典型案例有美国的"活人博物馆"、雅典卫城等。雅典保留了很多历史遗迹和大量的艺术作品，雅典卫城是希腊最杰出的古建筑群，这些古建筑都是人类的宝贵遗产和建筑精品，在建筑学史上具有重要地位。通过还原体验式的民俗文化旅游，雅典卫城实现了当代价值。

（三）现场浓缩体验式

这种开发模式有三亚黎族苗寨、黎寨风情园等。三亚黎族苗寨位于海南岛，黎族和苗族人民生活比较集中的中部和南部山区。黎村苗寨田园气息浓郁、民族风情浓厚、环境古朴清幽，村民们都很友善。在这里游客们可以看到巍然粗壮的椰树、昂然挺拔的槟榔树、傲然挺立的翠竹、刚毅健美的棕榈。在这里能很好地感受到村民的热情，体验他们的民俗活动，观看他们的歌舞表演。三亚黎族苗寨的工艺品也非常具有特色，手工黎锦和苗族的蜡染都是极好的纪念品。这类开发模式的优点是能够让游客很直观地了解到当地的各类表演及民族民俗文化的内涵和精髓，缺点是商业化较明显。

（四）原始自然体验式

此类开发模式是选择较为典型的民俗文化资源进行开发利用，这类开发模式较少进行人为的加工改造，而是以原始和自然的形态展现给游客，让游客感受原真纯粹的民俗文化。国内典型案例有广东连南三排瑶寨、中国最美千年古寨——桃坪羌寨，国外有新西兰毛利文化村等。广东连南三排瑶寨承载着千年文明，古寨依山而建，房屋层叠；石板街道纵横交错；周围山势险要，群峰叠嶂。千年瑶寨先后被评为"中国历史文化名村""中国民间艺术之乡""中国少数民族特色村寨"。瑶寨内主要有瑶族和壮族民俗文化。瑶族是中国历史较为悠久的少数民族，至今仍保留着古朴独特的风俗，比如他们的山歌节、农历十月十六"耍歌堂"等活动，非常有特色。壮族同胞也有自己独特的民俗风情，如七月初七，壮族姑娘们会到河溪沐浴。广东连南三排瑶寨集中反映了瑶族的历史变迁、文化艺术、生活习俗、居住建筑、服饰特色、民间歌舞、体育娱乐等民俗风情。这类开发模式的优点是综合效益高，游客参与感、体验感强，能自然地与当地居民交流。缺点是如果不加以保护，过度开发可能对民俗原真性带来破坏。

（五）结合主题式

这类开发模式将民俗文化与某一特定功能的旅游业态结合起来。如苏州名园"网师"，传统上仅白天对外开放，让游人欣赏江南园林的造园艺术和文化内涵，夜间不对外开放，但后来推出了"古典夜园"活动，利用园内设施设备在各厅堂进行表演活动，例如表演一两段苏州评弹、昆曲等各种类型的地方民俗文化艺术，让游客体验和领略到夜景下苏州园林的意境。再如安化云台山神仙岩篝火晚会，推出《梅山武术》《云梦梅山》等表演节目，利用神仙岩梦幻大舞台很好地展现古梅山文化以及古梅山先民的祭祀场面，受到游客的广泛好评。这类开发模式的优点是嵌入方式巧妙，给人耳目一新的新鲜感。

（六）传承展演式

这种开发模式主要针对那些特定的民俗文化，在一定时期内能吸引短暂的旅游人流，为当地的旅游发展带来各方面的效益。这类表现形式主要有两种情况。一是特定的节庆活动，如内蒙古的"那达慕"大会、回族的"古尔邦节"、藏族的达玛节和林卡节、傣族的泼水节、福建的妈祖节、杭州竹笋节、余杭双溪水上欢乐节、白族和彝族的"火把节"、春节、端午节、中秋节、正月拜年、元宵灯火、寒食禁火等活动。这些活动本身并非为了发展旅游业，但节庆活动期间会吸引大量旅游者，为旅游业带来创收。二是流动性的民俗文化表演活动，如贵州组织民间表演队到国外演出苗族花鼓、傩堂戏、下火海等民俗活动，这些活动展现了我国民俗文化风采，让国外友人能够更好地感受到我国民俗文化的魅力，进而吸引他们前往贵州旅游，增加我国境外旅游收入。

从具体举措来看，主要有以下几种：

一是将民俗文化和乡村旅游融合。民俗文化和乡村旅游相得益彰，二者融合发展将形成巨大的合力。我国很多地区都将把民俗文化和乡村旅游结合，推出相关旅游线路和产品。譬如，吉林省依托梅河口市的田园风光、地方民俗文化和少数民族村落等资源，开展了乡村民俗体验之旅,从湾龙镇湾龙沟朝鲜族民俗村,到梅小野知北村,到小杨满族朝鲜族乡古城民俗村,再到鸡冠山风景区,一条线路既展现东北农村特有的民俗风情和朝鲜族满族村落的独特风俗,还能让游客徜徉十里稻田感受东北大米的独特清香,品尝黄金玉米带鲜玉米的糯香滋味。青海省则开展庆丰收河湟民俗文化体验之旅,从湟中县城,到田家寨镇田家寨村,到土门关乡上山庄花海,到土门关乡贾尔藏村,到上新庄镇加牙村,再到上新庄镇黑城村。在这条线上,游客可以参观明长城遗址、传统村落,体验千紫缘农民丰收节,体验特色民俗。这样的结合,既丰富了民俗文化旅游的内容,也提升了乡村旅游的文化内涵。

二是开发节庆民俗旅游产品。传统节日是中华民族丰富多样的民俗文化的代表,也是非常重要的旅游资源。现在各地都注重挖掘节庆民俗旅游资源,打造节庆民俗旅游产品。以端午节日民俗为例。江苏苏州在端午节开展"姑苏好时节"非遗民俗活动,设置10个端午民俗体验区,推出"技艺体验·百余端午粽""木刻钟馗·吴地""端午景"等互动体验活动。湖南岳阳楼区文化馆组织"我们的节日·端午"——岳阳楼社区戏曲专场,吸引了众多游客驻足观看;湖南郴州市文化馆在苏母居举办"艺路有你·粽情粽意"公益课堂,组织参加人员诵读经典诗词、包粽子、制作香囊;湖南永州花千谷景区举办端午主题活动,将传统文化融入美食、手工、运动与自然体验等休闲度假场景。再以中秋节日民俗为例。山西晋城发布多条中秋习俗体验主题旅游线路,吸引大量游客前往。广西南宁青秀山景区发布赏月胜地,推荐了龙象塔、环山秀坪、桂花园等最佳赏月景点,同时在原有东区、西区夜游的基础上,提升打造了中心区的夜游灯光,形成昼夜可观的佳节美景。青秀山工作人员介绍:"荷塘月下、桂花树旁,游客将在古风舞蹈、古筝、琵琶、小提琴、长笛等中秋文艺表演中沉浸式体验浓浓的中秋氛围。"福建省福州市以"有福之州 潮玩中秋"为主题,突出赏月、团圆、国潮等韵味浓厚的中秋元素,推出三坊七巷历史文化街区的中秋汉风巡游、"民俗中的非遗"中秋沉浸式体验活动,以及上下杭历史文化街区的国潮中秋节、"月圆福满"主题市集等活动。

三是建设民俗文化村打造主题景区。民俗文化村是一种综合性的文化游览区,一些有条件的地方开始建设民俗文化村打造主题景区。山东杨家埠村利用其传统手工技艺——年画,打造中国民间年画之乡。该村兴建了杨家埠民间艺术大观园,人们可以看到各种各样的原版制作工具,欣赏具有特色的年画,在现场观看精湛的年画制作工艺,进一步了解传统民俗。在我国众多的文化艺术宝库中,杨家埠村占有一席之地,成为齐鲁文化对外开放和文化交流的重要窗口。陕西省打造的马嵬驿民俗文化村,以黄山宫为背景,依托杨贵妃古墓而建,集中体现马嵬历史文化特征和关中地方文化和民俗文化,处处体现了唐朝特色，现在也已经成为 4A 级旅游景点。

五、当前民俗文化旅游发展存在的不足

（一）重视经济效益而忽视社会效益

民俗旅游资源是民俗旅游开发的基础条件。个别开发商只重利益，对民俗旅游资源进行不计后果的掠夺式开发，造成无法挽回的损害。在这种"重开发、轻保护"的思想[①]驱使下，民俗文化旅游发展出现一些问题，具体体现在以下三个方面。一是随着市场化程度的不断提高，一些民俗旅游活动打着民俗文化的旗号，实则并非如此，对当地文化造成强烈的冲击，较为保守的当地人无法快速适应这种变化，对自身文化陷入一定程度的自我质疑，为适应商业化进程的发展，各种形式的伪民俗现象也开始随之泛滥。一些民俗旅游活动，以过度简化的形式进行表演展示，或刻意迎合消费者喜好，添加毫无根据的内容和细节。二是外来文化加速了旅游地民俗传统文化的变异。"旅游开发是多元文化的交汇行为，大量旅游者带来的思想观念、生活方式以及外界信息的进入，破坏了旅游地社会、生产和生活现存的和谐与平衡。"[②]外来异质文化的入侵，对本地居民的生活模式、思维方式造成一定的影响，不同文化相互交融，外来文化与本土文化产生一些碰撞，这些碰撞可能会出现对立，处理不好可能破坏当地的传统社会价值观念，甚至干扰和阻碍地方民俗文化原有的秩序和发展进程。三是民俗旅游资源逐渐丧失原真性。开发商过度追求经济效益，一些地方民俗文化被改造后，导致传统的民俗文化变得庸俗，民俗旅游机械地舞台化，成为经营者赚钱的资本。

（二）民俗文化庸俗化缺乏创新

"在民俗旅游资源开发中，有些旅游从业者不去尽力展现民俗的真、善、美，而是刻意追求原始、落后和愚昧，回避精华，偏爱糟粕，专门把一些已经被社会扬弃的封建迷信和陈规陋习展示给旅游者，从内容到形式，无不充斥封建迷信色彩，质朴、高尚的民俗被庸俗化，最终成了一些人圈钱的工具。"[③]一方面，民俗文化旅游项目缺乏创新性，模仿痕迹较为严重，同质化现象突出，缺乏创新。另一方面，民俗文化旅游产品设计缺乏创新创意。

（三）基础配套设施不够完善

很多民俗文化旅游目的地处于偏远地区，基础配套设施还不够完善，如交通不便、

---

① 田茂军.保护与开发：民俗旅游的文化反思——以湘西民俗旅游为例[J].江西社会科学，2004（09）：23-25.
② 徐杰.我国民俗旅游开发存在的问题与解决对策[J].教育教学论坛，2010（36）：146-147.
③ 徐新林.中国旅游文化[M].北京：清华大学出版社，2016：170-171.

进入性差、设施配套不全、接待能力有限等。比如一些民俗文化旅游资源富集的山区，想自驾上山却被崎岖的山路劝退，景区也没有观光车之类的配套设施。有些民俗文化旅游景区的住宿场所只有村民自家的房子，虽然可以让游客更好地体验当地的民俗风情，但是有些民宿的环境和设施会让游客的体验感大打折扣。

六、进一步利用民俗文化推动旅游发展的对策与建议

（一）注重民俗文化旅游的可持续性发展

应避免外来文化"异化"当地的民俗文化，大多数民俗文化逐渐被当地人遗忘，比如雅典的民俗文化在游客的来来往往中逐渐消散，人们大多通过书籍记载、导游介绍、媒体传播等了解雅典民俗，少有亲身感受。又比如湘西凤凰古城浓重的商业气息已经渐渐覆盖了当地的民族特色气息，很多游客去过以后都表示商业化过于严重，感受不到当地的民族特色风情以及民俗文化。因此民俗文化应尽可能地以原生态的形式状态应用于旅游业，把民俗文化的本质和特征放到旅游业中去，让游客能够切身地感受到。在此过程中，我们要宣扬民俗文化的荣誉感，让当地人民获得民俗文化自豪感，使民俗文化在不知不觉中被当地人民继承发展并融入旅游发展，这既关系到对民俗文化的尊重，也影响到对民俗文化的可持续发展。此外，我们也要注重民俗文化的保护，使其被人们传承发展。比如在永州民俗文化融入旅游的过程中，我们要大力宣扬柳宗元文化、女书文化、舜帝文化等的内涵，让其被当地人民认识、了解并喜爱，在无形中被当地人民继承发展，在外来游客来此地旅游的过程中传扬发展，做到真正的可持续发展。

（二）经济效益和社会效益并重

一方面要追求经济效益，通过旅游项目带动当地的经济发展，另一方面要考虑社会效益，注重民俗文化的保护、传承与发展，让正能量的民俗文化融入人们的日常生活当中，给人们带去积极的影响。

（三）设计开发特色民俗文化旅游产品

民俗文化旅游产品的设计要以当地民俗文化为基点，考虑游客的消费需求，满足市场需要，确定旅游产品的开发方向和内容。要从当地资源的特点出发，设计出体现地方特色的民俗文化旅游产品。开发民俗文化旅游产品要遵循以下原则：首先是特色性原则，有特色才有吸引力。其次是多样性原则。旅游者的性别、年龄、民族、职业、文化素养以及喜好等各不相同，同一旅游者在不同时期的旅游需求也可能不一样，因此民俗旅游产品也应具有多样性，开发时不仅要考虑观光游览型，还要考虑考察型、参与型、娱乐型，等等。再次是文化性原则。一定要体现民俗文化的实质内涵，绝不能只是打着

民俗文化的幌子。再次是开发与保护相结合的原则。在开发的要特别注重传承保护，实现可持续发展。最后是经济效益和文化效益相结合的原则。开发民俗文化时不仅要考虑经济利益，也要考虑文化效益和社会效益，平衡好两者，不能一味地寻求经济效益最终摒弃文化效益和社会效益。

拓展链接

第十五章 余 论

随着文化部门和旅游部门合并，诗与远方连在一起，身体和灵魂终于得以交融，文化和旅游的融合发展，正以前所未有的发展机遇和前所未有的发展态势呈现在人们面前。习近平总书记对旅游工作作出重要指示强调：新时代新征程，旅游发展面临新机遇新挑战。要以新时代中国特色社会主义思想为指导，完整准确全面贯彻新发展理念，坚持守正创新、提质增效、融合发展，统筹政府与市场、供给与需求、保护与开发、国内与国际、发展与安全，着力完善现代旅游业体系，加快建设旅游强国，让旅游业更好服务美好生活、促进经济发展、构筑精神家园、展示中国形象、增进文明互鉴。未来，我们要坚持以文塑旅、以旅彰文，抢抓新机，创新举措，不断推动文化和旅游深度融合发展。[①]

一是挖潜资源，让文旅融合"出圈"。从2023年1月底到2月15日元宵节，贵州凯里市下司古镇"非遗过大年·元宵喜乐会"活动吸引15万人次在线观看，宣传视频全网播放量超280余万人次；广西柳州以"2022年度十大出圈小城"之名成为当代新青年心中的必去之地，螺蛳粉当为首功……越来越多的文旅资源借助科技力量和网络平台，为更多人熟识和喜爱。与此同时，各地文旅干部也纷纷"触网"，花式"出圈"，不遗余力推介当地文旅品牌。毋庸置疑，我国地域辽阔，风景独特，文化异彩纷呈，物产丰饶多样，很多原生态的自然资源和文化资源得以完整保存，是旅游资源的宝库。地文、水体、气候等瑰丽的自然景观数不胜数；饮食、服饰、建筑和节庆习俗等独具魅力的人文景观精彩纷呈；古城遗址、文化名城等历史资源，延续着文脉、承载着记忆；别具特色的土特产品琳琅满目，让人印象深刻……因此，要以旅游业强势复苏为契机，不断挖掘地方文旅资源，让文旅发展"出圈"，提升"热度"，带来更多关注度。

二是练好内功，让文旅融合"出名"。重庆彭水苗族土家族自治县策划"世界苗乡·养心彭水"主题系列活动，将民族文化与旅游业充分融合，已成为彭水高质量发

---

① 黄渊基.抢抓新机 推动文旅深度融合发展[N].中国民族报，2023-03-03（05）.

展的助推器。贵州在常态化开展"村晚"示范展示活动的基础上,开展"村晚·千村百节"系列活动,将"村晚"与1000余个民族节庆相结合,以"村晚+"为新的文旅增长点,实时记录乡村的新变化和百姓美好生活的新故事。如今,村超、村BA、村K等相继火爆,带火了各地文旅资源品牌。可见,各地光有旅游资源还不够,更重要的是要让这些资源"出名",做到有内涵、有品位、有实力。因此,必须扎实练好内功,依托本土文化,利用旅游景区、度假区、休闲街区、乡村旅游重点村镇、红色旅游经典景区等旅游空间,提升文化底蕴,以此推进文化和旅游深度融合发展。

三是打组合牌,让文旅融合"出彩"。青海互助土族自治县积极打造卓扎滩原生态旅游景区冰雪文旅基地,推出滑雪、雪地摩托、空中热气球等30余个冬季娱乐项目,将冰雪"冷"资源转化为旅游"热"产业。同样以此方式推进旅游发展的还有新疆多地。我国很多地区各种旅游资源富集,如何打好组合牌,合力推进文旅发展更"出彩"是一个重要方向。要推动文化与乡村旅游、红色旅游、冰雪旅游、康养旅游、体育旅游、研学旅游等的结合,建设各类旅游景区景点、主题乐园、畅游基地等,优化组合各类主题旅游线路,不断延伸文旅产业链。

四是"双向奔赴",让文旅融合"出勤"。2023粤蒙"百万人互游"广东首发团刚刚结束旅程,"侬好大理 '沪'绘美好"文旅招商推介会前不久又在上海召开,掀起了旅游业"双向奔赴"的热潮。随着旅游市场复苏,各地文化和旅游部门要积极扩大"朋友圈",开启旅游"传送门",让文旅"双向奔赴"持续热下去。这种"双向奔赴",能让更多的东部发达省份游客走进欠发达地区,助力文旅复苏发展,更能在游玩中进一步促进各民族交往交流交融,是很值得推广的一条路径。

拓展链接

参考文献

一、著作

[1] 爱德华·泰勒. 原始文化[M]. 连树声, 译. 上海: 上海文艺出版社, 1992.

[2] 马林诺夫斯基. 文化论[M]. 费孝通等, 译. 北京: 中国民间文艺出版社, 1987.

[3] 克莱德·克鲁克洪. 文化与个人[M]. 高佳等, 译. 杭州: 浙江人民出版社, 1986.

[4] 罗伯特·麦金托什, 夏希肯特·格波特. 旅游学: 要素·实践·基本原理[M]. 蒲红等, 译. 上海: 上海文化出版社, 1985.

[5] 爱德华·博克斯. 欧洲风化史: 文艺复兴时代[M]. 侯焕闳, 译. 沈阳: 辽宁教育出版社, 2000.

[6] 弗·培根. 人生论·论园艺[M]. 北京: 华龄出版社, 1966.

[7] 黑格尔. 美学[M]. 寇成鹏, 译. 重庆: 重庆出版集团, 2016.

[8] 李天元. 旅游学概论(第7版)[M]. 天津: 南开大学出版社, 2014.

[9] 李朝军, 郑焱. 旅游文化学(第2版)[M]. 大连: 东北财经大学出版社, 2016.

[10] 徐新林, 刘亚轩, 张永奇, 等. 中国旅游文化[M]. 北京: 清华大学出版社, 2016.

[11] 王玉. 中国旅游文化[M]. 成都: 西南财经大学出版社, 2013.

[12]《美国一本就GO》编辑部. 美国一本就GO[M]. 桂林: 广西师范大学出版社, 2011.

[13] 曹林娣. 中国园林艺术论[M]. 太原: 山西教育出版社, 2001.

[14] 祝建华. 中外园林史(第2版)[M]. 重庆: 重庆大学出版社, 2014.

[15] 卢本 等. 设计与分析[M]. 林尹星, 译. 天津: 天津大学出版社, 2003.

[16] 张彪. 城市 创意 实践[M]. 北京: 中国建筑工业出版社, 2017.

[17] 徐日辉. 中国旅游文化[M]. 北京: 清华大学出版社, 2014.

[18] 吴诗池. 文物学概论[M]. 上海: 上海文艺出版社, 1996.

［19］李晓东．文物学［M］．北京：学苑出版社，2005．
［20］王善鹏，南京大学文化与自然遗产研究所，孝陵博物馆．世界遗产论坛2世界遗产与城市发展之互动［M］．北京：科学出版社，2006．
［21］（元）陈澔．礼记集说［M］．南京：凤凰出版社，2010．
［22］华英杰，吴英敏，余和祥．中华膳海［M］．哈尔滨：哈尔滨出版社，1998．
［23］赵荣光．中国饮食文化概论［M］．北京：高等教育出版社，2003．
［24］孙中山．孙中山选集［M］．北京：人民出版社，1981．
［25］乔淑英．中国饮食文化概论［M］．北京理工大学出版社，2011．
［26］冯玉珠．饮食文化旅游开发与设计［M］．浙江工商大学出版社，2017．
［27］章采烈．中国美食特色旅游［M］．北京：对外经济贸易大学出版社，1997．
［28］刘勤晋．茶文化学［M］．北京：中国农业出版社，2007．
［29］王玲．中国茶文化［M］．北京：九州出版社，2009．
［30］杨国亮，黄伟林．多维视角中的旅游文化与发展战略［M］．北京：中国旅游出版社，2001．
［31］潘光旦．中国伶人血缘关系之研究［M］．上海：上海书店，1991．
［32］方克立，张岱年．中国文化概论［M］．北京：北京师范大学出版社，2004．
［33］黄永年．古文献学四讲［M］．厦门：鹭江出版社，2003．
［34］王林．当代雕塑八论［M］．重庆：重庆大学出版社，2016．
［35］沈祖祥．旅游文化学（第3版）［M］．福州：福建人民出版社，2011．
［36］《中国武术百科全书》编撰委员会．中国武术百科全书［M］．北京：中国大百科全书出版社，1998．
［37］栗胜夫，中国武术发展战略研究［M］．北京：人民体育出版社，2003．
［38］华博，中国世界武术文化［M］．北京：时事出版社，2007．
［39］李成银．山东传统武术文化研究［M］．北京：北京体育大学出版社，2009．
［40］陶立璠．民俗学（修订版）［M］．北京：学苑出版社，2018．
［41］钟敬文．民俗学概论［M］．上海：上海文艺出版社，2009．

二、期刊论文

［1］冯乃康．首届中国旅游文化学术研讨会纪要［J］．旅游学刊，1991（01）：57-58．
［2］高乐华，段棒棒．文化和旅游融合发展研究综述［J］．中国旅游评论，2021（03）：86-102．

[3] 于光远. 旅游和文化 [J]. 旅游, 1981 (3): 5-6.

[4] 于光远. 旅游与文化 [J]. 瞭望, 1986 (3): 35-36.

[5] 黄河. 论文化与自然旅游资源的关系 [J]. 内江师范学院学报, 2003 (04): 47-50.

[6] 龙彬. 论中国山水文化与山水城市 [J]. 华中建筑, 2000 (04): 34-36.

[7] 王立娟, 孙随太. 浅析世界园林三大体系 [J]. 建筑设计管理, 2016 (2): 68-69, 72.

[8] 厉建平. 中国古典园林建筑思想在现代园林中的运用 [J]. 建筑设计管理, 2009, 26 (09): 30-31.

[9] 罗玉芬. 基于文旅融合视角下历史园林的保护与利用——以珠海市唐家共乐园为例 [J]. 文物鉴定与鉴赏, 2020 (15): 69-71.

[10] 吕洁. 中国园林博物馆特色园林文化科普体验活动探究 [J]. 文物鉴定与鉴赏, 2020 (12): 73-75.

[11] 王大纲, 李艳. 文旅融合背景下苏州园林旅游高质量发展路径 [J]. 旅游与摄影, 2021 (04): 86-87.

[12] 林曦文, 潘家坪. 遗产经济视野下苏州园林的发展问题研究 [J]. 中国林业经济, 2021 (01): 39-42.

[13] 王大纲, 李艳. 文旅融合背景下苏州园林旅游高质量发展路径 [J]. 旅游与摄影, 2021 (04): 86-87.

[14] 范岚. 文旅融合背景下无锡近代园林文化遗产活化研究 [J]. 文化学刊, 2020 (11): 104-107.

[15] 关雪. 世界文化遗产苏州古典园林保护中存在的问题及其对策研究 [J]. 中国校外教育, 2019 (18): 41-42.

[16] 郑彦妮. 湖南园林文化发展的背景分析与路径选择 [J]. 湖南工业大学学报 (社会科学版), 2013, 18 (01): 148-152.

[17] 杨滨章. 关于中国传统园林文化认知与传承的几点思考 [J]. 中国园林, 2009, 25 (11): 77-80.

[18] 王生鹏, 王玉桃. 乡村振兴背景下甘肃民族特色建筑文化旅游开发研究 [J]. 甘肃农业, 2021 (11): 23-26.

[19] 赵博新, 何俊萍. 建筑文化学视角下的批判性地域主义 [J]. 建筑与文化, 2021 (11): 50-51.

[20] 郭雁春. 建筑设计风格与建筑文化间的关系 [J]. 江苏建材, 2022 (04): 48-49.

[21] 黄险峰. 中西建筑文化差异之比较的探讨[J]. 华中建筑, 2003（05）: 35-37.

[22] 程歆玥, 王薇. 明清徽派建筑文化在武汉的传播与影响[J]. 住宅科技, 2021, 41（12）: 69-73.

[23] 刘玉军. 地缘、文化、战争大背景下的古希腊建筑史[J]. 四川建筑, 2020, 40（04）: 69-71, 75.

[24] 陈鑫, 裴元生. 浅谈建筑文化的传承与发展[J]. 美术大观, 2006（10）: 66-67.

[25] 陈汇霖. 对中国传统建筑文化的传承与发展分析[J]. 中外建筑, 2018（02）: 59-60.

[26] 包厚祥. 传统建筑文化在现代建筑设计中的传承与发展[J]. 中国住宅设施, 2021（10）: 101-102.

[27] 王畅. 传统建筑文化的传承与发展研究[J]. 文化产业, 2022（18）: 64-66.

[28] 潘和平, 沈丹, 余学鹏. 乡村振兴战略下安徽省红色建筑文化旅游发展路径研究[J]. 绥化学院学报, 2022, 42（09）: 25-28.

[29] 张举. 浅谈中西方建筑产生差异的原因[J]. 建筑, 2021（23）: 65-67.

[30] 陈有志. 天堂应该是图书馆的模样[J]. 图书馆, 2013（02）: 101-102.

[31] 武彩霞. 古建筑保护及其旅游发展的现状及其问题[J]. 山西农经, 2015（03）: 121-122.

[32] 杨帆. 浅议博物馆文化产品的开发及营销——以大英博物馆和卢浮宫博物馆为例[J]. 故宫博物院院刊, 2013（04）: 20-28, 159.

[33] "打卡"金字塔！中通新N系助力埃及再添绿色新动力[J]. 城市公共交通, 2022（06）: 96-97.

[34] 盛勇, 陈艾荣. 从埃菲尔铁塔看结构艺术的表现[J]. 结构工程师, 2005（01）: 1-5.

[35] 程瑞芳, 徐灿灿. 长城文化旅游带空间结构布局及发展策略研究[J]. 经济与管理, 2022, 36（01）: 58-64.

[36] 李红超, 王昕宇, 李维钰. 基于文化元素的故宫博物院文创产品设计研究[J]. 包装工程, 2022, 43（02）: 325-332.

[37] 北京市国有资产经营有限责任公司: 擦亮奥运场馆国家名片 彰显赛后利用中国经验[J]. 国家治理, 2021（12）: 3-5.

[38] 方无, ALVIN Pan, Adam. 上海·东方明珠广播电视塔 中国人的"上海情结"[J]. 城市地理, 2020（10）: 83-85.

[39] 安荔荔, 薛秋. 安徽宏村遗产地旅游建筑文化资源开发保护研究 [J]. 高等建筑教育, 2010, 19 (04): 34-37.

[40] 张松, 周瑾. 论近现代建筑遗产保护的制度建设 [J]. 建筑学报, 2005 (07): 5-7.

[41] 阮仪三, 林林. 文化遗产保护的原真性原则 [J]. 同济大学学报（社会科学版）, 2003 (02): 1-5.

[42] 孙发成. 非遗"活态保护"理念的产生与发展 [J]. 文化遗产, 2020 (03): 35-41.

[43] 夏鼐. 什么是考古学 [J]. 考古, 1984 (10): 931-935, 948.

[44] 杨群. 试论考古文物与旅游文化 [J]. 东南文化, 1991 (06): 281-285.

[45] 杨洪, 李蔚. 湖南文物旅游资源与文物旅游开发研究 [J]. 湘潭师范学院学报（自然科学版）, 2003, (03): 89-92.

[46] 孙丽娟. 新形势下对古文物保护与旅游开发的协调措施探究 [J]. 参花（上）, 2021, (04): 67-68.

[47] 黄安民, 程华宁. 文物古迹类旅游资源开发的空间模式探析 [J]. 襄樊学院学报, 2007, (12): 45-49.

[48] 单霁翔. 大型考古遗址公园的探索与实践 [J]. 中国文物科学研究, 2010, (01): 2-12.

[49] 梁培林, 蒋玉莲. 中国—东盟多元文化的博弈与共生 [J]. 广西社会科学, 2017 (07): 38-42.

[50] 左逸帆, 章牧. 文化旅游研究的述评与展望——基于《旅游与文化协同作用》学术效应的视角 [J]. 旅游研究, 2021, 13 (04): 70-83.

[51] 陈传康. 中国饮食文化的区域分化和发展趋势 [J]. 地理学报, 1994 (03): 226-235.

[52] 蔡晓梅, 朱竑, 司徒尚纪. 广东饮食文化景观及其区域分异研究 [J]. 热带地理, 2011, 31 (03): 321-327.

[53] 李想, 何小东, 刘诗永. 国内外美食旅游发展趋势 [J]. 旅游研究, 2019, 11 (04): 5-9.

[54] 蔡晓梅, 刘晨, 曾国军. 社交媒体对广州饮食文化空间的建构与重塑 [J]. 人文地理, 2013, 28 (06): 1-8.

[55] 何宏. 饮食文化对旅游发展的影响 [J]. 社会科学战线, 2007 (02): 311-313.

[56] 杨丽. 试析饮食文化特色旅游 [J]. 云南地理环境研究, 2001 (02): 41-46.

［57］王晓文.试论饮食文化资源的旅游开发——以福州为例［J］.福建师范大学学报（哲学社会科学版），2001（03）：112-116.

［58］余世谦.中国饮食文化的民族传统［J］.复旦学报（社会科学版），2002（05）：118-123，131.

［59］高枫.中国酒文化的精神内涵［J］.山西师大学报（社会科学版），2011，38（S3）：120-122.

［60］李书林.中国酒的分类［J］.商业科技，1985（04）：22-24.

［61］欧阳军.品世界各国茶文化［J］.防灾博览，2021（06）：54-61.

［62］宋慧琪，陈佑成.乡村振兴背景下茶旅产业融合发展探析——以福建省安溪县为例［J］.农业展望，2019（04）：132.

［63］张安迪.从非遗角度探寻中国传统戏曲在现代发展［J］.戏剧之家，2014（13）：13，21.

［64］黄绮.文化旅游视角下永州祁剧文化的产业化思考［J］.大观（论坛），2020（08）：76-77.

［65］陈宁.伦敦西区戏剧创作考察——融合 创新 保真［J］.艺海，2020（11）：21-24.

［66］秦沣.从英国伦敦戏剧产业发展看西安打造梨园之都［J］.新西部，2018（22）：52-55.

［67］朱笑乐.从美国百老汇看中国戏剧应如何创新［J］.青春岁月，2012（04）：33.

［68］谢佳音.混血种文化孕育的混血音乐——热情巴西［J］.音乐生活，2013（12）：34-35.

［69］马欣，冯庭民.新疆舞蹈在旅游产业中的价值与发展［J］.新疆师范大学学报（自然科学版），2011，30（03）：47-50.

［70］于立新.从仿唐乐舞说到旅游文化［J］.西部大开发，2003（04）：16-17.

［71］陈实.戏剧产业与旅游产业的嫁接模式初探——以川剧为例分析［J］.旅游纵览（行业版），2012（04）：28，30.

［72］周晓薇.生活、场景、内容：苏州地方戏曲、曲艺与旅游融合发展的理论逻辑与实践探索［J］.艺术百家，2020，36（01）：78-84，129.

［73］张佩琦.绘画艺术与群众文化［J］.三角洲，2022（17）：164-166.

［74］王艳敏.分析中国绘画艺术发展中的"立意"之美［J］.艺术品鉴，2022（21）：24-26，41.

［75］戴斌.构建主客共享文旅融合的新空间［J］.中国国情国力，2021（06）：1.

[76] 张冠群，阿荣娜，宋河有. 民族旅游场域中文旅融合的逻辑分析——基于旅游本质的再思考［J］. 资源开发与市场，2022，38（12）：1505-1512.

[77] 加拿大绿镜头. 彻梅纳斯——世界最大的壁画镇［J］. 旅游纵览，2014（09）：36-39.

[78] 丁云，傅建祥，李佳佳. 绍兴书法文化与旅游［J］. 合作经济与科技，2012（20）：18-19.

[79] 厉世训. 书画文化和杭州旅游［J］. 今日浙江，2005（24）：45.

[80] 祝国红，邢建玲. 浅谈牡丹之乡菏泽书画艺术与旅游景观的协调发展［J］. 菏泽学院学报，2011，33（04）：132-136.

[81] 杨建营，郭芙茉. 武术新定义存在的问题及修正途径探析［J］. 体育学刊，2014，21（01）：23-28.

[82] 马小龙，任山常. 中国武术发展的历史与未来［J］. 搏击（武术科学），2009，6（11）：12-14.

[83] 蒲李周. 武术文化旅游资源开发的理论依据及原则［J］. 湖北体育科技，2014，33（11）：967-969.

[84] 吉灿忠. 河南省武术旅游资源开发现状及优势分析［J］. 河北体育学院学报，2009，23（06）：12-15.

[85] 胡幸福. 论武术文化旅游开发的天时地利人和［J］. 湖南师范大学社会科学学报，2006（01）：80-84.

[86] 夏建国. 略论西方旅游文化开发对中国旅游的启示［J］. 广州大学学报（社会科学版），2005（6）：18.

[87] 廖兆光. 加快发展武当山旅游业的思路及对策［J］. 湖北社会科学，2002（12）：80-82.

[88] 瓮俊燕. 从韩国跆拳道的发展看中华武术国际推广［J］. 体育风尚，2019（03）：77-79.

[89] 郑春先，惠振宇. 中国武术的资源结构及开发策略研究［J］. 西安体育学院学报，2005（05）：39-42.

[90] 岳贤锋. 武术文化旅游资源开发对策研究［J］. 人民论坛，2010（14）：146-147.

[91] 刘韬光，郭玉成. 国外武术研究进展（2008-2011）［J］. 搏击（武术科学），2012，9（05）：14-17.

[92] 杨啸原. 国外武术市场的现状及其成因探究［J］. 武汉体育学院学报，1998（02）：

12-14.

[93] 蒲泓静. 武术文化旅游资源现状研究 [J]. 武术研究, 2018, 3 (04): 39-41.

[94] 蒋丽君, 王辉. 中国武术旅游产业发展研究 [J]. 合作经济与科技, 2011 (10): 10-12.

[95] 河南省体育局等 13 部门联合印发《河南省武术产业发展规划 (2021-2025 年)》[J]. 少林与太极, 2021 (07): 73.

[96] 吴保占. 峨眉盘破门武术研究 [J]. 体育文化导刊, 2016 (08): 65-70.

[97] 龙伟. 湖南武术文化活态传承研究——以东安拳为例 [J]. 搏击 (体育论坛), 2015, 7 (11): 87-89.

[98] 刘琪. 韩国跆拳道项目的推广特点及其启示 [J]. 当代体育科技, 2015, 5 (13): 209-210.

[99] 陆草. 论中原武术文化 [J]. 中州学刊, 2007 (01): 154-160, 261.

[100] 胡幸福. 论武术文化旅游开发的天时地利人和 [J]. 湖南师范大学社会科学学报, 2006 (01): 80-84.

[101] 陈勇. 我国武术旅游资源深度开发路径研究 [J]. 武汉体育学院学报, 2012, 46 (02): 36-42.

[102] 王岗, 张大志. 从"体育"走向"文化": 中国武术当代发展的必然选择 [J]. 成都体育学院学报, 2013, 39 (06): 1-7.

[103] 李金珠. 健身俱乐部市场体系之构建——基于上海市商业健身俱乐部现状调研的思考 [J]. 现代企业教育, 2014 (10): 538-539.

[104] 王会儒. 中国武术的产业化发展和文化传播路径寻绎——以瑜伽市场演变为借鉴 [J]. 体育研究与教育, 2017, 32 (04): 20-24, 44.

[105] 丁传伟. 武术文化与旅游资源开发研究——以水泊梁山为例 [J]. 运动, 2016 (03): 13-15.

[106] 李若洋, 冼东妹, 钟亚平. 日本柔道推广经验与启示 [J]. 体育文化导刊, 2020 (08): 14-20.

[107] 徐立宏, 郑昊, 熊亚兵. 中泰武术文化比较研究——以武术泰拳国际市场化为例 [J]. 武术研究, 2016, 1 (03): 29-31.

[108] 周伟良. 文化安全视野下中华武术的继承与发展——试论当代武术的文化迷失与重构 [J]. 学术界, 2007 (01): 59-78.

[109] 马敏卿, 张艳霞. 地域文化对武术拳种产生和发展的影响——以齐鲁文化为例

[J].北京体育大学学报,2006(10):1340-1342.

[110] 王岗.关注武术传承的主体:人[J].搏击(武术科学),2006(12):1.

[111] 栗胜夫.论我国传统武术的传承与发展[J].武汉体育学院学报,2007(04):40-44.

[112] 崔英敏,黄聪.跨文化传播:武术文化传播发展的新视角[J].北京体育大学学报,2013,36(07):36-40,46.

[113] 李龙.论中国传统武术的当代发展路径[J].体育与科学,2012,33(01):35-39.

[114] 邱丕相,吉灿忠.对北京奥运会后中国武术发展的思考[J].首都体育学院学报,2009,21(02):134-137.

[115] 冉文伟.国外保护和发展民俗文化的经验与启示[J].青岛行政学院学报,2013(03):96-101.

[116] 樊舒.建设美丽中国需要发展民俗文化旅游——中国民俗文化旅游发展思考[J].经济问题探索,2013(06):166-170.

[117] 田茂军.保护与开发:民俗旅游的文化反思——以湘西民俗旅游为例[J].江西社会科学,2004(09):23-25.

[118] 徐杰.我国民俗旅游开发存在的问题与解决对策[J].教育教学论坛,2010(36):146-147.

[119] 张淑萍.美国风景道研究:理论与实践[J].世界地理研究,2010,19(03):114-120.

三、报纸

[1] 范周.文旅融合,城市发展新动能[N].中国文化报,2019-01-21(06).

[2] 张飞.文旅融合:历程、趋势及河南路径[N].中国旅游报,2020-06-05(08).

[3] 本报综合.长江国家文化公园建设正式启动[N].民族时报,2022-01-07(01).

[4] 熊元斌、柴海燕."山水之乐"与中国古代的旅游文化[N].光明日报,2011-02-10(11).

[5] 李晓晴.《国家公园空间布局方案》发布,遴选出49个国家公园候选区 国家公园建设,明确时间表路线图[N].人民日报,2023-01-10(14).

[6] 胡宁.在北京,过绿色生活[N].中国青年报,2020-09-01(02).

[7] 张伶伶.建筑文化的"物化":营建历史与现实的共同家园[N].光明日报,

2022-07-23（10）.

［8］习近平.《福州古厝》序［N］.人民日报，2019-06-08（003）.

［9］曹兵武.古物·文物·文化遗产［N］.中国文物报，2009-06-12（009）.

［10］张影.文物事业发展这十年：守护历史文脉 传承中华文明［N］.中国文化报，2022-10-11（001）.

［11］国务院关于进一步做好旅游等开发建设活动中文物保护工作的意见［N］.中国文物报，2012-12-28（003）.

［12］习近平.高举中国特色社会主义伟大旗帜 为全面建设社会主义现代化国家而团结奋斗［N］.人民日报，2022-10-26（001）.

［13］刘云山.文化是旅游的灵魂［N］.光明日报，2010-03-24.

［14］李岩，顾涛.碑刻文化与历史记忆［N］.中国社会科学报，2020-08-21（4）.

四、学位论文

［1］赵小娜.基于游客满意度的济南趵突泉景区提升对策研究［D］.西北师范大学，2020.

［2］王涛.中国园林文化与旅游发展的辩证关系［D］.北京林业大学，2005.

［3］张维亚.文化遗产地旅游者消费行为数字足迹特征与机制研究［D］.南京师范大学，2015.

［4］蒋叶琴.世界文化遗产苏州古典园林保护中存在的问题及其对策［D］.苏州大学，2018.

［5］二龙（Mohammed Abdalslam Hussin Ibrahim）.中国建筑文化词语及其在对外汉语教学中的应用策略研究［D］.西北师范大学，2020.

［6］李梦圆.中国传统建筑文化在对外汉语教学中的应用［D］.河南大学，2017.

［7］陈小红.传统聚落型古村落保护与旅游开发研究［D］.广西师范大学，2014.

［8］施静.古村落保护与再利用研究［D］.苏州大学，2015.

［9］胡茜茜.故宫与卢浮宫的建筑设计文化比较研究［D］.安徽工程大学，2019.

［10］杨立红.山海关长城旅游感知形象与投射形象比较研究［D］.河北地质大学，2021.

［11］王倩倩.景观电视塔旅游价值研究［D］.广州大学，2013.

［12］郑欢.古建筑保护与可持续旅游发展研究——以徽州古建筑为例［D］.安徽大学，2013.

［13］张园园.文物旅游发展战略研究［D］.河北师范大学，2013.

［14］庞瑛.中西方饮食文化比较研究［D］.西北农林科技大学，2011.

［15］黄河清.美国百老汇运作模式及其启示［D］.中南大学，2011.

［16］高媛媛.新世纪中国书法艺术西向传播的路径研究［D］.南京师范大学，2020.

［17］王晓晨.现阶段我国武术产业的发展策略［D］.江西师范大学，2007.

［18］王一秀."文旅融合"视域下峨眉武术旅游的优化路径与推进策略研究［D］.南京体育学院，2021.

［19］王虎.北京涉外武术旅游产业发展现状与推广策略研究［D］.首都体育学院，2013.

［20］李双铭.湖南省"全国武术之乡"群众武术发展现状调查与分析［D］.湖南师范大学，2010.

［21］杜金安.嵩山少林武术文化产业市场发展及营销对策研究［D］.郑州大学，2016.

［22］李彬彬.中国武术与韩国跆拳道国际化发展的对比研究［D］.湖南科技大学，2015.

［23］李义杰.媒介与文化资本［D］.浙江大学，2012.

五、网络文献

［1］佚名.文旅融合的概念涵义、发展经验和趋势［EB/OL］.（2021-12-22）［2023-08-17］.https：//www.1230t.com/blog/b/529.html.

［2］黄震方.走向更有诗意的远方·文化和旅游的深度融合与协同发展（上）［EB/OL］.（2018-12-30）［202-308-17］.搜狐网·文旅，http：//www.sohu.com/a/285640709_120066097.

［3］明庆忠.新时期的文旅融合解读［EB/OL］.（2020-06-22）［2023-08-17］.https：//www.sohu.com/a/403433674_120059106.

［4］王衍用.文旅融合，要探索政、产、资、学、研、用一体模式［EB/OL］.（2019-03-09）［2023-08-08］.http：//nepaper.ccdy.cn/html/2019-03/09/content_254566.htm.

［5］佚名.什么是文化旅游，从文旅的前世今生说起［EB/OL］.（2020-10-09）［2023-12-03］.https：//www.greepi.com/wenda/article-22.

［6］三栖文旅服务.带你认识什么是文化旅游（一）［EB/OL］.（2023-06-01）［2023-12-03］.https：//baijiahao.baidu.com/s?id=1767488655017990865&wfr=spider&for=pc.

［7］三栖文旅服务.带你认识什么是文化旅游（二）［EB/OL］.（2023-06-02）［2023-12-

03］.https：//baijiahao.baidu.com/s?id=1767555041991178752.

［8］路美文旅.一文让你快速了解什么是文化旅游［EB/OL］.（2021-03-16）［2023-12-03］.https：//baijiahao.baidu.com/s?id=1694363416456943283&wfr=spider&for=pc.

［9］一诺农旅规划.文旅产业发展历史及趋势［EB/OL］.（2020-07-30）［2023-08-17］.https：zhuanlan.zhihu.com/p/165200900?utm_id=0.

［10］雒树刚.在"2018旅游集团发展论坛"上的讲话［EB/OL］.（2018-12-14）［2023-08-17］.https：//www.163.com/dy/article/E2UN3FVH0519CS5P.html.

［11］林峰.文旅融合：文化和旅游融合发展的五大路径［EB/OL］.（2019-05-30）［2022-11-06］.https：//baijiahao.baidu.com/s?id=1634941508750176825&wfr=spider&for=pc.

［12］北京绿维文旅集团.文旅融合的现状与问题［EB/OL］.（2020-04-17）［2023-08-17］.https：//www.sohu.com/a/388741561_242966.

［13］王昕月."大"惊世界的20片森林：林深百媚生［EB/OL］.环球时报，（2021-07-29）［2023-08-18］.https：//baijiahao.baidu.com/s?id=1706624422845643888&wfr=spider&for=pc.

［14］泰山风景名胜区管理委员会.泰山世界地质公园［EB/OL］.（2021-06-17）［2023-08-18］.http：//tsgw.taian.gov.cn/art/2021/6/17/art_162237_10286460.html.

［15］谢佳宁.凯厄图尔，惊奇之旅［EB/OL］.（2022-09-09）［2023-08-18］.环球时报，https：//baijiahao.baidu.com/s?id=1743449427739901806&wfr=spider&for=pc.

［16］陈帅.2021年度《中国水资源年报》发布［EB/OL］.（2022-06-16）［2022-11-05］.http：//www.chinawater.com.cn/newscenter/kx/202206/t20220616_784547.html.

［17］中华人民共和国中央人民政府.中国这十年：从交通大国迈向交通强国［EB/OL］.（2022-06-11）［2022-12-02］.http：//www.gov.cn/xinwen/2022/06/11/content_5695210.htm.

［18］中国新闻网.湘西矮寨大桥：天堑变通途 一桥"引燃"旅游产业.［EB/OL］.（2021-03-26）［2022-12-18］.https：//www.chinanews.com.cn/shipin/cns/2021/03-26/news884096.shtml.

［19］国务院第一次全国可移动文物普查领导小组办公室.第一次全国可移动文物普查数据公报［EB/OL］.（2017-04-07）［2023-08-20］.http：//www.ncha.gov.cn/art/2017/4/7/art_722_139374.html.

［20］国家体育总局.什么样的运动项目能出现在奥运会赛场上［EB/OL］.（2021-08-

30）[2022-11-30]. https：//www.sport.gov.cn/n323/n10459/c23492548/content.html.

[21] 北京晚报. 武术成为第四届青奥会正式比赛项目[EB/OL].（2020-01-09）[2022-11-30]. https：//sports.cctv.com/2020/01/09/ARTIBkHB6yiXXdrCt4WQOxET200109.shtml.

后 记

本书是"新时代文化和旅游融合发展研究丛书·应用型本科院校文化旅游专业丛书"中的一本,得到国家社科基金一般项目"民族地区文旅融合发展促进脱贫巩固和乡村振兴研究"(21BKS026)、湖南省社科基金重大项目("学术湖南"精品培育项目)"湖南民族地区文旅产业促进乡村振兴和共同富裕研究"(23ZDAJ019)、湖南省教育厅科学研究重点项目"可持续生计框架下南岭走廊文旅产业与乡村振兴耦合发展机制和路径研究"(22A0578)、湖南省哲学社会科学重点项目"湖湘文化走出去与传统文化对外传播研究"(20ZDB013)、湖南省社会科学成果评审委员会重大项目"湖湘文化走出去与中国特色哲学社会科学对外话语体系建构研究"(XSP2023ZDA006)、湖南省社会科学成果评审委员会重点项目"构建以对接"一带一路"和粤港澳大湾区为重点的湘南内陆开放合作示范区对策研究"(XSP2023ZDI020)、湖南省社科基金重大委托项目"发挥结合部优势打造大湾区后花园"(24ZWA72)等项目资助。

旅游文化是包括旅游者、旅游从业者、旅游资源、旅游生活设施和接待地环境等在内的物质文化和精神文化的总和。文化旅游是以文化资源为依托的旅游活动。文旅融合是文化和旅游融为一体相辅相成相得益彰实现更高质量发展的过程。本书系统论述了旅游文化、文化旅游与文旅融合发展问题,分若干专题分别探讨了各类具体文化和旅游的融合发展。可供旅游管理、文化产业管理专业以及其他相关学科等专业的本科生、研究生、教师、科研人员以及政府和企事业单位、行业人员使用参考。

本书是湖南省一流本科课程"永州旅游文化"的教学和研究成果,在课程教学和研究过程中,湖南科技学院旅游与文化产业学院2016级、2017级、2018级、2019级、2020级、2021级、2022级、2023级等同学们积极参与,与作者教学相长,让作者获益良多。在写作过程中,2020级的同学们参与了大量的资料搜集、整理和编辑工作,付出了辛勤劳动。本书还参考了很多学界同仁和产业同行的很多资料、数据和观点,有些未——注明出处,在此一并致谢并致歉。

由于水平有限和编校时间较仓促,不当和疏误之处在所难免,敬请朋友们和读者们谅解和批评指正。

作者

2023 年 12 月